Kohlhammer

Gregor Maria Hoff

Performative Theologie

Studien zur fundamentaltheologischen Theoriebildung

Verlag W. Kohlhammer

Für Heinrich Schmidinger

1. Auflage 2022

Gesamtherstellung: W. Kohlhammer GmbH, Stuttgart

Print:
ISBN 978-3-17-041650-5

E-Book-Format:
pdf: 978-3-17-041651-2

Inhaltsverzeichnis

Vorwort

Die Idee zu diesem Buch stammt aus der Beobachtung der eigenen theoretischen Arbeit. Im Zuge des Projekts einer topologisch argumentierenden Theologie, das Hans-Joachim Sander und ich unter dem Titel „Glaubensräume“ betreiben, hat sich für die fundamentaltheologische Argumentation eine zunehmend stärker profilierte *performanztheoretische* Perspektivierung ergeben: Die loci theologici werden in ihrer topologischen Funktion nicht bloß „abgerufen“, sondern in ihrer Bedeutung aktiviert. Sie werden operativ zur Sprache gebracht – in ihrem argumentativen Einsatz. Auf diese Weise schaffen sie einen eigenen diskursiven Raum. Dieser Vorgang besitzt eine performative Qualität.

Die performanztheoretische Erweiterung topologischer Fundamentaltheologie hängt mit Debatten zusammen, die mich seit langem beschäftigen. Das betrifft mit besonderem Gewicht Diskurse, die um die *Evolution von Religion* kreisen. Während religionskritisch dafür meine Auseinandersetzung vor allem mit Pascal Boyer und Daniel Dennett steht, hat mich die Beschäftigung mit Robert Bellah und Michael Tomasello angeregt, die Bedeutung performativen Handelns für die fundamentaltheologische Theoriebildung produktiv zu machen. In philosophischer Hinsicht wurde dies durch die Lektüre von Jürgen Habermas' „Auch eine Geschichte der Philosophie“ ebenso verstärkt wie durch den Versuch, einen Gesprächsfaden zwischen analytisch und dekonstruktiv ansetzenden Philosophiemodellen zu entwickeln. Einen weiteren Baustein bilden Seminare zur methodologischen Bedeutung der *Cultural Turns*, die auch schon im Hintergrund meiner Herausgebertätigkeit für die Reihe *ReligionsKulturen* (Kohlhammer-Verlag) eine Rolle spielten.

Vielleicht hat aber den entscheidenden Anstoß für den Versuch, diese Studien in einen kompositorischen Zusammenhang zu integrieren und so zu veröffentlichen, die Auseinandersetzung mit Jan Assmann gegeben – nicht zuletzt ein Mailwechsel, der die offenbarungstheologische Dimension seiner Thomas Mann-Interpretationen zum Gegenstand hatte.

Das zerklüftete Panorama der Studien macht deutlich, dass es sich um ein Ensemble und nicht um einen in sich geschlossenen Entwurf handelt. Insofern mag es vermessen sein, im Titel von einer „Performativen Theologie“ zu sprechen – zumal der Eindruck entstehen könnte, nach einer *topologischen Fundamentaltheologie* werde nun das nächste Format reklamiert. Deshalb möchte ich den inneren Zusammenhang mit dem grundlegenden topologischen Projekt der „Glaubensräume“ betonen, aber auch das Eigenrecht *performativer Theologie* bestimmen. Theologie, wenn sie sich nicht auf eine kultur- oder religionswissenschaftliche Beobachtung beschränkt, muss sich dem Anspruch stellen, dass sie in ihrem grundlegenden Bezug auf „Gott“ und seine Vermittlung in – menschlich gedeuteter – Offenbarung auf den Wirklichkeitsgehalt des Zeichens „Gott“

verwiesen ist, mit dem sie als Theo-Logie argumentiert. Dieser Übergang ist aus meiner Sicht fundamentaltheologisch entscheidend: Theologie besitzt in ihrem Wirklichkeitsbezug eine performative Dimension. Sie kommt in der Bedeutung der Teilnehmer:innenperspektive zur Geltung und wird im „Hervordenken Gottes" (im Anschluss an Thomas Mann) namhaft. Mit anderen Worten: Sie setzt sich in der Bestimmungspraxis des Zeichens „Gott" durch, also in der Aktivierung jenes theologischen Codes, mit dem sich „Gott" als Zeichen „unbegrenzter schöpferischer Lebensmacht" erfahren lässt. Diese Perspektive bestimmt die sakramentale Dimension kirchlichen Handelns. Performative Theologie bezieht sich insofern auf jene kommunikative Praxis, die Anteil am Geist Gottes – nicht zuletzt im Gebet – erschließt.

Damit ist die thematische Richtung beschrieben, die der Band einschlägt. Er soll mit seinen verschiedenen Beiträgen das performative Moment von Theologie freilegen, aber auch *durchführen.* Dazu wird im eröffnenden Kapitel die fundamentaltheologische Relevanz des *Performative Turn* umrissen. Das zweite Kapitel skizziert in der Form einer *Mind map* Profile des kulturwissenschaftlichen *Performative Turn*, die auf theologische Anschlussstellen hin perspektiviert werden. Das dritte Kapitel vermittelt sie an den Referenzraum fundamentaltheologischer Theoriebildung – mit einem Fokus auf die Bedeutung von Performativität in Theorien zur *Evolution von Religion.* Sie werden wiederum im Übergang zum vierten Kapitel mit Überlegungen zur Theoriebildung einer *performativen Theologie* verbunden. Die Modellstudien dieses Kapitels, die aus performanztheoretischer Perspektive das Gespräch mit Jürgen Habermas, Jan Assmann und Andreas Reckwitz suchen, dienen als Vermessungen eines diskursiven Raums, den das fünfte Kapitel ekklesiologisch ausleuchtet. Das Terrain, auf dem sich performative Theologie bewegt, ist kirchlich bestimmt – als ein Glaubensraum, der mit seinen Performanzen wissensproduktiv wirkt. Das zeigt sich in den abschließenden Expeditionen des sechsten Kapitels: In Religionsdialogen wird das Zeichen „Gott" in seiner Bedeutung bestimmt; die Prozesse der Aushandlung haben selbst einen *theologischen,* insofern *performativen Charakter.*

Dass die vorliegenden *Studien zur fundamentaltheologischen Theoriebildung* im Kohlhammer-Verlag veröffentlicht werden können, ist Ausdruck einer langjährigen vertrauensvollen Zusammenarbeit, für die ich Florian Specker herzlich danke. Besonderer Dank gilt Marina Pinheiro-Teixeira für bibliothekarische Unterstützung sowie Elena Haider, die den Text Korrektur gelesen und eingerichtet hat.

Vor 400 Jahren wurde die Paris Lodron-Universität Salzburg gegründet. Ihrem langjährigen Rektor, O. Univ.-Prof. Dr. Heinrich Schmidinger, der in diesem Jahr emeritiert wird, ist dieser Band gewidmet: als Ausdruck tiefen Danks.

Gregor Maria Hoff — Salzburg, im September 2022

Kapitel 1: Profilskizze: Zur fundamentaltheologischen Bedeutung des Performative Turn

1. *Zum erkenntnistheoretischen Profil performativer Fundamentaltheologie*

1.1. Die epistemologische Bedeutung des Performative Turn – Theoriemarker

„Den Satz äußern heißt: es tun."[1] Mit dieser Feststellung von John L. Austin, die den Grundgedanken seiner *William James Lectures* in Harvard aus dem Jahr 1955 zusammenfasst, nimmt ein mehrfacher Paradigmenwechsel seinen Anfang.

1. Er betrifft zunächst die Sprachphilosophie. Austins Sprechakttheorie erweitert das Spektrum der analytischen Sprachphilosophie entscheidend, indem sie die Aufmerksamkeit auf die *performative Dynamik* von Äußerungen lenkt. Zugleich verschieben sich damit die Erwartungen an die Wahrheitsfähigkeit von Sätzen. Die Selbstfestlegung von Versprechen, ein Urteilsspruch vor Gericht, die testamentarische Erklärung vor einem Notar schaffen Wirklichkeiten. Sie gelten unabhängig von den Begründungen, mit denen die Absichten der Sprecher erläutert werden. Die *Ausführung* dieser sprachlichen Äußerungen setzt dabei den Rahmen in Kraft, in dem sie ihre Bedeutung einlösen können. So verändert der Sprechakt des Taufens die Wirklichkeit je nachdem, ob es sich um eine sakramentale Handlung mit kirchlicher Beauftragung handelt, ob er eine Schiffstaufe darstellt oder ob er auf einer Theaterbühne als Teil eines Stücks stattfindet. Die *Performance* bestimmt den Sinngehalt des Sprechaktes, der entweder eine theologische Bedeutung annimmt, eine rechtliche Instanz beansprucht oder als ein ästhetischer Eingriff funktioniert. Austins Einsicht in die *performative Qualität* von Sprechakten erweitert das Konzept sprachlicher Äußerungen also um ihre Handlungsmacht – um die Fähigkeit, mit Sprache Wirklichkeiten nicht nur zu beschreiben, sondern sie darstellend zu erschließen und zugleich förmlich herzustellen.

---

1 J. L. Austin, Zur Theorie der Sprechakte (How to do things with Words), Stuttgart 2018 (orig. 1962), 29.

2. Damit leitet die Sprechakttheorie die kulturtheoretische Transformation der Geisteswissenschaften ein, den *Performative Turn.* Mit der Aufmerksamkeit für die pragmatische Dimension von Aussagen wird der Blick für das breite Feld der Kontextbedingungen frei, in denen sprachliche Zeichen Bedeutungen annehmen, *indem* sie generiert und eingesetzt werden. Was verändert eine Aussage, wenn sie auf eine spezifische Weise an einem besonderen Ort gebraucht wird? Diese Frage führt über die Koordination von Sprecherabsichten und Hörerwahrnehmungen hinaus in die kulturelle Disposition von Sprechakten, die auf diese Weise Wirklichkeit schaffen. Die Sprechakttheorie erfordert Aufmerksamkeit für die Prozesse der Zeichenproduktion: für das Hervorbringen und Aushandeln von Bedeutung in kulturell vielfältigen Formen, wie sie Rituale und ästhetische Inszenierungen mit ihrem Auftreten produzieren.
3. Die Rezeptionsbedingungen solcher Zeichen sind selbst in Prozesse neuer Zeichenproduktionen eingelassen – im Aushandeln von Bedeutungen. Das geschieht performativ im Gebrauch von Zeichen und reflexiv in der Bestimmung ihres Bedeutungsgehalts. Dieser Prozess vollzieht sich nicht bloß im theoretischen Abstand zum Sinn sprachlicher Äußerungen und der mit ihnen verbundenen *Performances*, etwa dem illokutionären Aspekt von sprachlichen Äußerungen, sondern im Praxisraum gesellschaftlicher Festlegungen von Kommunikationsbedingungen. Nur in und als Gesellschaft vermitteln sich Sinn und Bedeutung von Sprechakten aneinander, weil sie *als Sprachhandlungen* sozial anschlussfähigen, semantisch verständlichen *Sinn* beanspruchen und zugleich hervorbringen.

Mehrere Dimensionen verschränken sich demnach im theoretischen Spektrum des *Performative Turn* miteinander:

- die handlungsbezogene Unterfassung von Kommunikation,
- ihre gesellschaftliche Einbettung als Sinnproduktion
- sowie ihre Formatierung in unterschiedlichen kulturellen Praktiken.

Mit ihnen verbinden sich eigene Wissensformen und Logiken. Sie lassen sich nicht entlang von binären *wahr / falsch-Unterscheidungen* erfassen. Ihre Bedeutung ist vielmehr in der Form zu suchen, mit der sie Wirklichkeit erschließen. Dass dies an Akteursperspektiven gebunden ist, an die Teilnahme an Ritualen, an die Realisierung von Aufführungen, an den Vollzug von Liturgien, verschiebt erkenntnistheoretisch den Fokus von der logischen Analyse wahrheitsfähiger Argumente auf deren Einbindung in die kommunikative Zeichenpraxis, in der sie entstehen und mit denen sie verschmolzen sind. Der Wahrheitswert von performativen Handlungen bemisst sich daran, ob sie *gelingen*, d. h. inwiefern sie leisten, was sie beanspruchen und worauf sie zielen.

In diesem theoretischen Ensemble zeichnet sich mit dem *Performative Turn* nicht nur ein sprachphilosphischer Paradigmenwechsel ab, der im Zeichen des

Linguistic Turn und zuvor schon des *Pragmatismus* eine neue Theorie-Praxis-Koordination vorsieht, sondern auch jenen *Cultural Turn*, der sich unter verschiedenen Gesichtspunkten methodologisch seit den 1960-er Jahren durchsetzt und zur Etablierung der Kulturwissenschaften führte. Die verschiedenen *Cultural Turns* arbeiten mit methodischen Zugängen, mit denen

> „der neue Forschungsfokus von der Gegenstandsebene neuartiger Untersuchungsfelder auf die Ebene von Analysekategorien und Konzepten ‚umschlägt', wenn er also nicht mehr nur neue Erkenntnis*objekte* ausweist, sondern selbst zum Erkenntnis*mittel* und -*medium* wird."[2]

1.2. Performatives Wissen – wissenschaftstheoretische Marker

Mit dieser methodologischen Einordnung zeigt sich, dass der Performativität eine entscheidende Bedeutung in den Cultural Turns zukommt, weil sich die Bedeutung der Forschungsperspektive an ihre Anwendung koppelt. Damit wird auch die Leitmetapher Kultur justiert: Kulturelle Formate entstehen mit Codierungen, mit symbolischen Akten im interpretativen Vorgang, in metaphorischen Strategien. Das geschieht in unterschiedlichen Wissenschaftsdisziplinen und auf verschiedenen Forschungsfeldern, die einen Zusammenhang in der Zuordnung von gesellschaftlichen Formationen, ihrer kulturellen Expressivität und ihren zeichengebundenen Sinnsystemen bilden. Das gesamte Feld kultureller Praxis und Theoriebildung steht unter dem Gesichtspunkt seiner Sinnproduktion zur Diskussion, was wiederum „Kultur als Performance"[3] mit komplexen symbolischen Bauplänen und Handlungsmustern sichtbar macht. Als ein Modell lässt sich dafür die ritualtheoretische Analyse von performativen Operationen, sei es der Gesellschaft, sei es von Akteur:innen, heranziehen:

> „Die performative Wende zielt ... darauf, den pragmatischen Prozess der Symbolisierung selbst zu erfassen. Die Symbolanalyse wird ihrerseits dynamisiert. So reicht es nicht, Symbole allein als Bedeutungsträger wahrzunehmen ... oder einzelne Symbole auf ihre Bedeutung hin zu dechiffrieren. Erst ihre historischen Verwendungszusammenhänge, ihre Einbindungen in prozessuale Formen wie Ritual und soziales Drama, geben Einblicke in den Prozess der Symbolisierung selbst. Denn Rituale sind Inszenierungsmedien symbolischen Handelns, in denen Symbole ausgebildet und verändert werden."[4]

---

2 D. Bachmann-Medick, Cultural Turns. Neuorientierungen in den Kulturwissenschaften, Reinbek bei Hamburg [4]2010, 26.

3 Ebd., 104.

4 Ebd., 113.

Der *Performative Turn* ist wiederum eingelassen in Theoriedebatten um *Poststrukturalismus* bzw. *Postmoderne* und verweist auf grundlegende epistemische Auseinandersetzungen – etwa um den Ort des Subjekts als Erkenntnisträger oder um die Organisation von Wissen.[5] Diese Diskurse sind wiederum mit gesellschaftlichen Prozessen verbunden: mit der Einsicht in die Konstruktion von Wirklichkeit, von Identitäten und deren in- oder exkludierender Bedeutung etwa im Rahmen von *Gender-Theorien, postkolonialen* Diskursen, Rassismus-Debatten u. v. m. Sie hängen aber auch mit kognitionstheoretischen Erkenntnissen zusammen, die Mind-and-Brain-Theorien veranlassen und die Frage nach menschlicher Freiheit in ihren naturalen Voraussetzungen auslösen. Nicht zuletzt macht Digitalisierung darauf aufmerksam, dass Wissen operativ entsteht – im Gebrauch digitaler Muster und der Prozessierung von Wissen auf der Basis sich fortschreibender, dynamisch anpassender Algorithmen. Mit Codierungen entstehen Informationen, indem sie gespeichert, sortiert und angewandt werden. Digitale Performativität verändert nicht nur kulturelle Formate der Kommunikation bis hin zur Kunst, sondern die Formen des Wissens und damit Wissenschaft. Sie prozessiert

> „nicht mehr Erkenntnis einer vom Erkennen unabhängigen Welt, sondern Reflexion auf *mögliches* Wissen, also auf ein Wissen, das mit den Prozessen selbst entsteht. Es lösen sich damit zugleich Theorie/Methode und Gegenstand auf. Die Theoriemittel entsprechen damit dem Gegenstand."[6]

Das bedeutet: Wissenschaft muss selbst unter dem Aspekt ihrer Operativität beobachtet werden, „als ein performativer Prozess" der Generierung von Wissen.[7] Wissenschaftliche Ergebnisse sind nicht vollständig vorhersehbar. Versuchsreihen sind planbar, müssen aber im Sinne von Hypothesen offen für Korrekturen und Umstellungen bleiben sowie ihr Scheitern einkalkulieren. Daran hängt die Emergenz von unkalkulierbar Neuem, Überraschenden. Hier zeigt sich, dass der Zukunftsindex von performativen Handlungen konstitutiv ist: Sie tendieren „auf eben die Zukunft, die durch ihren Vollzug hervorgebracht wird."[8]

Zugleich sind sie *instantan* wirksam, denn sie eröffnen jeweils *jetzt* neue Optionen, d. h. sie verschalten *akut* Zukunft und Gegenwart. Gegenwart wird als Möglichkeitsraum codiert und vollzogen.

---

5 Letzteres vor allem im Anschluss Michel Foucault.

6 A. Nassehi, Muster. Theorie der digitalen Gesellschaft, München 2019, 98.

7 E. Fischer-Lichte, Performativität. Eine Kulturwissenschaftliche Einführung, Bielefeld [4]2021, 217; vgl. zum Folgenden den gesamten Abschnitt: „Kulturen des Wissens als Kulturen des Performativen", ebd., 213–218.

8 Ebd., 101.

1.3. Das zeittheoretische Dispositiv von Performativität – ein Kontingenzmarker

Der performative Prozess der Generierung von Wissen setzt ein komplexes Zeitdispositiv in Kraft: die Verschränkung von Zeit jenseits ihres chronologischen Ablaufs. Es ist insofern alles Anderes als ein Zufall, dass die *messianische Philosophie* Giorgio Agambens eine Theorie performativer Öffnung des Möglichkeitssinns vergangener Zeit erarbeitet und diese *im eigenen Diskurs* performiert.[9] Das Interesse richtet sich, im Anschluss an Walter Benjamin, darauf, den geschlossenen Ablauf katastrophischer Geschichte im Modus der Kritik, in der Form alternativer Lektüren, im dekonstruktiven Prozess narrativ, theoretisch nachvollziehbar zu öffnen. Es geht „um das je Unabgeschlossene, das Agambens Texte auch selbst performieren."[10] Arbeit am Konzept des Performativen wird unter diesem Gesichtspunkt um ein zeitphilosophisches Problem erweitert, weil sich Zeit nur *performativ* erleben, wahrnehmen und bestimmen lässt. Agamben weist auf die zeitliche Differenz hin, die sich zwischen die Erfahrung von Zeit *im Gedanken* und *als Gedanke* schiebt – den Bruch der reflexiven Vergegenwärtigung des Gedankens in seinem Vollzug.

> „Jeder Vorgang des Denkens – und sei er noch so schnell – benötigt eine bestimmte Zeit, die sehr kurz sein kann, die deswegen aber nicht weniger real ist. Guillaume definiert diejenige Zeit als ‚operative Zeit', die der Verstand benötigt, um eine Bild-Zeit zu realisieren."[11]

Die subjektive Zeit steht als Zeit des Subjekts in dieser Welt immer unter dem Vorbehalt einer konstitutiven Verspätung, einer Verschiebung – was im Blick auf die *Performance* der jeweils eigenen Zeiterfahrung ein grundlegendes Problem darstellt: einen Riss in der Zeit, der sich einerseits durch die operative Zeit gelebter Zeit überbrücken lässt, ihren Sinngehalt andererseits nur in einem Abstand zu erfassen erlaubt. Dieser Abstand ist ein semantischer, ein politischer, ein gesellschaftlicher, weil er unerfüllte Zeit, schlechte Unendlichkeit des Ablaufs von Zeit *performiert*, und zwar als ein auferlegter Zwang. Es handelt sich um radikale Kontingenz, die durch nichts in der Zeit aufgehoben werden kann. Dieser Umstand wird wiederum kulturalisiert: theoretisch bearbeitet (etwa zeitphilosophisch, existenzphilosophisch), symbolisch aufgefasst (wie mit dem römischen Gott Janus oder kalendarischen Rhythmen und Erinnerungskulturen), rituell eingehegt (mit Initiationsriten, Trauerzeremonien oder ekstatischen Festen wie dem Karneval als Verwandlungsfestival). Trotzdem bleibt es dabei:

---

9 Ich folge der Interpretationsthese von H. Rungelrath, Das Messianische. Studien zum Gebrauch eines Begriffs im Werk von Giorgio Agamben, Dissertation Salzburg 2019, 64; 70; 154 et passim. – Vgl. auch in Kapitel 4 die Hinweise auf Derridas messianischen Diskurs.

10 H. Rungelrath, Das Messianische, 205.

11 G. Agamben, Die Zeit die bleibt. Ein Kommentar zum Römerbrief, Frankfurt a. M. 2006, 79.

> „Während unsere Darstellung der chronologischen Zeit als derjenigen Zeit, *in der* wir sind, uns von uns trennt und uns sozusagen in ohnmächtige Zuschauer unserer selbst verwandelt, die ohne Zeit die flüchtige Zeit betrachten, ist die messianische Zeit als operative Zeit, in der wir unsere Zeitdarstellung ergreifen und vollenden, die Zeit, *die* wir selbst sind – und daher die einzig reale Zeit, die einzige Zeit, die wir haben.“[12]

Die messianische Zeit würde den Zusammenhang stiften, der den Sinn des Sinnbezugs von Gedanke, Darstellung und jeweiliger Ereigniszeit *performiert* – in der Inversion des tödlichen Sinns aller Zeit, ihres Ablaufs. Diesen Gedanken einzusetzen, ihn als Diskurs durchzuführen, öffnet mit dem Blick auf die Erschließungskraft dieser *figurativen Performance* die abgeschlossene Geschichte und wird auf diese Weise als Modalität aller möglichen Zeit markiert – *im Diskurs.*

1.4. Religionstheoretischer Übergang – ein systemtheoretischer Marker

Es geht an dieser Stelle nicht um die Erreichbarkeit einer messianischen Zeit und ihrer Realisierung im eigentlich theologischen Sinn, sondern um den Ausweis eines zeittheoretischen Problems, mit dem jede Theorie von Performativität konfrontiert ist, weil sie in ihrem futurologischen Ausgriff und ihrer akuten Gegenwartsform einen förmlich unerreichbaren Zeitpunkt in der Zeit umreißt. Das ist für die fundamentaltheologische Theoriebildung, für die dieses Projekt Skizzen auslegen will, von entscheidender Bedeutung. Denn zum einen wird damit das zeitliche Problem *performativer Theologie* als grundlegend markiert, womit sich die Frage nach der Zeitlichkeit von Theologie und des ihr zugrundeliegenden religiösen Bewusstseins verbindet; kurzum: die *Evolution von Religion.* Zum anderen wird in zeitphänomenologischer Hinsicht die religionstheoretisch basale Funktion einer *Beobachtung des Unbeobachtbaren* fassbar.[13]

Hier dockt der religiöse Diskurs an. Präziser: hier hat er in systemtheoretischer Hinsicht seinen Ort und kann seine epistemische Bedeutung bestimmen sowie ausspielen. Religion greift ein Moment konstitutiver Unbestimmbarkeit auf: Entzogenes. Es wird in lebensweltlichen Erfahrungen von Übersteigendem, Abwesendem *als Transzendenz* bestimmt, wobei sie nur im Modus operativer Transzendenz, also im performativen Vollzug einer konstitutiven Unterscheidung greifbar wird: im Prozessieren von An/Abwesendem, Un/Endlichem, Un/Beobachtbarem.

12 Ebd., 81.

13 Vgl. N. Luhmann, Die Religion der Gesellschaft, Frankfurt a. M. 2000; vgl. A. Nasehi, Sakraler Raum – (religions)soziologisch, in: Spiritual Care 2019 8 (1), 53–58; 57.

> „In der modernen, funktional differenzierten Gesellschaft haben wir es sachlich und gesellschaftsstrukturell mit ausdifferenzierter Religion als einer spezifischen Sinnform und einem eigenständigen Kommunikationssystem zu tun, auch wenn ihre Grenzen semantisch und strukturell variieren sowie umstritten sind und immer wieder Entdifferenzierungsprozesse erfolgen. Religion ist dasjenige gesellschaftliche Subsystem, das für die ultimative Bearbeitung von anders nicht bestimmbarer Kontingenz mithilfe der Unterscheidung Immanenz/Transzendenz zuständig ist.“[14]

Koordiniert werden diese Erfahrungen über den Einsatz, also über den performativen Gebrauch des Immanenz/Transzendenz-Codes, der sich in komplexen Verschaltungen rekombinieren lässt: in Endlosschleifen seiner Vermittlung (z. B. dialektisch). Daraus ergibt sich auch der spezifische epistemische Status religiöser Praxis, die eine (kritische) Beobachterperspektive zulässt. Aber „in der Performanz ist Religion weder notwendig noch verzichtbar, sondern schlicht in Aktion.“[15]

Dieser Zusammenhang macht auf eine weitere Bedeutung von Performativität für die religiöse und theologische Theoriebildung aufmerksam: auf die Operativität von evolutionären Prozessen, aus denen religiöses Bewusstsein *praktisch* entsteht. Dabei tritt Performativität als religiöse Vollzugsform (Rituale, Kulte) wie als thematische Bestimmung auf (Narrative, Theologien) – in einem wiederum performativen Verstärkungs- und Rückkopplungszusammenhang (medial z. B. als Schrift; material in Theorien). Religion „ist in semantischer Hinsicht offen sowie variabel bestimmbar und – seit ihrer Ausdifferenzierung – nur in operativer Hinsicht geschlossen.“[16]

Das macht sie wiederum mit Transzendenz-Codes zum Thema. Sie beobachtet die Wirklichkeit vom Standpunkt religiöser *Performance* her, der sich jedoch noch einmal entlang der Grundunterscheidung transzendent/immanent reflexiv bestimmen lässt. Das erfolgt in der Verwendung des Codes „Gott“. Indem man diesen Code einsetzt, vermittelt er Wirklichkeit *bestimmend* – etwa wenn man mit „Gott“ die schöpferische Lebensmacht bezeichnet, die als Anfang *von* und *in* allem wirkt. Die entsprechende Deutungsperspektive, also der Code „Gott“ erschließt diese Wirklichkeit – und das lässt sich wiederum mit Erfahrungen von Kreativität fassen.

Auf diese Weise lässt sich das fundamentaltheologische Themen- und Problemfeld vermessen, das unter performanztheoretischen Vorzeichen epistemische Konturen annimmt.

---

14 V. Krech, Die Evolution der Religion. Ein soziologischer Grundriss, Bielefeld 2021, 19.

15 Ebd., 21.

16 Ebd., 20.

2. *Fundamentaltheologie im Zeichen des Performative Turn – Problemmarker*

Während der *Performative Turn* in der praktischen Theologie bereits intensiv rezipiert wurde[17], spielt er für die fundamentaltheologische Theoriebildung bislang eine wenig prominente Rolle. Im Fokus steht hier – mit einer Studie von Sybille Trawöger[18] – die Anregungskraft für eine ästhetisch argumentierende Fundamentaltheologie. Sie verbindet den argumentativen Modus begründender Gottesrede mit dem praxeologischen Moment performativen Ausweises.

> „Die Phänomene, die eine Ästhetik des Performativen in den Vordergrund rückt, fordern traditionelle fundamentaltheologische Kategorisierungen samt Methodenrepertoire heraus. Das Phänomen Wahrnehmung kann eingehend bearbeitet werden, woraus Anregungen zur Etablierung einer ‚theologischen Wahrnehmungslehre' hervorgehen. Mittels der wechselseitigen Überblendung von Ästhetik des Performativen und kontemplativer Praktik können Phänomene wie Gewahrung oder aufmerksames Dasein Konkretisierungsversuchen unterzogen werden, welche wiederum das Fundament für weitere theologische Erkenntnisgewinne bilden. Körperlichkeit und Leiblichkeit gewinnen an Relevanz. (Deren) Prozesse und Dynamiken können unter dem Ereignisbegriff bearbeitet werden. Die ereignistheoretische Schwerpunktsetzung erlaubt Präsenz bzw. Gegenwart in den Blick zu nehmen, also Topoi, die u. a. auch für eine Offenbarungstheologie von höchstem Interesse sind."[19]

Darüber hinaus wird Performativität als Kategorie politischer Theologie eingesetzt. In einem Projektverbund unter der Leitung von Martin Kirschner entsteht „Eine performative politische Theologie für Europa und eine öffentliche Theologie der Namen Gottes"[20]:

---

17 R. Englert, Performativer Religionsunterricht – eine Zwischenbilanz, in: Zeitschrift für Pädagogik und Theologie 60 (2008) 3–16; Th. Klie / S. Leonhard (Hrsg.), Performative Religionsdidaktik. Religionsästhetik – Lernorte – Unterrichtspraxis. Stuttgart 2008; Fl. Dinger, Religion inszenieren. Ansätze und Perspektiven performativer Religionsdidaktik. Tübingen: Mohr Siebeck 2018.

18 S. Trawöger, Ästhetik des Performativen und Kontemplation. Zur Relevanz eines kulturwissenschaftlichen Konzepts für die Systematische Theologie, Paderborn 2019. – Vgl. auch Th. P. Fößel, Offenbare Auferstehung. Eine Studie zur Auferstehung Jesu Christi in offenbarungstheologischer Perspektive, Paderborn 2017. Fößel arbeitet das Konzept des Performativen zwar theoretisch nicht eigens aus, setzt es aber leitmotivisch ein.- Performanztheoretisch justiert auch G. Werner ihre Theologie der Freiheit: vgl. dies., Judith Butler und die Theologie der Freiheit (Religionswissenschaft 22), Bielefeld 2021; vgl. vor allem die „Skizze einer Theologie der Freiheit", 231–254. – Vgl. zu systematisch-theologischen Rezeptionsmöglichkeiten performativer Theorien H.-J. Höhn, Gottes Wort – Gottes Zeichen. Systematische Theologie, Würzburg 2020 sowie K. Luck, Theology and Performance in a Postliberal Age, abrufbar auf: https://www.academia.edu/9685826/Theology_and_Performance_in_a_Postliberal_Age.

19 S. Trawöger, Ästhetik des Performativen und Kontemplation, 224f.

20 https://www.ku.de/thf/theologie-in-transformationsprozessen-der-gegenwart/forschu

> „Die Theologie muss als eine wissenschaftlich reflektierte, öffentliche Rede von Gott die politische Dimension des Gottesglaubens kritisch reflektieren und die theologischen und (zivil-)religiösen Fragestellungen aufgreifen, die in Politik und Gesellschaft aufbrechen. In der derzeitigen Krise der liberalen Demokratie und eines rechtsbasierten Multilateralismus stellt sich angesichts zunehmender Polarisierungen und gesellschaftlicher Desintegration die Frage, wie die Voraussetzungen des Politischen erneuert werden können, wenn Grundkonsens und bestehende Ordnungen brüchig werden. Im Kontext von Globalisierung, Digitalisierung und einem entfesselten transnationalen Kapitalismus entzünden sich die sozialen und politischen Spannungen gerade an Fragen kultureller und religiöser Identität, wobei die Konflikte nicht zwischen den Religionen und Kulturräumen, sondern quer durch sie hindurch zwischen unterschiedlichen Glaubensstilen und Formen der „Kulturalisierung" (A. Reckwitz) verlaufen. Der ‚performative' Ansatz sucht dem Rechnung zu tragen, indem Vollzugsformen des Glaubens wie des Politischen in den Blick genommen werden, die mit Optionen und Positionierungen verbunden sind, die den Raum der Öffentlichkeit prägen."

Eine eigene Ausarbeitung verlangt die Frage, welche Bedeutung Performativität in epistemologischer Hinsicht für die fundamentaltheologische Theoriebildung besitzt. In einem performanztheoretischen Rahmen stellen Überzeugungen praktisch erhandelte Wissensformen dar. Sie werden theoretisch reflektiert und argumentativ justiert, lassen sich aber nicht von den Kontexten ablösen, in denen sie entstehen. Vor allem erweist sich ihre semantische Kapazität, ihre pragmatische Bedeutung und ihre Erschließungskraft nicht jenseits vom Gebrauch der Konzepte, mit denen sich Überzeugungen bilden.

Damit verschiebt sich der fundamentaltheologische Ansatz hin zu einer praktischen Perspektivierung theoretischer Glaubensverantwortung.[21] Die Wirklichkeit Gottes lässt sich nicht anders als in den Formen seiner Bezeichnung erreichen und bestimmen. Das Zeichen „Gott" markiert eine bleibende Differenz zwischen Signifikat und Signifikant, *bestimmt* also Transzendenz im Modus kommunikativer Verdopplung – als Rekombination von Erreichbarkeit und Unerreichbarkeit. Dabei wird genau dies als eine Notwendigkeit markiert: der Bezug auf Entzogenes, auf Übersteigendes, dem der Mensch in der Reflexion auf sich und seine Welt nicht entkommt, weil er sich sinnbezogen in ihr orientieren muss: ethisch, politisch, in seinen lebensweltlichen Existenzvollzügen im Horizont von Endlichkeit. Im Anschluss an Karl Jaspers und die Bedeutung des *achsenzeitlichen* Reflexionsschubs hält Jürgen Habermas für die Genealogie von „Glauben und Wissen" fest:

---

ng/forschung4. Das folgende Zitat zum Programm des Projekts ebd. – Vgl. auch die Arbeiten von Christian Kern: https://tu-dresden.de/gsw/phil/ikt/systematik/ressourcen/dateien/2020-09-28-profile-Christian-Kern_homepage_update.pdf?lang=de. Vgl. ders., Scheitern Raum geben: Theologie für eine postsouveräne Gegenwartskultur (Theologie im Dazwischen – Grenzüberschreitende Studien), Ostfildern 2021.- Die Internetabrufe dieses Buches wurden, wenn nicht anders ausgewiesen, zuletzt am 15.7.2022 geprüft.

21 In dieser Richtung argumentiert bereits E. Arens, Kommunikative Handlungen. Die paradigmatische Bedeutung der Gleichnisse Jesu für eine Handlungstheorie, Düsseldorf 1982; ders., Bezeugen und Bekennen. Elementare Handlungen des Glaubens, Düsseldorf 1989; ders., Christopraxis. Grundzüge theologischer Handlungstheorie (QD 139), Freiburg u. a. 1992.

> „Die Art und Weise, wie wir in der Welt existieren, erfordert eine Orientierung sowohl in der Welt wie auch über die Welt im Ganzen. Während der kognitive Zugriff auf alles Objektivierbare in der Welt letztlich den Wissenschaften vorbehalten bleibt, ist es Sache der Philosophie, uns – im Überstieg über alles Innerweltliche – der sonst nur performativ gegenwärtigen Bezüge zur Transzendenz zu vergewissern. Dieses ‚Umgreifende' ist der Name für den Horizont und den Boden einer ungegenständlich präsenten, sprachlich strukturierten Lebenswelt, in der sich Personen immer schon vorfinden, und zwar als sich selbst behauptende Subjekte im Alltag, als unpersönliches Bewusstsein im objektivierenden Denken und als individuelle, um sich selbst besorgte Mitglieder einer von Ideen zusammengehaltenen sozialen Gemeinschaft."[22]

Habermas spielt an dieser Stelle die performative Dimension des religiösen Weltkontakts ein, um den Eigensinn eines Gottesbezugs zu profilieren, der philosophischer Durchmusterung und der Abklärung seiner Plausibilitäten bedarf. Die Teilnehmerperspektive löst sich dabei nicht in der reflexiven Distanznahme auf – weder extern philosophisch noch intern in der theologischen Beobachtung von Glaubensformen und -inhalten. Diese Teilnehmerperspektive erscheint nicht per se als irrational, sondern weist eigene Erschließungsqualitäten auf, die nach Habermas verlangen, in säkulare Gehalte transformiert zu werden.[23] Für die Theologie steht damit aber vor allem eine Frage im Raum: Wie sich die Wirklichkeit „Gottes" zugleich als Grund aller Wirklichkeit und im spezifischen Sinn – offenbarend – als Grund der Theologie aufweisen lässt und *erweisen* kann.

Damit zeichnet sich das performanztheoretische Profil fundamentaltheologischer Arbeit ab: Theologie muss zeigen, dass und wie sie sich auf eine Wirklichkeit bezieht, die sich im Gebrauch des Zeichens „Gott" erschließen kann. Wenn das Zeichen „Gott" auf die unbegrenzte schöpferische Lebensmacht verweist, die den Anfang von und in allem bildet, kann sich die Wirklichkeit Gottes dort erweisen, wo sich die Referenz des Zeichens mit Erfahrungen und Erweisen dieser Lebensmacht verbindet.[24]

---

22 J. Habermas, Auch eine Geschichte der Philosophie. Bd. 1: Die okzidentale Konstellation von Glauben und Wissen, Berlin 2019, 102.

23 Vgl. ders., Auch eine Geschichte der Philosophie. Bd. 2: Vernünftige Freiheit. Spuren des Diskurses über Glauben und Wissen, Berlin 2019, 767–807. „Die säkulare Moderne hat sich aus guten Gründen vom Transzendenten abgewendet, aber die Vernunft würde mit dem Verschwinden jeden Gedankens, der das in der Welt Seiende im Ganzen transzendiert, selbst verkümmern." (807) Hier greift auch die performanztheoretische Perspektive auf die epistemische Bedeutung religiöser Überzeugungen: „Der Ritus beansprucht, die Verbindung mit einer aus der Transzendenz in die Welt einbrechenden Macht herzustellen. Solange sich die religiöse Erfahrung noch auf diese Praxis der Vergegenwärtigung einer starken Transzendenz stützen kann, bleibt sie ein Pfahl im Fleisch einer Moderne, die dem Sog zu einem transzendenzlosen Sein nachgibt – und so lange hält sie auch für die säkulare Vernunft die Frage offen, ob es unabgegoltene semantische Gehalte gibt, die noch einer Übersetzung ‚ins Profane' harren." (807)

24 Vgl. zu diesem Ansatz G. M. Hoff, Glaubensräume: Fundamentaltheologische Topologie I, Ostfildern 2021.

Kapitel 2: Mind Map: Profile des Performative Turn

1. *Die Entdeckung von Performativität: John L. Austins Sprechakttheorie*

„Worin besteht die Beziehung von Wörtern zur Welt?"[25] John R. Searle eröffnet mit dieser Frage seinen sprachphilosophischen Essay zur Theorie der *Sprechakte.* Sie greift eine entscheidende Einsicht seines Lehrers John L. Austin auf, der den Begriff *performative Äußerungen* eingeführt hat, um jene besonderen „Fälle" zu qualifizieren, „in denen etwas *sagen* etwas *tun* heißt; in denen wir etwas tun, *dadurch daß* wir etwas sagen oder *indem* wir etwas sagen."[26] Mit Aussagen wie: „ich verspreche", „ich verurteile", „ich vermache" wird mit dem Akt der Äußerung eine Handlung vollzogen. Man bezieht sich damit nicht nur sprachlich auf die Welt; man kommuniziert nicht nur, sondern man schafft mit Sprache Wirklichkeit. Während konstatierende Aussagen Tatsachen in der Welt festhalten, führen Imperative einen Schritt weiter: Sie ziehen Folgen nach sich. Performative markieren demgegenüber einen bedeutsamen Unterschied: mit dem Akt der Äußerung vollzieht sich das Gesagte.[27]

Er *performative Formulare* verwendet, eignet sich die entsprechende kommunikative Handlungsform an. Der Akt des Formelgebrauchs wirkt selbst performativ, nämlich im Gebrauch auf die Sprechenden ein. Wer etwas verspricht, *realisiert* die Möglichkeiten, die sich mit dem Gebrauch des Verbs *in der ersten Person Singular* sowohl aktual-präsent als auch futurisch-verpflichtend verbinden und durch die Sprechakte in Kraft treten. Die Verwendung von *Performativen* stellt insofern die Übernahme einer sprachlich artikulierten Handlungseinstellung dar, die als Kommunikation eine Art von Glaubensakt beinhaltet: das epistemische Vertrauen darin, dass sich mit der *Äußerung* ihr performativer Sinngehalt *realisiert* – und dass er für einen selbst wie für andere gilt. Dafür muss man diesen Sprechakt verstehen, sich also mit einer komplexen Rollenübernahme im performativen Sprachspiel aneignen.

Dieses epistemische Vertrauen entspricht einer kommunikativen Praxis, die probierend erlernt wurde: mit performativen Äußerungen vor allem zwischen

---

25 J. R. Searle, Sprechakte. Ein sprachphilosophischer Essay, Frankfurt a. M. [12]2013, 11.

26 J. L. Austin, Zur Theorie der Sprechakte, 35.

27 Vgl. ebd., 126–136.

Eltern und Kindern.[28] Dabei stellt die Tatsache einer Äußerung bereits eine eigene Wirklichkeit her, die in der kommunikativen Welt zwischen Sprecher:innen beachtet wird und je nach Äußerungsgrad beachtet werden *muss*. An diesem Punkt greifen die performativen Sprechakte im engeren Sinn: Sprachhandlungen, die in einem sozialen Geltungsrahmen *als performativ* gelten. Sie gehen über die kommunikativ erhandelten semantischen Festlegungen von Bedeutungen hinaus, indem sie die Bedeutung der performativen Äußerung an die Einlösung ihrer Sinnrichtung *instantan* koppeln. Im Moment eines Urteilsspruchs vor Gericht gilt es.

Freilich besteht die theoretische Möglichkeit, dass man bei einer testamentarischen Erklärung vor einem Notar mit zwei Parteien nach einer Unterschrift einen Fehler entdeckt und sich darauf verständigt, das Dokument zu vernichten und ein neues aufzusetzen. Bei absoluter Diskretion würde dies niemand bemerken. Aber der innere Widerspruch zur Rolle des Notars löst den Rahmen auf, in dem fortan Verträge geschlossen werden können. Die Funktion und die personifizierte Rollenübernahme sind in diesem juristischen Rahmen konstitutiv, um das Praxisvertrauen in die Gültigkeit performativer kommunikativer Akte aufrecht zu erhalten. Die wie auch immer begrenzte Öffentlichkeit einer Äußerung ermöglicht und trägt die Performativität von Äußerungen, indem sie diese an Bedingungen ihres Gelingens koppelt. Ihr Vollzug setzt also zugleich die Verfahrensbedingungen in Kraft, die als ihre Voraussetzung dienen. Performative Sprechakte wirken demnach auf mehreren Ebenen *performativ*:

- mit ihren semantischen wie sozialen Sinnbedingungen,
- mit ihrer rechtlichen Rahmenstellung (Berechtigungen von Akteur:innen zum Vollzug und zur Anerkennung von performativen Handlungen in ihrem Bindungsgehalt) sowie
- mit ihrer kontextuellen Passfähigkeit (eine Schiedsrichterin kann nicht taufen; ein Priester spricht kein Urteil, auch wenn sakramentalen Handlungen eine kirchen- und ggf. zivilrechtliche Bedeutung zukommt).[29]

Performative Sprechakte schaffen somit nicht nur die Wirklichkeit, auf die sie zielen, sondern aktivieren auch ihren Geltungsrahmen. Er ist an eine Kommunikationsgemeinschaft gebunden, in der performatives Sprechen Sinn ergibt und anerkannt wird. Performative Äußerungen setzen diese Gemeinschaft *als sozialen Handlungsraum* nicht nur voraus, sondern beanspruchend (also performativ) in Kraft. Sie schaffen die Kommunikationsgemeinschaft je neu.[30]

---

28 Vgl. M. Tomasello, Mensch werden. Eine Theorie der Ontogenese, Berlin ²2020, 196–232. Performativer Sprachgebrauch setzt die Fähigkeit geteilten intentionalen Handelns, von Kooperativität, Rollen- und Perspektivenübernahme, von Zukunftsplanung und Virtualisierungskompetenz voraus.

29 J. L. Austin, Zur Theorie der Sprechakte, 35–45.

30 Das besitzt eine eigene ekklesiogenetische Relevanz – vor allem mit Blick auf die konstitutive Dimension sakramentalen Handelns, nicht zuletzt von Gottesdiensten. Ohne sie

Das ist insofern von besonderem Interesse, als sich mit performativen Äußerungen auch zeigt, welche Plausibilitätsbedingungen kommunikativ gelten sowie beansprucht werden können und welche sich verändern. Das geschieht z. B. mit dem sich verschiebenden Gebrauchssinn von Eheversprechen, die nuancierte Bedeutungsunterschiede implizieren und aktivieren. Das *lebenslange* Versprechen, das in der katholischen Kirche als verpflichtend unterstellt wird, um diesen Sprechakt tatsächlich *als performativ wirksamen* anzuerkennen, löst sich zunehmend *im sakramentalen Raum* kirchlicher Zeichensetzung auf.[31] Austin weist im säkularen Kontext auf eine „Forderung zum Duell" hin, die keine Akzeptanz mehr findet.[32] Die Sinnhorizonte gesellschaftlicher Kommunikation werden von performativen Äußerungen beansprucht, aber auch selbst *performativ* verschoben. Das ist deshalb möglich, weil der Anwendungssinn von performativen Sprechakten ihre Aneignung verlangt. Die performative Äußerung vollzieht sich in der 1. Person Singular so, dass sie sich als *besonderer* Fall einer *allgemeinen* Regel ereignet. Die Anerkennung eines Schwurs oder eines Versprechens lässt sich rechtsnotorisch als Rahmen festlegen, aber es bleiben *im Vollzug* von performativen Äußerungen immer auch Unsicherheiten, ob der performative Sprechakt wirklich gelungen ist. Der Gehalt von Zeugenaussagen ist weder aus der Innen- noch aus der Außensicht zweifelsfrei. Er gilt vor Gericht, und zwar unter der Rücksicht der performativen Selbstbindung von Sprechern durch einen Eid. Aber ob er von ihnen tatsächlich ernst genommen wird, ob der Sprechakt vor Gericht also realisiert ist, hängt wiederum an der Einschätzung der Glaubwürdigkeit des Zeugnisses und des Zeugen. Der performative Sprechakt des Eids kommt nur unter einer Hinsicht ans Ziel: dass ein nachgewiesener Meineid juristische Konsequenzen nach sich zieht. Der Kreditrahmen, der Plausibilitätshorizont und der Anerkennungsraum von performativen Sprechakten bilden einen notwendigen und zugleich prekären Hintergrund für performative Äußerungen.

---

kein Glaube! Sie lässt danach fragen, was nicht nur der Priestermangel (und die Reservierung des priesterlichen Amtes für zölibatär lebende Männer) in der katholischen Kirche fundamentaltheologisch bedeutet, sondern ob das *gemeinschaftliche sakramentale Handeln* in der Kirche nicht sehr viel stärker profiliert werden müsste. Performanztheoretisch gesprochen, muss es epistemisch wie liturgisch *als kommunikativ tragende Voraussetzung* (als performanztheologischer Rahmen) zur Geltung gebracht werden.

31 Wenn ein Ehepartner ein „Wesenselement" oder eine „Wesenseigenschaft" der Ehe zwar nicht im Moment des Eheversprechens ausschließt, aber vorher zu erkennen gegeben hat, dass er z. B. die Unauflösbarkeit der Ehe nicht akzeptiert, macht dies in der katholischen Kirche eine Eheschließung ungültig, löst also den als performativ gesetzten und anerkannten Akt des Ehegelübdes auf (CIC can. 1101 § 2). Die Ehe ist nie zustande gekommen, auch wenn das epistemische Vertrauen in ihre Gültigkeit subjektiv von Seiten der Ehepartner und objektiv seitens der Kirche (CIC can. 1101 § 1) zum Zeitpunkt der Eheschließung gegeben war.

32 J. L. Austin, Zur Theorie der Sprechakt., 50.

Zur Klasse der *expositiven performativen Äußerungen* zählt Austin auch Aussagen wie „ich meine" und „ich weiß", die interne Abstufungen beinhalten. Performative Kraft hat die Äußerung als solche. Aber da sie sich *als Sprechakt* nicht von ihrem Bezug und ihrem Gehalt trennen lässt, betrifft epistemische Unsicherheit über die Reichweite und den Status der Äußerung diese gerade *in der Performativität* ihrer Bedeutung. Deshalb gehört die epistemische Praxis des Vertrauens konstitutiv zur Möglichkeit, performative Sprechakte *als solche* zu registrieren und anzuerkennen. Sie setzen eine Gemeinschaft performativer Anerkennung gleichermaßen *voraus* und *in Kraft*, sprich: den kommunikativen Raum einer Anerkennung, der sich seinerseits symbolisch in *Zeichen* der Anerkennung und der Geltung von sprachlichen Aussagen mit performativer Kraft vermittelt. Diese Gemeinschaft kann einerseits klar umrissen sein, etwa als Staat, ist aber als solche nur symbolisch und in der Form einer rechtswirksamen Unterstellung zum Beispiel einer alle Staatsbürger:innen einschließenden Gemeinschaft greifbar – in Form von Gesetzestexten, repräsentativen Organen und Institutionen. Der Raum performativer Sprechakte macht damit auf eine Besonderheit aufmerksam, die zu ihrem Gelingen gehört. Performative Äußerungen setzen akute Gegenwart als Sprachhandlung, entziehen sich aber in mehrfacher Hinsicht zugleich: ihre Artikulation ist als strenge Gegenwart immer bereits vergangen. Ihre Wahrnehmung ist an eine Teilnehmerperspektive gekoppelt, die keine vollkommene Klarheit und Sicherheit über den adaptieren Geltungssinn performativer Sprachformulare erlaubt. Und ihre Anerkennung wird symbolisch über eine Kommunikationsgemeinschaft vermittelt, deren Sinnhorizont mit performativen Äußerungen zugleich beansprucht und konstituiert wird. Sie binden sich auf diese Weise an den Modus ihrer geschichtlichen Aktivierung und erweisen sich darin als transformativ. In ihrer *transformativen Kraft* ist die einzigartige Qualität von Performativen zu sehen.

2. *Performative Diskurse: Wissensproduktion (Michel Foucault)*

Performative Sprechakte gelingen, wenn und indem sie Anerkennung finden. Sie lösen bestimmte Bedingungen ein, die an die Konventionalität des Ablaufs, an die Lizenzen von Akteur:innen, an öffentliche Nachvollziehbarkeit und Verständlichkeit des Sprechakts, an die korrekte Beachtung von Formularen, aber auch an Intentionskonformität gebunden sind. Das Sprachspiel eines Eheversprechens gelingt nur in diesem Rahmen, beansprucht und schafft aber auch zugleich ein komplexes Wissen der beteiligten Komponenten:

- des institutionellen Rahmens,
- der Verwendung von Formularen,
- der aneignenden Umsetzung in Praxis,
- der Konsequenzen.

Performative Äußerungen binden, indem sie eine soziale Wirklichkeit schaffen, und vermitteln die Macht ihrer Durchsetzung *im* Sprechakt.[33] *Performative* sind insofern Aspekte und Prozessoren von epistemischer Macht, weil sich hier ein mehrfaches Wissen etabliert: bezogen auf den semiotischen Vorgang und seine Implikationen, auf die lizenzierende Machtformation und den Geltungsrahmen sowie die Reichweite von performativen Sprechakten. Es handelt sich um symbolisch wirksame Gouvernementalität. Als Rahmen performativer Sprechakte erweist diese sich zugleich als Medium transformativen Wissens: als die strukturelle Form, in der sich *Performative* überhaupt ereignen können. Sie vermitteln Gegenwart des Handelns und Zukunft im Ereignis symbolischer Kommunikation, indem sie beide *akut* setzen. Sie nutzen Gegebenes, um es in neuer Form zu *realisieren* und so seine Gültigkeit *operativ* unter Beweis zu stellen.

Das zeigt sich am performativen Diskurs selbst:

> „Wissenschaftsgeschichtlich hat sich der Begriff der Performanz von einem *terminus technicus* der Sprechakttheorie zu einem *umbrella term* der Kulturwissenschaften verwandelt, wobei die Frage nach den ‚funktionalen Gelingensbedingungen' der Sprechakte von der Frage nach ihren ‚phänomenalen Verkörperungsbedingungen' abgelöst wurde."[34]

Damit rückt die Bedeutung epistemischer Macht als Rahmen für den Einsatz performativen Handelns in den Fokus. Michel Foucault hat die Macht des Wissens vor allem unter dem Aspekt ihrer Produktivität analysiert.[35] Nachdem er

---

33 Diese Macht ist dem Sprechakt nicht einfach vorgelagert, denn sie ist nicht jenseits der Äußerung zu erreichen, weil es sich um eine erst im Sprechakt greifbare Machtform handelt. Sie ist verbunden mit Machtprozessoren, die sich auch in anderen performativen Zeichenhandlungen manifestieren wie einer Krönung, der Übergabe einer Ernennungsurkunde, der Inbesitznahme einer bischöflichen Cathedra.

34 U. Wirth, Der Performanzbegriff im Spannungsfeld von Illokution, Iteration und Indexikalität, in: ders. (Hrsg.), Performanz. Zwischen Sprachphilosophie und Kulturwissenschaften, Berlin [6]2015, 9–60; 10.

35 Zur Bedeutung von Performativität in Foucaults Werk vgl. die genealogische Studie von G. Simmerl, Foucault, Performativität, Politik, abrufbar auf: https://www.academia.edu/3133486/Foucault_Performativit%C3%A4t_Politik, 1–26. Simmerl entwickelt performative Effekte bei Foucault zum einen mit den „drei großen Achsen" seines Werks: „Wissen, Macht und Selbstverhältnisse" (2), zum anderen mit Blick auf die performative Dynamik von Foucaults Analysen – vor allem mit der Konstitution von Subjektivität. Foucaults Werk „zeigt sich als eine subversive Theorie/Praxis, welche die performativen Effekte untersucht, die uns zu dem gemacht haben, was wir sind, und im Zuge dessen selbst zu einem performativen Effekt wird – einer kritischen Lebensweise, welche sich der Subjektivierung widersetzt und Selbsttransformation ermöglicht." (23)

zunächst archäologisch die „Ordnung der Dinge“[36] untersucht hatte, wandte er sich den genealogischen Verschaltungen in der Produktion des Wissens zu. Vor allem in den verschiedenen Formen einer *Biomacht* wurde sie performativ wirksam.[37] Foucaults grundlegende performanztheoretische Einsicht besteht dabei in der formativen Bedeutung von Diskursen. Er versteht darunter „bestimmten Regeln gehorchende Praktiken.“[38] Diskurse wirken performativ, indem sie Akteur:innen und ihre Handlungsformen bestimmen: in Ordnungen einfügen, wie Foucault sie exemplarisch mit dem System von „Überwachen und Strafen“ im Gefängnis analysiert.[39] Die Zwangsverhältnisse werden rationalisiert, wie z. B. mit dem panoptischen System der Kontrolle[40], und inkorporiert. Das Gefängnis unterwirft die Häftlinge nicht nur strengen Regeln. Es entstehen „Disziplinarkörper“[41], die sich analog in Armeen, Hospitälern, Bürokratien und in pädagogischen Zusammenhängen bilden. Die beteiligten Subjekte werden im System erfasst und zugleich als Gegenstände des Wissens verzeichnet. Orte, Funktionen, Abläufe werden zugewiesen und festgelegt, damit aber auch Rollen und Identitäten: „Der Körper konstituiert sich als Element einer vielgliedrigen Maschine.“[42]

Die Disziplinarmacht ist den entsprechenden Praktiken nicht vorgeordnet, sondern nimmt mit ihnen Gestalt an: mit „der Schaffung eines nutzbaren Raumes“[43] wie mit den Artikulationsformen, in denen sich eine „Normalisierungsmacht“[44] ausspricht. Wie die Sprache ist sie „ein System für mögliche Aussagen: es ist eine endliche Menge von Regeln, die eine unendliche Zahl von Performanzen gestattet.“[45] Sie ereignet sich allerdings nicht in der linguistischen Festlegung einer Grammatik, sondern in der Emergenz von Prozessen und Kräften. Indem die Diskursanalyse der Frage nachgeht, welche Bedingungen, welche Ein- und Ausschließungen hier wirken, zeigt sie *performativ* die Wirksamkeit dieser epistemischen Macht auf. Das wiederum belegt die performative Dynamik von Diskursen, denn „Benennen heißt gleichzeitig, einer Repräsentation eine sprachliche Repräsentation zu geben und sie in ein allgemeines Tableau zu rücken.“[46]

---

36 M. Foucault, Die Ordnung der Dinge. Eine Archäologie der Humanwissenschaften, Frankfurt a. M. 1974.

37 Vgl. zum Konzept der „Biomacht“ M. Foucault, Der Wille zum Wissen. Sexualität und Wahrheit 1, Frankfurt am Main 1977. Vgl. ders., Die Geburt der Biopolitik. Geschichte der Gouvernementalität II. Vorlesung am Collège de France 1978–1979, Berlin [8]2020.

38 M. Foucault, Archäologie des Wissens, Frankfurt a. M. [5]1992, 198.

39 Ders., Überwachen und Strafen. Die Geburt des Gefängnisses, Frankfurt a. M. 1994.

40 Vgl. ebd., 251–292.

41 Ebd., 216.

42 Ebd., 212.

43 Ebd., 184.

44 Ebd., 396.

45 M. Foucault, Archäologie des Wissens, 42.

46 M. Foucault, Die Ordnung der Dinge. Eine Archäologie der Humanwissenschaften, Frankfurt a. M. [12]1993, 160.

Foucaults Analysen zur Funktionsweise von Biomacht und Gouvernementalität decken in diesem Zusammenhang die performative Normalisierung und Erfassung von Leben auf. Das performative Moment dieser Machtform wird mit dem methodischen Ansatz Foucaults sichtbar: „Mir geht es darum, dieses Hervorkommen, dieses Auftauchen von Normalisierungstechniken zusammen mit den damit verbundenen Mächten zu untersuchen.“[47] Diese Normalisierungsmacht tritt mit den Diskursen über geschlechtliche Zugehörigkeit und sexuelles Verhalten in Kraft. Sie durchdringt die Sphären der Medizin und des Rechts. Sie formt und beansprucht sie. Als diskursive Praxis tritt sie wiederum in einer eigenen *Performance* zutage, als

> „ein Machttypus, der schließlich in die theatralische Szene des Gerichts mündet, indem er sich natürlich auf die Gerichtsinstitution und die medizinische Einrichtung stützt, aber gleichzeitig seine Autonomie und seine Regeln in sich selbst hat.“[48]

Das Auftreten dieses Machttypus verbindet Biomacht und gouvernementale Herrschaft. Die „Geburt der Biopolitik“[49] setzt Foucault mit der Entwicklung des christlichen Pastorats an.[50] Diese Macht wird ausgeübt, indem sie die *Herde der Gläubigen* begleitet, umsorgt, aber auch anleitet und auf ein Ziel hinführt: das Heil. Dieses Heil stellt eine totalisierende Größe dar. Mehr noch: Es nimmt sie in Anspruch. Gott als schöpferischer Anfang von allem und zugleich als eschatologisches Ziel des Lebens unterhält die Pastoralmacht. Gott führt *als Pastor*[51] die Differenz von Leben und Tod ein, die immer gilt, die ständig abläuft; die es aber auch permanent wahrzunehmen und zu realisieren gilt. Weil der christliche Pastor für seine Schafe zuständig ist, hängt sein eigenes Heil von deren Heil ab. Es ist dieser Zusammenhang, der die Totalität des pastoralen Systems bedingt: das Wissen um Schwächen, um Abirrungen vom Weg, zugleich das Korrigieren, das Hinführen auf den rechten Pfad. In der Funktion des Pastors performiert sich ein System der Übergänge von Lehrer, Richter und Arzt in einer eigenen Herrschaftsform: mit der Regierung der ihm anvertrauten Seelen. Dadurch dass dieser Funktionszusammenhang zugleich die Repräsentanz Christi beansprucht, sakralisiert sich der Komplex. Und er wird totalisiert. In dieser Form von pastoraler Biomacht begreift Foucault den Nukleus des Klosters als Paradigma: „Das

---

47 Vgl. ders., Die Anormalen. Vorlesungen am Collège de France (1974–1975), Frankfurt a. M. 2003, 46.

48 Ebd.

49 Vgl. M. Foucault, Die Geburt der Biopolitik. Geschichte der Gouvernementalität II. Vorlesung am Collège de France (1978–1979), Berlin [8]2020. Unter Biopolitik versteht Foucault „die Weise, in der man seit dem 18. Jahrhundert versuchte, die Probleme zu rationalisieren, die der Regierungspraxis durch die Phänomene gestellt wurden, die eine Gesamtheit von als Population konstituierten Lebewesen charakterisieren: Gesundheit, Hygiene, Geburtenziffer, Rassen ...“ (435)

50 Vgl. ders., Sicherheit, Territorium, Bevölkerung. Geschichte der Gouvernementalität I. Vorlesung am Collège de France 1977–1978, Berlin [6]2019, 173–277.

51 Vgl. ebd., 240.

gesamte Leben muß durch die Tatsache kodiert sein, daß jede seiner Episoden, jeder seiner Momente durch jemanden befohlen, angeordnet sein muß."[52]

Damit entsteht eine performative Machtzirkulation, in der alles aufeinander bezogen wird: Recht, Ökonomie, Lebensführung, Kontrolle – zusammengefasst in einem Diskurs *der Wahrheit* über die Geltung und die Funktion des christlichen Pastorats. Organisiert *als Kirche*, verbürgt es seine Wahrheit *in der Kirche* und *durch sie*; theologisch um eine entscheidende Nuance erweitert: nach dem Modell der immanenten wie ökonomischen Trinität als ständigem Ablauf der göttlichen Beziehungswirklichkeit. Sie stellt die performative Macht *par excellence* dar, denn sie setzt die Wirklichkeit Gottes in einem unendlichen Vorgang frei, der schöpferisch wirkt (mit der *creatio continua* als Modus).

Allmacht und Allwissenheit stellen dann keine Projektionsflächen für die Zuschreibung göttlicher Eigenschaften dar, die *ex negativo* vom endlichen Menschen auf den unendlichen Gott übertragen werden, sondern systemische Ausdrucksweisen. Sie bereiten eine Formation *performativen Wissens* vor, das seine akute Wirksamkeit erst unter Digitalisierungsbedingungen ganz zu erreichen scheint: in der Gouvernementalität digitaler Informationsströme, die Kapital produzieren und über die Algorithmen des Internets immer gleichzeitig Bedürfnisse schaffen und bedienen. Sie erschließen Lebensressourcen, indem sie diese zugleich normieren und begrenzen. Die Verschmelzung von digitalen Informationstechnologien mit ihrer Ökonomisierung schafft eine neue performative Machtform, die alles umschließt und aus der man nicht aussteigen kann. Biomacht und Gouvernementalität totalisieren sich.[53]

3. *Performative Körper: Geschlechtsidentitäten (Judith Butler)*

Dieses Regime performativer Macht greift nicht nur in alle gesellschaftlichen Bereiche und Lebenssphären über. Es formatiert sie, weil es die Aufklärung über diese Machtform im Vollzug dieses Wissens ermöglicht: indem das Internet Daten speichert; indem es kommuniziert. Davon sind alle Akteure im Netz betroffen, ohne dass sie darum gleiche Anteile an seinen ökonomischen Effekten und politischen Optionen besäßen. Kapital wird von immer weniger Akteuren

52 Ebd., 256.

53 Vgl. J. Vogl, Kapitel und Ressentiment. Eine kurze Theorie der Gegenwart, München 2021; besonders 9–33. Es kennzeichnet diese performative epistemische Macht, dass mit ihr „die Darstellung von Welt ununterscheidbar von deren Bewirtschaftung geworden ist." (133) Sie *wirkt* permanent als ein umfassendes *Performativ.*

akkumuliert.[54] Die entsprechende soziale, kulturelle, ökonomische Schere öffnet sich immer weiter – als eine performative Machtdifferenzierung.

Damit ist eine gesellschaftliche Paradoxie verbunden: Das Versprechen offener globalisierter Märkte ist mit der Schließung sozialer Zugänge verbunden. Der Ausbau der Finanzmärkte wirkt sich als performative *Finanzialisierung* aus.[55] Die Finanzkrisen seit 2007 haben zur Absicherung des Sektors durch Einzelstaaten und Staatengemeinschaften geführt, also zur Vergesellschaftung. In der Haftung wie in den Ausschlägen von Börsenentwicklungen und des gesamten Finanzmarkts erweist sich seine totalisierende Macht. Sie definiert, indem sie den Rahmen bestimmt. In ihm wird nicht nur gehandelt. Käufe und Verkäufe sowie die mit ihnen verbundenen Kredite richten ein Paradigma unabsehbarer Handlungszeit ein. Es ist ablesbar an den Verfallsraten von Renteneinlagen, der Finanzierbarkeit von medizinischen Leistungen und der Privatisierung des medizinischen Sektors.

Entscheidend ist an dieser Stelle die Funktionsweise *performativer Macht*, deren Codes sich als wirklichkeitskonstitutiv erweisen. Noch einmal: Sie normieren nicht nur. Sie wirken als eine epistemische Macht, die den gesellschaftlichen Raum *als einen solchen* unter dem Vorzeichen seiner Performativität auf allen sozialen Feldern erfasst. An diesem Punkt macht Judith Butler auf die Beteiligungslogiken aufmerksam, die sich im politischen Raum ergeben. Wer besitzt die Möglichkeit, hier aufzutreten? Mit Bezug auf Hannah Arendt hält Butler fest,

> „dass das Ausgeschlossensein aus dem Erscheinungsraum, der Ausschluss von der Teilnahme an der Pluralität, die den Erscheinungsraum entstehen lässt, bedeutet, des Rechts beraubt zu werden, Rechte zu haben."[56]

Vor dem Hintergrund der Verschränkung digitaler Informations- und Finanzmärkte wird der Suchbefehl bei Google zur Aneignung seines Skripts, sprich: zu einem performativen Sprechakt. Die Algorithmen üben eine performative Macht auf die Subjekte aus, die sich ihr souverän unterwerfen, indem sie ihr zustimmen, sie gebrauchen, eine Auswahl treffen. Die Abweichungen im System: Meinungsäußerungen, Alternativen, kreative Optionen u. v. m. sind *von ihm* vorgesehen, denn sie stellen neue Informationen bereit. Sie lassen sich aufnehmen und verwerten – vom Sicherheitssektor bis hin zu jeder Form des Datentransfers, der ökonomisiert werden kann.

Im Blick auf die performative Praxis von Geschlechterkonstruktionen hat Butler von einer „Matrix der Intelligibiltiät" gesprochen:

> „Wenn ‚Identität' ein *Effekt* diskursiver Praktiken ist, inwiefern ist dann die geschlechtlich bestimmte Identität *(gender identity)* – als Verhältnis zwischen biologischem Geschlecht *(sex)*, Geschlechtsidentität *(gender)*, sexueller Praxis und Begehren

54 Vgl. zum Datenmaterial ebd., 19f.

55 Vgl. ebd., 28.

56 J. Butler, Anmerkungen zu einer performativen Theorie der Versammlung, Berlin 2016, 82.

> verstanden – der Effekt einer regulierenden Praxis, die als Zwangsheterosexualität identifiziert werden kann? Oder führt uns diese Erklärung nur erneut in einen anderen totalisierenden Rahmen zurück, in dem die Zwangsheterosexualität lediglich die Stelle des Phallogozentrismus als monolithische Ursache der Geschlechter-Unterdrückung eingenommen hat?"[57]

Auf welcher Basis lassen sich die performativen Effekte einer Zuschreibung von Geschlechtsidentitäten also epistemisch erreichen? Butler verschiebt die Frage auf die Möglichkeit, sie selbst bereits zur Sprache zu bringen. Sie bricht damit aus einem Erklärungsmodus aus, der in historischer Perspektive einen Ausgangspunkt z. B. in der Entwicklung sexueller Normierungen markiert. Denn dieser Ansatz bewegt sich noch im Horizont von substantiellen Zuschreibungen, von denen auch feministische Emanzipationsbewegungen Gebrauch machen.

> „‚Intelligible' Geschlechtsidentitäten sind solche, die in bestimmtem Sinne Beziehungen der Kohärenz und Kontinuität zwischen dem anatomischen Geschlecht *(sex)*, der Geschlechtsidentität *(gender)*, der sexuellen Praxis und dem Begehren stiften und aufrechterhalten... Die Vorstellung, daß es eine ‚Wahrheit' des Sexus geben könne, wie Foucault ironisch behauptet, wird gerade durch die Regulierungsverfahren erzeugt, die durch die Matrix kohärenter Normen der Geschlechtsidentität hindurch kohärente Identitäten hervorbringen."[58]

Die grammatische Ontologie, die im Gebrauch von Artikeln, Substantiven und deklinierten Adjektiven wirksam ist, legt Sprecher:innen wie Hörer- und Leser:innen in jedem Sprechakt auf eine mitlaufende geschlechtliche Notierung fest. Diese Matrix gilt es freizulegen, um ihre performativen Effekte bereits in der Formation des Diskurses über *Sex und Gender* zu suchen. Die performative Macht des Diskurses tritt in den Festlegungen auf, die er sprachlich aktiviert – mit den identifizierenden Zuschreibungen von *männlich* und *weiblich* sowie den normativen Zuordnungen dessen, was nicht in diesen Kategorisierungen aufgeht und in einen Raum von Andersheit verwiesen wird, der die Exklusionen der Geschlechtszuschreibungen sozial verdoppelt. Denn dieses Andere konnte die längste Zeit nur als eine geschlechtliche Wirklichkeit identifiziert werden, die *nicht passt.* Mit diesem Bruch *im System* geschlechtlicher Klassifizierungen und Normierungen liegt seine totalisierende Dynamik offen: die performative epistemische Macht eines identifizierenden Zugriffs. Diese Matrix gilt es als sprachliches, politisches, kulturelles Bedingungsgefüge ernst zu nehmen, das allem Sprechen über die „Matrix der Intelligibilität" zugrunde liegt, weil es permanent *performt.*

> „Innerhalb des überlieferten Diskurses der Metaphysik der Substanz erweist sich also die Geschlechtsidentität als performativ, d. h., sie selbst konstituiert die Identität, die sie angeblich ist. In diesem Sinne ist die Geschlechtsidentität ein Tun, wenn auch nicht das Tun eines Subjekts, von dem sich sagen ließe, daß es der Tat voran-

57 J. Butler, Das Unbehagen der Geschlechter, Frankfurt a. M. [17]2014, 39.
58 Ebd., 38.

geht. Die Forderung, die Kategorie der Geschlechtsidentität außerhalb der Metaphysik der Substanz neu zu überdenken, muß auch die Tragweite von Nietzsches These in Betracht ziehen, daß es kein Seiendes hinter dem Tun gibt, daß die ‚Täter' also bloß eine Fiktion, die Tat dagegen alles ist."[59]

Die performativen Einschreibungen von geschlechtsbezogenen Identitäten sind wiederum als Vollzüge jener Gouvernementalität zu verstehen, die vom Aufbau einer Biomacht seit dem 18. Jahrhundert über die Genetik des 20. Jahrhunderts und die Technologien Künstlicher Intelligenz im 21. Jahrhundert zu einer sich totalisierenden Digitalmacht führen. Sie bildet den Rahmen und zugleich das Datenmaterial, in dem sich epistemische Performativität herausbildet, etabliert und noch das Nachdenken über sie formatiert. Insofern wechselt das Szenario performativer Theoriebildung in ein neues Paradigma seiner Darstellbarkeit. Das lässt sich noch einmal mit Butlers gendertheoretischen Analysen fokussieren.

„Im Akt der Bezeichnung als dieses oder jenes Geschlecht übt die Sprache eine bestimmte performative Wirkung auf den Körper aus, so wie sie es auch tut, wenn uns von Anfang an, wenn die Sprache noch unausgereift ist, eine bestimmte Hautfarbe, Rasse oder Nationalität zugewiesen wird beziehungsweise wir als behindert oder arm bezeichnet werden."[60]

Diese Zuschreibungen, präziser: diese körperlich wirksamen Einschreibungen liegen jeder Wahl so voraus, wie sich die entsprechende Identifizierung in einem digitalen Code vollzieht, verzeichnet und jeweils neu abgerufen wird. Die performative Macht dieses Codes erweist sich in seiner Abrufbarkeit, in seinen Wiederholungen, wobei seine Iterierbarkeit an das digitale Format gekoppelt bleibt. Seine operative Macht, Unterscheidungen zu treffen, die zwar binäre Codierungen übersteigen, aber auf Musterbildungen angelegt sind, erweist sich als performativ wirksame *Matrix der Intelligibilität.* Die Konstruktion von Geschlechtsidentitäten *dokumentiert* und *prozessiert* von daher die Funktionsweise von Gesellschaften entlang der Unterscheidungen, von denen sie bestimmenden Gebrauch macht – identifizierend, klassifizierend, normierend und im Sinne der Analysen von Joseph Vogl auf der Basis der Informationen über die Unterscheidungen auch kapitalisierend.

Die performanztheoretischen Überlegungen verlagern sich damit auf die Frage, in welchem Raum jene Identifizierungen auftreten und generiert werden, die sich als performative Macht eines Rechts auf Rechte in differenzierten Gesellschaften auswirken. An diesem Punkt erweitert sich zugleich das methodische Spektrum der Performanztheorie unter den Vorzeichen digitaler Wissensformationen. Denn Erkenntnis findet in einem Raum, eben dem *digitalen Netz* statt, in dem sich die distinkten Grenzen von Erkenntnissubjekt, -objekt und -

59 Ebd., 49.
60 J. Butler, Anmerkungen zu einer performativen Theorie der Versammlung, 84.

medium operativ verschalten. Das Subjekt der Erkenntnis nimmt im Internet alles in der systemischen Logik von Algorithmen wahr, die zugleich den Gegenstand der Erkenntnis formatieren – wie bei Sucheingaben, Bestellungen, Datenbanken. Das verlangt, den Zusammenhang von Sprechakt und Wirklichkeit performanztheoretisch bereits unter den Vorzeichen digitalisierter Wissensproduktion *in und als Daten* zu fassen, d. h. *in der* beobachtenden Teilnahme ihrer Funktionsformen.

> „Mathematisch gesprochen, ist die Beobachtung von etwas dann stets eine Funktion dieser Beobachtung – und diese Idee des Funktionalismus bricht mit der Vorstellung, dass die Unbestimmtheit der Welt durch eindeutige Bestimmtheit sich aufbrechen oder auflösen ließe. Diese Relationierung ist nicht nur ein Charakteristikum der wissenschaftlichen Erkenntnis, sondern von Praxis überhaupt. Durch sie wird sichtbar, wie sich konkrete Erscheinungen zu etwas verhalten und wie etwas aufgrund von Praxis so erscheint."[61]

Butlers epistemologische Fragestellung, wie sich die performative Zuschreibung von Geschlechteridentitäten erfassen lässt, hält mit ihrer grammatologischen Verschiebung des klassischen *feministischen* Rahmens auf die Digitalisierung des Paradigmas zu. Performativ wirksame Codes bewegen sich in einer *Matrix der Intelligibilität.* Sie ermöglichen und erfordern komplexe Rekombinationen. Nur *bestimmbare* Daten lassen sich verzeichnen und einsetzen. Sie werden von Programmen entlang der Unterscheidung von *Bestimmbarem und Unbestimmbarem* wiederum sortiert, also systemisch verzeichnet. Aber diese Bestimmungen laufen nicht essentialistisch, sondern *funktionsbezogen* ab. Damit öffnet sich das *totalisierende System digitaler Kommunikation* in seiner Funktionslogik für komplexe Auflösungen von Zuordnungen. Sie werden im Paradigma von *Natur* und *natürlicher Geschlechtsidentitäten als Programme* sichtbar werden – als *Performances von Codierungen.*

4. *Performative Räume: Handeln (Michel de Certeau)*

Mit Judith Butlers gendertheoretischem Verständnis von Performativität verbinden sich mehrere Dimensionen:

- die Sprachhandlungen (Austin), die bestimmende Geschlechtszuweisungen etablieren;[62]

---

61 A. Nassehi, Muster. Theorie der digitalen Gesellschaft, München 2019, 30.

62 Butler spricht von einem „grafische(n) Ereignis" der Bestätigung des Geschlechts auf einem Formular nach der Geburt bzw. von einem identifizierenden und zugleich anerkennenden Sprechakt: „‚Es ist ein Junge!' oder ‚Es ist ein Mädchen!'". Vgl. J. Butler, Eine performative Theorie der Versammlung, 42.

- die Biomacht (Foucault), die eine normative Herrschaft über Frauen, über queere Personen, über Homosexualität ausübt und
- zugleich eine epistemische Machtform darstellt, weil sie den Rahmen bestimmt, in dem sich dieser Komplex erfassen lässt.

Damit verbindet sich die Frage nach dem Raum, in dem sich dieser Diskurs wiederum *performativ* vollzieht. Die Digitalisierung der Gesellschaft, die alle Lebenssphären *formativ* bestimmt, lenkt vor diesem Hintergrund die Aufmerksamkeit auf die Bedeutung *performativer Räume*. Es geht nicht nur um Sprechakte und körperliche Performances, die sich in sozialen Räumen vollziehen, sondern um die Raumordnungen selbst, die Praktiken ermöglichen und umschließen.[63]

Dabei rückt Butler Orte ins Licht, an denen sich die performative Macht von Identitätszuschreibungen *exkludierend* auswirkt. Der Fokus auf gendertheoretische Fragen verschiebt sich konsequent auf die gesellschaftlichen Sphären ausgeschlossenen Lebens: auf prekäre Existenzen. Das betrifft neben, nein: *mit* dem Geschlecht Zuschreibungen und Ausschließungen von *Rasse* und besitzt eine grundlegend *ökonomische* sowie soziale, nicht zuletzt bildungspolitische und kulturelle Dimension. Die entscheidende Frage lautet dabei, ob und wo sich die performativen Akte der Ausschließung überhaupt von Orten verhinderten Lebens her zur Sprache bringen lässt. Butler sieht eine Option in der performativen Sprache von Protestbewegungen. Als Versammlungen von Körpern artikulieren sie eine Sprache, die ihnen eingeschrieben ist.[64] Proteste richten sich gegen Polizeigewalt, gegen die Gentrifizierung von Stadtvierteln, gegen die Folgen des globalen Finanzsystems, gegen die Umweltzerstörung.

> „Wir könnten in solchen Massendemonstrationen eine kollektive Ablehnung der gesellschaftlich und wirtschaftlich bedingten Prekarität sehen. Was wir aber vor allem sehen, wenn Körper auf Straßen, Plätzen oder an anderen öffentlichen Orten zusammenkommen, ist die – wenn man so will, performative – Ausübung des Rechts zu erscheinen, eine körperliche Forderung nach besseren Lebensbedingungen."[65]

---

63 Diese Perspektive wird im folgenden Kapitel mit der Akteur-Netzwerk-Theorie (ANT) von Bruno Latour aufgenommen und entfaltet. Vgl. B. Latour, Eine neue Soziologie für eine neue Gesellschaft. Einführung in die Akteur-Netzwerk-Theorie, Frankfurt a. M. 2007 (Berlin [5]2019).

64 Frank B. Wilderson III (Afropessimism, New York 2020) macht auf die vordiskursive, körperliche Erfahrung schwarzen Lebens aufmerksam. Noch vor der Zuschreibung ist *Blackness* wirksam. Sie hängt nicht von Eigenschaften ab: „Es ist eine Angst des Fleisches, nicht ausgelöst durch einen Diskurs, eine Haltung, eine Politik." (Die Anti-These zum Menschen. Wie man ohne Hoffnung Kritik denkt. Ein Gespräch mit Frank Wilderson III, in: FAZ 7.7.2020)

65 J. Butler, Eine performative Theorie der Versammlung, 37.

„Körperallianzen“[66] setzen den performativen Akt eines Rechtsanspruchs: zu *erscheinen*. Den öffentlichen Raum zu besetzen. Eine Stimme zu erhalten. Das vollzieht der *performative Sprechakt der Versammlung* wie ein Urteil: *Wir haben das Recht!* Dieser körperliche Sprechakt definiert den politischen Raum neu.

Es ist kein Zufall, sondern stellt eine Konstellation dar, dass New York dafür einen symbolischen Raum bietet. Die Sprache des Terrors hat mit 9/11 die Selbstermächtigung von Tätern über die Leben und das Recht ihrer Opfer gestellt. Der *Ground Zero* spiegelt in Manhattan den Raum einer bleibenden Leere, die Gewalt hinterlässt. Das Mahnmal *Reflecting Absence* artikuliert diesen Raum. Jahre später fanden an der *Wall Street* die Proteste der *Occupy-Bewegung* statt. Und im Jahr 2020, mitten in der Pandemie, setzte die Tennisspielerin (und spätere Turniersiegerin) Naomi Osaka während der US-Open in *Flushing Meadows* eine besondere Aktion. Sie trug auf jeder Pressekonferenz nach ihren Spielen eine schwarze Maske mit dem Namen eines schwarzen Opfers weißer Polizeigewalt in den USA. Die ganze Bedeutung dieses maskierten Diskurses wurde ein Jahr später deutlich, als sich Osaka weigerte, auf den *French Open* weiter Pressekonferenzen zu geben. Ihr Schweigen sollte die Macht der Medien und der Veranstalter von Grand Slam-Turnieren markieren und entlarven, die sie mit dem Ausschluss von ihren Turnieren bedrohten.[67] Osaka zog sich aus Paris zurück, und mit diesem Akt verband sich wiederum eine besondere Performance: Osaka sprach über die eigene Soziophobie und eine depressive Erkrankung, die jeden Sprechakt zur Herausforderung und gar zur Qual macht. Auf diese Weise, in diesem mehrfach markierten Diskurs des Schweigens und der Ausschließung veränderte Naomi Osaka den Raum von *Flushing Meadows*, von *Roland Garros*. Aber sie sah sich auch zu einer Entschuldigung genötigt – der Macht der Medien und des Tenniszirkus entkam sie nicht.

Michel de Certeau hat die Bedeutung *performativer Räume* in seiner „Kunst des Handelns“ analysiert. Die Raummacht des Handelns hat er dabei mit einer besonderen Perspektive entwickelt: „Von der 110. Etage des World Trade Centers *sehe* man auf Manhattan.“[68] Mit 9/11 ist dies ein *utopischer Ort* geworden, der aber gerade von dem verlorenen Standpunkt aus erlaubt, die Bedeutung des urbanen Raums zu bestimmen: als Raum einer permanenten, performativen Verwandlung.

> „Ein *Raum* entsteht, wenn man Richtungsvektoren, Geschwindigkeitsgrößen und die Variabilität der Zeit in Verbindung bringt. Der Raum ist ein Geflecht von beweglichen Elementen. Er ist gewissermaßen von der Gesamtheit der Bewegungen erfüllt, die sich in ihm entfalten. Er ist also ein Resultat von Aktivitäten, die ihm eine Richtung geben, ihn verzeitlichen und ihn dahin bringen, als eine mehrdeutige Einheit von Konfliktprogrammen und vertraglichen Übereinkünften zu funktionieren. Im

66 Ebd., 37.

67 Vgl. https://www.faz.net/aktuell/sport/french-open/naomi-osaka-droht-bei-den-french-open-der-ausschluss-17365898.html?premium.

68 M. de Certeau, Kunst des Handelns, Berlin 1988, 179.

> Verhältnis zum Ort wäre der Raum ein Wort, das ausgesprochen wird, das heißt, von der Ambiguität einer Realisierung ergriffen wird, der sich auf viele verschiedene Konventionen bezieht; er wird als Akt einer Präsenz (oder einer Zeit) gesetzt und durch die Transformationen verändert, die sich aus den aufeinanderfolgenden Kontexten ergeben. Im Gegensatz zum Ort gibt es also weder eine Eindeutigkeit noch die Stabilität von etwas ‚Eigenem'. Insgesamt ist der Raum ein Ort, mit dem man etwas macht."[69]

Certeau begreift Raum als eine soziale, kulturelle, religiöse Handlungsgröße. Damit werden kulturelle Praktiken selbst zu Raumgrößen. Sie schaffen Vorstellungsräume, Lebensräume, Glaubensräume, die sich überlagern, indem sie Welt strukturieren. Ihre Ordnungen haben keine andere Logik als die ihrer performativen Dynamiken: die des Lesens, des Gehens, des Betens. Mit der unendlichen Vielfalt solcher intellektuellen, sozialen, kulturellen Handlungen verzahnen sich Orte, die *Identitäten* markieren, und Räume, die in *transformativen Prozessen* Verbindungen herstellen. Die Konnektivität von sozialen Räumen umschließt die Orte des Eigenen, indem sie seine Inbesitznahme, seine Bewirtschaftung im Rahmen einer Ökonomie performativer Verwandlung kartieren.

Dazu gehört die Tätigkeit ihrer Bestimmung. Im Gehen entstehen Räume: mit den Routen durch eine Stadt wie New York. Das gilt aber ebenso für Raum-Narrative. Sie besitzen „eine performative Kraft",[70] indem sie Grenzen und Übergänge markieren, damit aber auch ziehen. Man kann ihnen auf einer Karte folgen, die eine Ordnung der Welt und der Orte in der Welt vornimmt. Die Karte funktioniert wie eine Erzählung: Sie zeigt, sie verbirgt – was unter den Bedingungen von *google maps* eine eminent ökonomische Bedeutung annimmt.[71] Die Erzählung der Karte besteht nicht zuletzt darin, dass sie Namen zuweist: Straßen, Gebäuden, mitunter auch eigenen Wegen wie Pilgerrouten. Diese Macht erweist sich als „toponymisch"[72]: „Somit schafft sie Räume."[73]

Diese Räume stehen nicht fest, sie bewegen sich mit Praktiken und Akteur:innen. Performativität funktioniert topologisch, nicht topisch.[74] Sie bestimmt Bezüge, Abläufe, Verhältnisse, die Ortsbezüge aufweisen, aber nicht durch diese definiert werden.

> „Die Differenz, die einen jeden Ort definiert, gehört nicht zur Ordnung von Nebeneinandergestelltem, sondern sie hat die Form von ineinandergeschachtelten Schichten ... Der Ort ist ein Palimpsest."[75]

---

69 Ebd., 218.

70 Ebd., 228.

71 Restaurants und Geschäfte müssen für ihren Eintrag bezahlen. Tun sie es nicht, kommen sie nicht vor: Sie verschwinden *performativ* bei der Suche auf *google maps*. Sie existieren in der digitalen Ökonomie nicht.

72 M. de Certeau, Kunst des Handelns, 237.

73 Ebd., 228.

74 Vgl. ebd., 236.

75 Ebd., 353; 355.

Dieses Palimpsest wird lesbar im Betreten, also mit dem Schaffen eines Raums, in dem der Ort erreicht werden kann – im Fall von *Ground Zero* biographisch, politisch, religiös u. v. m. Wie eine Stadt sich bei den Wanderungen durch sie erschließt, so entsteht auch ein Ort mit seiner Aneignung, also seiner *Erfindung* im Raum. Dabei ist im Sinne von Butler politisch, aber auch theologisch entscheidend, ob es sich um einen Ort des Lebens oder des Todes handelt. Diese Orte überschneiden sich. Ihre Raumbedeutung muss entdeckt werden: Handelt es sich um einen Ort oder einen Nicht-Ort, also um einen Ort, der eine anthropologische Qualität besitzt?[76] Ein Ort erlaubt Aufenthalt als *Verortung* von Existenz, aber auch biographischen Aufbruch als *Verwandlung*. „Mit dem Raum umzugehen, bedeutet also (...), am Ort *anders zu sein* und *zum Anderen überzugehen*."[77]

Die Erschließung von Quartieren, Milieus und architektonischen Ensembles begreift de Certeau als einen performativen Akt, der sich mit Eindrücken und Benennungen verbindet.[78] Dabei können sich Orte im Raum verwandeln, wenn sie mit ihrem utopischen Gehalt konfrontiert werden: dem Fehlenden, Abwesenden, Verlorenen wie den *Twin Towers*, aber auch den heterotopen Herausforderungsmomenten von Protesten und ihren Hoffnungspotenzialen wie bei der *Occupy-Bewegung* an der *Wall Street*. Diese Raumbewegungen spielen jenseits von essentiellen Identitäten.[79] Stattdessen eröffnen sie Spielräume mit unbesetzten Räumen – für Entdeckungen, wo sich gelingendes Leben ereignet oder ereignen kann. Die Stadt dient insofern soziologisch wie religiös als Modell permanenter Übergänge von dem, was *im Leben* von ihm getrennt und ausgeschlossen wird, was zugleich aber so Bedeutung hat. New York als *Kapitale der Moderne* bildet von daher den folgerichtigen Ausgangspunkt von de Certeaus Theorie *performativer Räume*, weil sich mit ihr (und Certeaus Narrativ) ein Raum profan-sakraler Zuordnungen und Übergänge abzeichnet: noch einmal exemplarisch mit den zerstörten *Twin Towers*, deren Symbolik nicht erst seit 9/11 zwischen Babylon und Jerusalem spielt, zwischen Attraktion und Verwerfung. New York mit seinen (politischen, ökonomischen) Heilsversprechen vor dem Hintergrund eines Exodus-Narrativs stellt selbst eine politisch-theologische Raum-Strategie dar, in der sich die performative Macht des Fehlenden als eine eigene Form der Verwandlung des Raums präsentiert. Seine Bedeutung wird in theologischer Hinsicht mit einer Erweiterung des Raums greifbar: mit der *Performance* von Philippe Petit am 7. August 1974, als er auf einem Seil den Abgrund zwischen den *Twin Towers* überquerte, diesen damit aber auch sichtbar machte. Hier wird der Raum zwischen

76 Vgl. M. Augé, Nicht-Orte, München 2010, 49–77. Um Leben zu ermöglichen, müssen Orte „identisch, relational und historisch" (59) sein: also Bezüge mit eigener Persistenz und Dauer ermöglichen. Nicht-Orte sind demgegenüber permanente Passagen, aber auch Lager.

77 M. de Certeau, Kunst des Handelns, 208.

78 Zum Gehen als performativem Sprechakt vgl. M. de Certeau, Kunst des Handelns, 200f.

79 Vgl. ebd., 194.

Leben und Tod vermessen, indem er angesichts der realen Gefahr eines Absturzes mit einer künstlerisch-akrobatischen Performance überbrückt wird. Es handelt sich um die symbolische Möglichkeit, einen Sinnüberschuss in einer Aktion zu konzentrieren und damit den Raum des Gegebenen um eine schier unglaubliche Möglichkeit zu erweitern. Die *Twin Towers* sind zerstört, aber dieser Raum der *realen Vorstellung des Möglichen* bleibt förmlich in der Luft. Die Aktion spielt in der säkularen Sphäre einer Überschreitung, setzt aber mit ihren Assoziationen zugleich den Raum einer *Performance* förmlicher *Transzendenz* frei. An diesen Übergängen *vollzieht* sich der Raum der Stadt mit ihren sakralen Orten, Gebäuden, Gesten, Events, Prozessionen.

5. *Performative Kultur: Inszenierungen (Erika Fischer-Lichte)*

„Der performative Raum eröffnet Möglichkeiten, ohne die Art ihrer Nutzung und Realisierung festzulegen."[80] Er wird durch „Schaffung spezifischer räumlicher Arrangements"[81], durch Zugangscodes, durch Nutzungspraxen *als* ein spezifischer Raum sichtbar. Ein Parlament sieht Sitzordnungen und damit verbundene politische Ensembles und Hierarchien vor. Symbole aktivieren historische Zusammenhänge und legen auf Bedeutungen fest, die sich im deutschen Bundestag etwa mit dem Bundesadler, aber auch der Konstellation der europäischen und der bundesdeutschen Flagge zeigt. Die Transparenz des Raums mit vielen Fenstern artikuliert eine offene Demokratie, wobei das Raumkonzept noch einmal politisch inszeniert wird.[82]

Das gilt im öffentlichen wie im beruflichen und im privaten Bereich. Noch die funktionale Ausstattung eines Büros weist in der Anordnung von Arbeitsplätzen eine inszenierte Ordnung auf, die Statussymbole verwendet und ästhetische Statements beinhaltet.[83] Vor allem die Verwandlung von Räumen macht mit dem Nutzungswechsel, aber auch der kreativen Überlagerung von Raummöglichkeiten das performative Moment des Raums deutlich. Die Verhüllung

80 E. Fischer-Lichte, Ästhetik des Performativen, Frankfurt a. M. [11]2019, 189. – Das entsprechende Kapitel ist – wie das vorhergehende in diesem Band – mit dem Titel „*Performative Räume*" überschrieben: vgl. ebd., 188–200.

81 Ebd., 192.

82 Die Homepage des Deutschen Bundestags stellt das ästhetisch-politische Ensemble des alten Reichstagsgebäudes eigens vor: https://www.bundestag.de/besuche/architektur/reichstag.

83 Vgl. „Das Büro ist immer auch eine Bühne, auf der Arbeit inszeniert wird". Interview mit Mateo Kries, in: Die ZEIT (1.7.2020), abrufbar auf: https://www.zeit.de/arbeit/2020-07/homeoffice-wohnen-gestaltung-moebel-hierarchie-arbeit

des Reichstags durch Christo und seine Frau Jeanne-Claude im Jahr 1995 steht dafür paradigmatisch.[84] Sowohl mit der Einkleidung des Reichstags als auch den vorausgehenden politischen Debatten entstand nicht nur ein temporär neuer ästhetischer Raum, sondern auch ein politischer. Die symbolische Bedeutung des Reichstags bewegt sich zwischen historischen Sphären: der Etablierung einer parlamentarischen Demokratie in Deutschland, ihrem Scheitern und ihrer Zerschlagung im Nationalsozialismus, als emblematischer Ort getrennter politischer Räume nach 1945, einem Neuansatz nach der Wiedervereinigung. Die *Performance* des *Wrapped Reichstag* bestimmt den Übergang zwischen säkular-politischer Sphäre und ihrer Sakralisierung als Symbol für ein demokratisches Deutschland mit entsprechenden Werten[85] und schafft damit selbst wiederum einen „sakralpolitischen Ort".[86] Er schließt an das *Ereignis* der Performance an und stellt einen ästhetisch-politischen Referenzort dar, der zugleich in das biographische und das kollektive Gedächtnis eingerückt ist. Die Performativität des Raums weist dabei im Modus von Inszenierungen Bezüge zur Kunst, nicht zuletzt zum Theater auf, die Erika Fischer-Lichte an den Ausganspunkt ihrer „Ästhetik des Performativen" stellt.[87] Das Ereignis der Aufführung legt offene Relationen von Signifikant und Signifikat frei. Bedeutung wird erzeugt durch Körper im Raum, durch Bewegung und Text, durch Bild und Bühne, durch Akustik und Licht, in den Interaktionen auf der Bühne und mit dem Publikum.[88] Aufführung und Wahrnehmung überlagern sich im Theater, vor allem aber bei *Performances*, die Grenzen zwischen Aktion und Rezeption, zwischen Inszenierung und Beteiligung, zwischen „Kunst" und „Realität" überschreiten, ja aufheben. Die Performance-Künstlerin Marina Abramović hat dies in Aktionen am eigenen Körper durchgeführt, die sie selbst wie das Publikum in Grenzbereiche versetzte. Sie fügte sich Schmerzen zu, die den Betrachter aus der Rolle des bloßen Zuschauers lösten, weil er zum Teil der Aktion wurde, indem er sich seinerseits aktiv oder passiv verhielt.

> „Die Künstlerin stellte mit den Handlungen, die sie vollzog, nicht ein Artefakt her; sie schuf kein Werk, das von ihr ablösbar, fixier- und tradierbar gewesen wäre. An-

84 Vgl. https://christojeanneclaude.net/artworks/wrapped-reichstag/

85 Zu Sakralisierungsprozessen bezogen auf die Herausbildung von Werten, nicht zuletzt im Zuge einer Sakralisierung von Menschenwürde und Menschenrechten vgl. H. Joas, Die Sakralität der Person. Eine neue Genealogie der Menschenrechte, Berlin 2011; ders., Die Macht des Heiligen. Eine Alternative zur Geschichte der Entzauberung, Berlin 2017.

86 Vgl. zu diesem Konzept A. G. Weiß, Der politische Raum der Theologie. Entwurf einer inkarnationstheologischen Ereignistheologie als Antwort auf Radical Orthodoxy, Münster 2019, besonders 67–114.

87 E. Fischer-Lichte, Ästhetik des Performativen, 9–30; 31–57; zentral dort die Bezüge auf Max Herrmanns Konzept der *Aufführung* (vgl. ebd., 43f.).

88 Vgl. E. Fischer-Lichte, Performativität. Eine kulturwissenschaftliche Einführung, Bielefeld ^{4}2021, 77–80.

> dererseits stellte sie mit ihnen aber auch nicht etwas dar. Sie agierte nicht als Schauspielerin, welche die Rolle einer Figur spielt ... Die Künstlerin beschränkte sich darauf, die Handlungen zu vollziehen, die ihren Körper wahrnehmbar veränderten ...“[89]

Die Performance wird zum Ereignis einer Transformation, weil man sich zu ihr nicht *nicht verhalten* kann, sobald man mit ihr in Kontakt kommt.[90] Als eine *Performance* in einem öffentlichen Raum, auf einer Straße, einem Platz, kann man, ohne es zu wissen, Aspekt einer Aufführung sein – was die Unausweichlichkeit einer *praktischen Stellungnahme* nicht zu, sondern in ablaufenden gesellschaftlichen Prozessen zum Ausdruck bringt. Gerade weil sich die klaren Grenzziehungen zwischen Wirklichkeit und Kunst damit verschieben, wird der transformative Charakter der jeweiligen persönlichen Performanzen sichtbar. Das gilt nicht zuletzt angesichts der Frage, um was es sich handelt: eine Aufführung im eigenen Leben, des eigenen Lebens? Leben findet in ritualisierten Abläufen statt, mit hervorgehobenen Inszenierungen, mehr aber noch in stilisierten Vollzügen zum Beispiel des Essens, das selbst zunehmend kulturalisiert und ästhetisiert wird. Die „Wiederverzauberung der Welt“, die Fischer-Lichte mit performativen Kulturen verbindet, vollzieht sich „als Verknüpfung von Kunst und Leben“.[91] Sie spielt jenseits einer religiösen Bestimmung der Welt, die mit „Gott“ einen fest verfugten Sinnkosmos aufruft. Dieser Sinn muss vielmehr selbst entdeckt und produziert werden, und zwar gerade an den Bruchlinien einer Wirklichkeit, die einerseits zunehmend transparent erscheint, sich andererseits aber immer wieder in ihren Zusammenhängen auflöst.

> „Während die Menschen in der westlichen Welt vor der Aufklärung glaubten, mit Gebet, Bußübungen, Änderung des Lebenswandels u. ä. einen gewissen Einfluß auf Gesundheit, Wohlergehen, Ernte etc. nehmen und das Wüten von Epidemien, Hagelstürmen oder Krieg abwenden zu können, glauben wir an eine entsprechende Macht der Wissenschaft, die sich in dieser Hinsicht allerdings immer wieder als ebenso unzulänglich erwiesen hat wie Gebet und Bußübungen. Je größer die Fortschritte der Wissenschaft, je spektakulärer ihre Ergebnisse – zum Beispiel in der Gen- oder der Hirnforschung –, desto mehr schwindet paradoxerweise die Illusion, welche die Aufklärung geschaffen hat – die Illusion von der unendlichen Perfektibilität von Mensch und Welt.“[92]

An die Stelle der performativen Macht des religiösen Glaubens mit Gebeten und Liturgien tritt die „Performativität des Ästhetischen“ als Sinnquelle. Die Verzauberung der Welt macht sich an dem fest, was sich menschlichem Zugriff entzieht; was die Transparenz szientifischer Erklärungen durchbricht. Indem Fischer-Lichte die „Performativität des Ästhetischen“ mit der Vulnerabilität

---

89 E. Fischer-Lichte, Ästhetik des Performativen, 10.

90 Zur „transformative(n) Kraft des Performativen“ vgl. E. Fischer-Lichte, Performativität, 133–153.

91 Ebd., 360. Das entsprechende Kapitel lautet: „Die Wiederverzauberung der Welt“, 315–362.

92 Ebd., 361.

menschlicher Existenz – namentlich mit den *Performances* von Marina Abramović – verbindet, hebt sie zugleich auf die spezifische Ausdrucksqualität performativer Handlungen ab. Bereits Austin hatte darauf hingewiesen, dass sie scheitern können; dass es bestimmter Rahmenbedingungen bedarf, damit sie *als performative Äußerungen* gelingen, also in Kraft treten. Gerade diese Qualität performativer Akte kann nun wiederum auf der Ebene ihrer Inszenierungen die Übergängigkeit von Sinnsetzungen zum Ausdruck bringen. Sie sind grundlegend ambivalent, weil sie produktiv und zerstörerisch eingesetzt und verstanden werden können und weil sie einen „liminale(n) Raum und eine liminale Zeit" schaffen.[93] Deswegen können sie transformativ wirken, ohne dass der intendierte Richtungssinn zum Beispiel in der Destruktion etablierter Ordnung und dem Aufbau einer neuen Ordnung gesichert wäre. Wie Macht grundlegend ambivalent ist, so auch die Macht performativer Akte, mit denen Menschen im Zeichen von Hass, von Rassismus, von Antisemitismus u. v. m. enthumanisiert werden.[94]

Performative ästhetische Akte hängen nicht zuletzt an ihrer Plausibilität: an der schieren Möglichkeit, sich zu ihnen zu verhalten, *wenn* und *insofern* sie sich vom Alltag durch die Form eines inszenatorischen Eingriffs unterscheiden.

Im März 2021 hat der Schauspieler Ron Iyamu mehrere rassistische Vorfälle öffentlich gemacht, die am Düsseldorfer Schauspielhaus stattgefunden hatten.

> „Ron Iyamu berichtet, dass nach einer Probe, bei der Filmszenen für die Inszenierung gedreht wurden, ein Schauspielerkollege ihm ein Messer an seinen Hosenschlitz gehalten und gefragt habe, wann man nun dem Kollegen ‚N-Wort die Eier abschneiden' würde. Gedreht wurden zuvor Folterszenen, in denen Ron Iyamu einen Henker gespielt hat. Die rüde Frage ist offensichtlich eine Verlängerung der Folterszenen in den Zwischenbereich von Probe und Pause. Man kann das geschmacklos finden und sich als Kollege diese Grenzüberschreitung verbitten. Man könnte aber ebenso im Spiel bleiben und darauf schauspielerisch reagieren. Iyamu selbst sprach zunächst, nämlich gegenüber der ‚Rheinischen Post' im Juni letzten Jahres, von einem Vorfall, der über den Rahmen von Alltagsrassismus und den damit verbundenen ‚Mikroaggressionen' hinausging."[95]

Die Grenze der performativen Ästhetik wird mit dem Übergang rassistischer Handlungen markiert, damit aber sowohl in Kraft gesetzt als auch potentiell überschritten. Die Probepraxis, die Inszenierungsperformance, die Beziehungen zwischen den Akteur:innen *als Schauspieler:innen* wie in ihren kollegialen Bezügen entscheiden über die Bedeutung *dieser rassistischen Performance.* Die Aufdeckung der Vorfälle und die öffentliche Auseinandersetzung hat zu Reaktionen geführt und schließlich Ron Iyamu dazu veranlasst, das Düsseldorfer Schauspiel-

93 Vgl. E. Fischer-Lichte, Performativität. 103–117; Zitat: ebd., 116f.

94 Vgl. J. Butler, Haß spricht. Zur Politik des Performativen, Frankfurt a. M. 2006; vgl. dies, Gefährdetes Leben. Politische Essays, Frankfurt a. M. ^{4}2012; besonders 154–178.

95 B. Stegemann, In den Schützengräben der Verletzlichkeit, in: FAZ v. 9.4.2021; abrufbar auf: https://www.faz.net/aktuell/feuilleton/buehne-und-konzert/rassismus-und-macht-missbrauch-erschuettern-die-theater-17283465.html?

haus zu verlassen. Damit ist deutlich, wie Ron Iyamu diesen Vorgang sieht und bewertet.

Im Rahmen einer performativen Ästhetik wäre aber auch eine weitere Wende des Falls denkbar – nicht nur in den Effekten konsequenter Aufklärung und Bearbeitung eines systemischen Rassismus, sondern auch auf der Ebene der ästhetischen Bestimmung. Was wäre, wenn sich die Akteure in einem Jahr dazu bekennen würden, dass alles eine Performance darstellte – mit den verteilten Rollen, den schematisierten Reaktionen, dem ausgelösten Diskurs?[96] Aber auch das müsste man den Akteuren *glauben*, so wie man der Intention der Akteure glauben muss, dass es sich *nicht* um ein Spiel handelt, *nicht* um eine Inszenierung. Das Gelingen und Scheitern einer Performance setzt also gerade in der Aktivierung liminaler Situationen eine Beteiligung und den Zugang zu einer entsprechenden Perspektive voraus, die wiederum *geglaubt werden muss*, um zu gelingen. Dieser Übergang ist in epistemischer Hinsicht von entscheidender Bedeutung, weil sich damit nicht nur die ganze Ambivalenz performativer Handlungen zeigt, sondern gerade ihre expressive Stärke: die performative Bestimmung von Grenzsituationen.

6. *Performative Religion: Rituale (Victor Turner)*

Solche Grenzsituationen stehen im Fokus der Ritualtheorie Victor Turners. Nicht nur wegen seiner Überlegungen zu einer *performativen Ethnologie*[97] stellt er ein bedeutendes Scharnier performanztheoretischer Überlegungen dar. Vielmehr weist sein ritualtheoretischer Ansatz grundsätzliche Parallelen zum Theater, damit aber auch zu den verschiedensten Formen der Inszenierung sozialer Praxis auf. Denn

---

96 Eine solche Stellprobe muss selbst als Aspekt des Prozesses kritisch zur Diskussion stehen, weil sie die Vorstellung auslösen kann, *als begreife der Autor dieser Zeilen eine solche Debatte als bloßes Spiel* und nähme den Vorfall nicht ernst – was der Autor nicht tut. Es geht an dieser Stelle um die epistemische Unentscheidbarkeit und ethisch-politische Ambivalenz jeder *Ästhetik des Performativen*. Im gegebenen Rahmen des Düsseldorfer Vorfalls entscheidet nicht die Intention einer möglichen Regie, nicht einmal die Intention eines Akteurs, sondern (1.) die Perspektive des Betroffenen, der (2.) auf dem Boden eines etablierten rassistischen Systems in die Rolle eines *Schwarzen*, eines *Opfers* gezwungen wurde. Es geht von daher immer darum, die präzisen Machtverhältnisse in *Performances* zu bestimmen und sie zu dem Rahmen in Beziehung setzen, der sie ermöglicht und trägt, also auch wiederum das epistemische Bedingungsgefüge für die Aufführung und dann das „Gelingen" oder „Scheitern" der *performativen Absichten* bestimmt.

97 Vgl. V. Turner, Dramatisches Ritual – Rituelles Drama. *Performative und reflexive Ethnologie*, in: ders., Vom Ritual zum Theater. Der Ernst des menschlichen Spiels, Frankfurt – New York 2009, 140–160.

„(d)as soziale Leben ist ..., selbst in seinen scheinbar ruhigsten Augenblicken, charakteristischerweise reich an sozialen Dramen. Es ist, als ob jeder von uns ein ‚Kriegsgesicht' und ein ‚Friedensgesicht' hätte, wir zur Kooperation programmiert, aber auf Konflikt vorbereitet seien. Das soziale Drama stellt die ursprüngliche, alle Zeiten überdauernde Form der Auseinandersetzung dar."[98]

Soziale Dramen spielen auf verschiedenen Ebenen.[99] Sie betreffen die Entwicklung von Individuen wie von Gemeinschaften – im Übergang von biographischen Situationen wie in Transformationen von Gruppen, Schichten, Völkern. Die Organisation des Zusammenlebens in differenzierten sozialen Gefügen bedarf mit der komplexen Verteilung von Rollen und Funktionen, von Interessen und Erfordernissen eines ständigen Aufbaus von sozialer Ordnung. Weil selbst unter dem Vorzeichen einer religiös bestimmten Grundordnung keine permanente Stabilität vorliegt, sondern – exemplarisch in der Kombination von Schöpfungsmythen und Flutnarrativen des Alten Testaments – *in Szenarien der Bedrohung* jeweils neu aufgebaut und gesichert werden muss, bedarf es einer *Form*, diesen prekären Zusammenhang aufzufassen. Da er sich auf der Ebene sozialer Dramen zugleich mit den Dramen von Lebensgeschichten – von Geburt bis zum Tod – und mit Entwicklungsprozessen verbindet, erweisen sich Krisen als Brennpunkte der *bestimmenden Formation* jener *liminalen Situationen*, in denen sich Gesellschaften befinden.

Die Krise stellt sich insofern als Modus *bestimmender Praxis* in der permanent ablaufenden Dekonstruktion von Ordnung dar. Entscheidend ist die Einsicht, dass die Bestimmung selbst über eine soziale Praxis läuft, die eine darstellende Distanz zum sozialen Drama einnimmt, insofern sie diese beobachtet – zum Beispiel auf dem Theater *als ein Drama*. Gleichzeitig vollzieht sich dieses Drama mit der Partizipation der beteiligten Akteur:innen. In besonderer Weise gilt dies für Rituale, in denen *liminale Situationen* von Schuld und Vergebung, von Lebensanfang und Lebensende, von Krankheit und Genesung zugleich symbolisch bearbeitet und zum Aspekt einer eigenen sozialen Praxis werden. Turner hat diesen Zusammenhang in verschiedenen Zusammenhängen analysiert. Im Zuge seiner Feldforschung bei den afrikanischen Ndembu (heutiges Sambia) hat er das Isoma-Ritual untersucht, mit dem eine gynäkologische Symptomatik geheilt

---

98 Ders., Einführung, in: ders., Vom Ritual zum Theater, 7–27; 14.

99 „Ein soziales Drama beginnt, wenn der friedliche Verlauf des geordneten, normengeleiteten sozialen Lebens durch den *Bruch* einer die wichtigsten Beziehungen kontrollierenden Regel unterbrochen wird." (V. Turner, Dramatisches Ritual – Rituelles Drama, 144.). Das soziale Drama löst eine Krise aus, die bewältigt werden muss. „Krisenbewältigung umfaßt gewöhnlich ritualisiertes Handeln" (144f.) – sei es juristisch, religiös, militärisch. Ob dazu eine rein kulturell-ästhetische Bearbeitung reicht, ist eine *dauerhaft offene Frage* in (post-)säkularen Gesellschaften, insofern sie je neu ausgehandelt und beantwortet werden muss, wenn sich kein *letzter Grund* von Gemeinsamkeit material festlegen lässt: die Frage, was sie in einem verbindenden Code von Gemeinschaft zusammenhält, der über partielle Sakralisierungen von Werten und Ereignissen (z. B. im demokratischen Rechtsstaat) hinausführt.

werden soll.[100] Im Anschluss an Arnold van Gennep zeigt Turner die Struktur dieses Rituals mit einer Phase der Isolation, der Transformation und der Reintegration der betroffenen Frau auf. Die *Liminalität* ihrer Situation: körperlich, seelisch und sozial, wird vom Ritual aufgenommen, im Ritual durchlebt und bei günstigem Ausgang durch das Ritual aufgehoben. Es stellt aber auch im Scheitern des intendierten Heilungsvorgangs noch einen sozialen Rahmen dar, in dem dieser Vorgang bestimmt werden kann. Das heißt:

> „Symbole und ihre Beziehungen, wie sie etwa im *Isoma*-Ritual vorkommen, sind nicht nur kognitive Klassifikationen zur Ordnung des Ndembu-Universums. Sie sind auch – und das ist vielleicht genauso wichtig – sinnreiche Mittel zur Mobilisierung, Kanalisierung und Kontrolle starker Emotionen wie Haß, Furcht, Zuneigung und Leid. Darüber hinaus haben sie einen zweckgerichteten und ‚konativen' (das Wollen und Handeln betreffenden Aspekt). Kurz, der ganze Mensch, nicht nur das ‚Denken' der Ndembu, ist existenziell in das Problem des Lebens oder des Todes, dem das *Isoma*-Ritual gilt, verstrickt."[101]

Auch wenn Turner erst im Zuge seiner späteren Zusammenarbeit mit Richard Schechner und seiner *Performance Group* den Begriff des *Performativen* in seine Arbeit einbezog[102], weisen seine ritualtheoretischen Überlegungen bereits entscheidende Aspekte von Performativität auf:

> „Das Ritual ist wie der Sprechakt insofern performativ, als es selbstreferenziell und wirklichkeitskonstituierend ist. Es bringt eben die Transformation hervor, auf die es verweist – den Übergang von einem Status zu einem anderen."[103]

Im Ritual werden soziale Übergänge so artikuliert und bearbeitet, dass sie sich sowohl in symbolischen Handlungen abbilden als auch diese Passagen vollziehen. Das gilt für Sakramente in christlichen Kirchen ebenso wie für säkulare Rituale bei Einführungen in ein politisches Amt oder für Versöhnungsrituale wie das Oriko-Ritual der nigerianischen Igbos.[104] Die Teilnahme am Ritual ereignet sich: sie wird vollzogen. Die rituelle *Performance*[105] schafft eine soziale Partizipation, die mit dem Anlass des Rituals auf dem Spiel steht. Das Ritual führt diese Situation durch und legt damit einen Raum performativer Liminalität an. Eine Ordnung zerbricht, die im günstigsten Fall mit einer Reintegration der beteiligten Akteure wiederhergestellt, aber zumindest als Rahmen aufgebaut wird, in dem sich dieses soziale Drama abspielt. Die Einschließung des Ausgeschlossen

100 Vgl. V. Turner, Das Ritual. Struktur und Anti-Struktur, Frankfurt a. M. 2005, 9–47.

101 Ebd., 47.

102 Vgl. E. Fischer-Lichte, Einleitung: Zur Aktualität von Turners Studien vom Ritual zum Theater, in: V. Turner, Vom Ritual zum Theater, I-XXIII.

103 E. Fischer-Lichte, Performativität, 55.

104 A. Nwogu, The Christian Eucharist and Oriko. A Study in Conflict Resolution, Chisinau 2019.

105 Vgl. zu Turners Konzept des Performativen: ders., Dramatisches Ritual – Rituelles Drama, 143.

stellt den operativen Modus des Rituals dar, solange es nicht aus dem ästhetischen Abstand reiner Beobachtung oder Routine, sondern aktiv vollzogen wird – wobei auch die routinierte Teilnahme als wahrgenommene Pflicht die performative Bindungskraft des Rituals noch aufrechterhält, weil hier Gemeinschaft entsteht.

Diese Gemeinschaft koppelt Turner an eine basale Ordnung, vermittelt sie aber zugleich mit dem Aufbau einer *Communitas*. Es handelt sich um

> „eine Beziehung zwischen konkreten, historischen, idiosynkratischen Individuen. Diese Individuen sind nicht in Rollen oder Statuspositionen aufgeteilt, sondern stehen sich eher in der Art des Martin Buberschen ‚Ich und Du' gegenüber. Mit dieser direkten, unmittelbaren und totalen Konfrontation menschlicher Identitäten geht ein Modell von Gesellschaft als homogener, unstrukturierter Communitas einher, deren Grenzen sich idealerweise mit denen der Menschheit decken."[106]

Die *Communitas* ist „Modell und Prozeß"[107] zugleich, ein performatives Geschehen. Sie entsteht[108] und bringt damit „permanente Liminalität" zum Ausdruck.[109] Turner zeigt ihre Funktionsweise am Aufbau der franziskanischen Gemeinschaft auf.[110] Ihre Verstetigung führt zu ihrer strukturellen Formation, die eine Spannung zwischen der institutionellen Sicherung der Gemeinschaft als Orden mit finanziellen Ressourcen sowie dem Anspruch evangelischer Armut im Sinne radikaler Besitzlosigkeit produziert. Dieser Konflikt markiert einerseits die Liminalität der franziskanischen Communitas als Praxis sowie ihrer krisenhaften Bearbeitung im Armutsstreit, der zugleich einen ekklesiologischen Konflikt darstellt. Die Praxis der Communitas, wie sie Franziskus lebte, führt aus dem gesellschaftlichen Rahmen heraus, in dem sich die Kirche etabliert hat, und konfrontiert sie mit einer christopraktischen Alternative, deren *evangelischem* Wahrheitswert sie nicht ausweichen kann, den sie aber nur um den Preis einer systemischen Selbstaufgabe, sprich: einer Verwandlung der Kirche in eine Communitas im Sinne des Franziskus akzeptieren könnte.

> „Religion war für ihn Communitas, zwischen Mensch und Gott und Mensch und Mensch, gleichsam vertikal und horizontal. Armut und Nacktheit waren sowohl expressive Symbole der Communitas als auch Mittel zur Erlangung der Communitas."[111]

Dass dieser Konflikt einerseits zur kirchlichen Anerkennung der Minderbrüder als katholischer Orden in ihrem kirchenrechtlichen Rahmen führte, stellte diesen Konflikt andererseits auf Dauer. Genau damit erweist sich die *liminale Praxis*

---

106 V. Turner, Das Ritual, 128f.
107 Ebd., 128.
108 Vgl. ebd., 133.
109 Ebd., 140.
110 Vgl. ebd., 136–148.
111 Ebd., 141.

der franziskanischen Communitas als eine grundlegende kirchliche Performance, wie das Bergoglio-Pontifikat zeigt. Die fundamentaltheologische Bedeutung performativen Handelns steht damit erkenntnistheoretisch, nämlich mit Blick auf die *Formation kirchlicher Handlungslogiken* sowie ihrer *bestimmenden Praxis*, wie ekklesiologisch vor Augen: mit dem Blick auf die epistemische Bedeutung einer rituellen Teilnehmerpraxis.[112] Sie soll im folgenden Kapitel präzisiert werden.

112 Dieses Thema wird in den folgenden Kapiteln mit Blick auf die epistemische Bedeutung der (religiösen) Teilnehmerperspektive (vor allem im Anschluss an Jürgen Habermas) bearbeitet.

Kapitel 3: Kartierung: Der performanz-theoretische Referenzraum fundamental-theologischer Theoriebildung

1. *Die performative Macht von Vorstellungen: Zur Evolution von Religion*

Die ritualtheoretischen Überlegungen von Victor Turner zeigten performative Dynamiken religiöser Praxis auf. In Gebeten, Liturgien, Heilungszeremonien u. v. m. setzen religiöse Akteur:innen genau die Wirklichkeit, die sie mit den entsprechenden Zeichenhandlungen beanspruchen. Transzendenz tritt hier nicht als Zielgröße, als bloße Adresse zum Beispiel von Gottesdiensten, sondern im Vollzug auf. Die „transformative Kraft des Performativen“[113] wird dabei besonders in Phasen des biographischen, sozialen Übergangs und der Verwandlung erfahren sowie inszeniert. Hier lassen sich auch Objekte mit einer Bedeutung aufladen, die ihnen Akteursqualität zuspricht.[114] So vermitteln Reliquien von Heiligen numinosen Kontakt. Sie bewahren die Präsenz eines Verstorbenen, der nicht nur in der Erinnerung lebendig bleibt, sondern der im Kontakt eine direkte Verbindung schaltet.

> „Heilige Dinge wie Reliquien und Fetische lassen sich daher als performative Phänomene *par excellence* begreifen ... Sie vermögen die Welt zu verändern. Der Umgang mit heiligen Dingen ist ... dem Vollzug von Sprechakten vergleichbar ... So wie Sprechakte häufig als Teil von Ritualen fungieren, werden heilige Dinge als wichtiger Bestandteil in Ritualen eingesetzt. Mit bzw. durch beide wird gehandelt. Beide zielen auf eine Veränderung der Wirklichkeit.“[115]

Die gegebene Welt wird im Gebrauch dieser Dinge und den damit verbundenen Zeichenhandlungen nicht einfach um eine virtuelle Dimension erweitert, sondern mit der Wirksamkeit von Vorstellungen erschlossen. Sie setzen einen Transfer von Bedeutungen *zwischen* dieser und einer nächsten Welt, *zwischen* Sichtbarem und Unsichtbarem, *zwischen* Leben und Tod in Gang. Sie markieren darüber hinaus aber auch einen formativen Sinnbezug im menschlichen Weltkontakt. Gerade mit dem Ende des Lebens wird die Frage nach seiner Bedeutung virulent. Das Nicht-Gegebene erhält im Moment des Entzugs einen Sinnvermerk.

---

113 E. Fischer-Lichte, Performativität, 133.

114 Vgl. dazu in diesem Kapitel (1.3.) die Ausführungen zur Akteurs-Netzwerk-Theorie von Bruno Latour.

115 E. Fischer-Lichte, Performativität, 195.

Frühe Bestattungsrituale mit Grabbeilagen legen dies zumindest in der Weise nahe, dass der Ort der Verstorbenen mit Zeichen versehen und mit einer besonderen Bedeutung ausgestattet wird. Das Abwesende, Nicht-Fassbare wird damit zum Modus einer eigenen Zeichenproduktion, eines anhaltenden Sinnverkehrs. Damit wird aber auch die Tatsache, dass sich die Welt phänomenal vermittelt, zum Thema: in erschließendem Zeichengebrauch. Er bezieht Signifikant und Signifikat aufeinander, stellt also eine Beziehung auf der bloßen Ebene von Bedeutungszuschreibungen her. Der Gedanke schafft seine Wirklichkeit. Der Mensch lebt in Symbolwelten. Die entsprechende Fähigkeit bildet nicht nur den Ausgangspunkt von Kunst und Religion, sondern legt eine performative Disposition an: Der Mensch kommt im Doppelbezug auf sich und seine Welt zu Bewusstsein.

Dieser Vorgang eines verschränkten Dauerbezugs schafft Intimität und Exteriorität. Er zeigt sich im Gebrauch von Zeichen, weil sie in der Referenz Welt bestimmen und zugleich *als bestimmte* distanzieren. Die Besonderheit performativer Sprechakte und performativer Objekte besteht darin, dass sie sowohl diese Differenz zum Ausdruck bringen als sie auch aufheben. Sie stellen insofern eigenwirksame Transzendenzmarker dar: im sinnvermittelnden Gebrauch eines Codes, in der beobachtbaren Funktion als Code, in der kommunikativen Wirksamkeit des Codes. Die Bezüge, die Zeichen schaffen, sind nur als Zeichenpraxis erreichbar. Sie sind eingelassen in eine übergängige Konstellierung von Raum und Zeit, insofern sie *hier* und *jetzt* gesetzt werden, aber in strenger Gegenwart je vergangen sind. So beziehen sie sich auf Vergangenes, das als bedeutungsvolle Erinnerung aufgerufen werden kann, und auf eine Zukunft, die mit Ambitionen und Handlungsplänen, mit präzisen Erwartungen wie mit unabsehbaren Ängsten und Hoffnungen ins Spiel kommt.

In performativ wirksamen Zeichen werden diese Dimensionen förmlich *aktualisiert*. Das heißt: In ihnen wird eine eigene Zeitform wirksam, weil sich die Macht von Vorstellungen *im Zeichengebrauch* enttemporalisiert. Performative Akte setzen Folgen frei, aber sie wirken instantan. Das wiederum ist an eine Zeichengemeinschaft gebunden, in der performative Zeichenhandlungen als solche verstanden und realisiert werden. Die kommunikative Lebenswelt lässt sich am Leitfaden performativen Zeichengebrauchs als eine Welt aktiver Vorstellungen rekonstruieren. Der Glaube an die Bedeutung und die wirklichkeitserschließende Kapazität von Zeichen koppelt sich dabei an die mit ihnen verbundenen Gedanken. So wie die Zeichen, die Objekte damit wirksam werden, so auch die Vorstellungen. Sie erhalten nicht nur in der religiösen Konfiguration von transzendenten Akteuren wie Ahnen, Geistern oder Engeln einen eigenen Handlungsstatus. Sie stellen *als Aktanten* auch eine eigene Macht dar. Sie resultiert aus der geistig erschließbaren Wirklichkeit, aus dem inneren Konnex von „Geist und Kosmos“[116], der erst verständlich macht, *dass* wir verstehen können.

---

116 Vgl. Th. Nagel, Geist und Kosmos. Warum die materialistische neodarwinistische Konzeption der Natur so gut wie sicher falsch ist, Berlin 2013.

Das wiederum lässt danach zurückfragen, wo und wie sich dieser geistperformative Weltkontakt im Gebrauch von Zeichen entwickelt. Der Form nach, nämlich bezogen auf die Rekombination von Transzendenz des Zeichengebrauchs (Verweischarakter von Zeichen im kommunikativen Transfer) und Immanenz seiner wirksamen Erschließungskraft (Deutungskapazität von Zeichen in ihrer Aneignung), schiebt sich die Frage nach der Evolution von Religion in den Fokus des performanztheoretischen Interesses, weil Religion diesen konstitutiven Vorgang mit einer eigenen performativen Dynamik bestimmt. Denn mit religiöser Praxis werden Zeichen zwischen Akteur:innen wirksam. Sie verständigen sich über den Sinn der erfahrenen Welt in ihren zeitlichen wie räumlichen Ekstasen und erschließen ihn zugleich. Sie aktivieren Sinn.

1.1. Evolutionäre Anthropologie

Wenn also performative Zeichenhandlungen in ihrer komplexen Disposition als *Religioide*[117] eingeführt werden, die offen für religiöse Deutungen sind, ohne sie zu erzwingen, muss verständlich gemacht werden, dass und wie sie sich *als wirksame Vorstellungen* entwickeln konnten. Voraussetzung dafür ist die Fähigkeit, den Raum reiner Selbstgegebenheit durch Beziehungen auf eine externe Wirklichkeit zu überschreiten. Diese Fähigkeit ist eingelassen in die systemische Funktionsweise von Leben, das auf Prozessen des Austauschs mit seiner Umwelt beruht. In der Organisation von Sozialität tritt sie nicht nur als ablaufendes evolutionäres Programm auf, sondern in Formen operativer Aneignung. Sie ist mit eusozialem Verhalten verbunden.

> „Die Mitglieder einer eusozialen Tiergruppe, etwa einer Ameisenkolonie, gehören mehreren Generationen an. Die Arbeit wird, zumindest äußerlich betrachtet, altruistisch aufgeteilt. Einige Individuen übernehmen Aufgaben, die ihr Leben verkürzen oder die Anzahl ihrer persönlichen Nachkommen reduzieren oder beides. Ihr Opfer erlaubt es denen, die für die Reproduktion zuständig sind, länger zu leben und dementsprechend mehr Nachkommen zu produzieren."[118]

Die komplexe soziale Organisation von Ameisen macht sie zu einer extrem erfolgreichen Spezies, die seit 120 Millionen Jahren auf der Erde lebt. Demgegenüber betreten die ersten eusozialen Hominiden erst vor ca. 3 Millionen Jahren die Bühne strukturierten sozialen Handelns.[119] Der evolutionäre Schritt, der sich hier vollzieht, lässt sich im Vergleich zu Primaten als den nächsten Verwandten des Menschen modellieren. Michael Tomasello konnte in Experimenten nachweisen, auf welche Weise sich Menschenaffen sozial verhalten.

---

117 Unter *Religioiden* verstehe ich religionsförmige bzw. religionsanaloge Phänomene.

118 E. O. Wilson, Die soziale Eroberung der Erde. Eine biologische Geschichte des Menschen, München 2013, 137.

119 Vgl. ebd., 142.

> „Die Primatenkognition der sozialen Welt entwickelte sich hauptsächlich im Kontext der Konkurrenz um Nahrung, Paarungspartner und andere wertgeschätzte Ressourcen innerhalb der sozialen Gruppe; konkurrenzbezogene soziale Interaktionen sind daher ihre ‚Eigenfunktion'. Um andere Gruppenmitglieder auszustechen, entwickelten die einzelnen Primaten proximale Ziele, Repräsentationen und Schlußfolgerungen (1) zum Erkennen der Individuen in ihrer sozialen Gruppe und zur Bildung von Dominanz- und Anschlußbeziehungen mit ihnen sowie (2) zum Erkennen der sozialen Beziehungen untereinander".[120]

Primaten verfügen über kognitive Modelle der Repräsentation der Wirklichkeit, die es ihnen erlauben, Absichten konkurrierender Akteure an eigene Intentionen zu vermitteln. Das ermöglicht kooperatives Handeln im Zuge von Selbst- und Fremdwahrnehmung,[121] unterscheidet sich aber von der grundlegend kooperativen Sozialität des Menschen. Vor 400.000 Jahren jagte der *Homo heidelbergensis* offensichtlich bereits in einer Weise, die den differenzierten Einsatz von Waffen, damit vermutlich auch bestimmte Funktionen und Rollen in der Jägergruppe vorsah.[122] Das setzt Formen relationalen Denkens in einer kooperativen Praxis voraus und zugleich frei. Es handelt sich um einen Prozess, der sich in Anwendungssituationen herausbildet und verstärkt. Die performative Praxis kooperativen Handelns schafft eine Gemeinschaft, die sich als Gruppe formiert, *indem* die Jäger eigene und andere Perspektiven so aufeinander abbilden, dass eine gemeinsame Intentionalität entsteht.[123] Die Entdeckung und Bestimmung gemeinsamer Ziele fokussiert nicht nur die individuelle Aufmerksamkeit, sondern verstetigt sich in Handlungsmustern und Rollenfestlegungen von Gruppen.

Die Entwicklung hin zu einer „kollektiven Intentionalität"[124], die der moderne Mensch macht, führt zu einer komplexeren sozialen Welt. In ihr nehmen Vorstellungen über sie einen bestimmenden Raum ein: in Bildern von ihr, also in artifiziellen, aber auch in „theoretischen" Repräsentationen. Sprich: das Nachdenken über die Welt materialisiert sich zu einer Kommunikationsform, die *als performative Erschließung* wirkt. Performativ ist dieser Prozess, weil er den Aufbau epistemischer Ordnung vollzieht[125] und einen Aspekt von Problemlösungspraxis darstellt.[126]

Dafür ist die zunehmend bewusste Verwendung von Zeichen, die mit dem Übergang zum *homo erectus* möglich wird, von Ausschlag gebender Bedeutung. Veränderungen im Klima veranlassen Hominiden dazu, sich in Savannen auf zwei Beinen zu bewegen. Der erhobene Standpunkt erlaubt leichteren Zugriff auf höher gelegene Nahrung und einen besseren Überblick angesichts von Gefahren. Die frei werdenden Hände lassen sich für den Gebrauch von Werkzeugen

---

120 M. Tomasello, Eine Naturgeschichte des menschlichen Denkens, Berlin 2014, 39.
121 Vgl. ebd., 58.
122 Vgl. ebd., 61.
123 Vgl. zu diesem Abschnitt ebd., 64–75.
124 Vgl. M. Tomasello, Mensch werden. Eine Theorie der Ontogenese, Berlin 2020, 40.
125 Vgl. M. Tomasello, Eine Naturgeschichte des menschlichen Denkens, 182.
126 Vgl. ebd., 222.

nutzen, gestatten aber auch die Ausbildung von Zeigegesten. Sie verfeinern sich über deiktische Zeichen hin zu ikonischem und symbolischem Zeichengebrauch.

> „Ikonische Gesten ermöglichen im Unterschied zu Zeigegesten die Bezugnahme auf Dinge, die räumlich und zeitlich immer weiter entfernt sind, und im Augenblick der Kommunikation müssen diese vorgestellt werden."[127]

Damit lassen sich mehrere Aspekte in performativem Zeichengebrauch zusammenbinden: anwesende und abwesende Akteure, Gegebenes und Nichtgegebenes, die Gegenwart des Zeichens und die Zukunft zum Beispiel einer Rollenzuweisung bei einer Jagd, indem Positionen angewiesen werden. Damit wird von einer wirkmächtigen Virtualisierung Gebrauch gemacht, die eine weitere in Gang setzt: die Vorstellung von Absichten beteiligter Akteur:innen, die an eigene Intentionen zu vermitteln sind. Eine fortlaufende Kette von Annahmen über Annahmen auf der Seite aller Beteiligten bildet sowohl den individuellen als auch den geteilten Handlungshorizont.[128] Damit entsteht eine Wirklichkeit, die sich im Gebrauch der Vorstellungen als wirklichkeitskonstituierend erweist. Sie schafft den Raum für unterschiedliche Konzeptualisierungen, nicht zuletzt für die mentale Repräsentation von Akteur:innen, denen eine soziale Funktion im gemeinsamen Leben zukommt. In dem Moment, wo sie ausfallen, wo sie sterben, hinterlassen sie eine Leerstelle. Sie muss kognitiv bearbeitet werden. Hier darf man – hypothetisch, zumal angesichts früher Bestattungsrituale – einen Kristallisationspunkt der Entwicklung von Religion suchen.[129]

Während damit vom Ende des Lebens her ein religionsevolutiver Ansatz ins Spiel kommt[130], setzt Robert Bellah beim Lebensanfang an. Wie Victor Turner lenkt er den Blick auf die Bedeutung von Ritualen, wie Pascal Boyer und Daniel Dennett betont er das Moment der Virtualisierung der Wirklichkeit.[131] Bellah weist darauf hin, dass Spiele eine eigene Wirklichkeit herstellen. Spiele simulieren nicht das Spielen, sondern indem man spielt, befindet man sich in der Realitätszone, die durch die Regeln und Abläufe zum Beispiel eines Fußballspiels gezogen werden.[132]

> „Football operates not with standard time and space but with the bounded time and space of the game. Football occurs only on the football field ... Most centrally, football

127 Ebd., 99.

128 Vgl. D. Dennett, Den Bann brechen. Religion als natürliches Phänomen, Frankfurt a. M. – Leipzig 2008, 147.

129 Vgl. P. Boyer, Und Mensch schuf Gott, Stuttgart ^{4}2017; besonders 251–281.

130 Vgl. dazu die systemtheoretische Bestimmung von Religion, die im Folgenden mit Volkhard Krechs Theorievorschlag zur *Evolution von Religion* diskutiert wird.

131 R. Bellah, Religion in Human Evolution. From the Paleolithic to the Axial Age, Cambridge – London 2011.

132 Bellah denkt an *American Football*, nicht an *Soccer*.

> plays with the anxieties of the world of working, the striving for pragmatic advantage."[133]

Diese Wirklichkeitszone betritt man nur als Teilnehmer:in, wobei sowohl Spieler:innen als auch Zuschauer:innen in diesem Spiel aufgehen. Seine Bedeutung erschließt sich nicht in der Darstellung seiner Regeln oder in der Analyse von Spielzügen, auch nicht im Resultat eines Matches. Es generiert einen Sinn aus sich heraus. Er besteht in der Totalität eines Augenblicks *reiner Gegenwart*, in der sich Zeit in ihrem Ablauf auflöst und so als bedeutsam erlebt wird. Das betrifft die Entlastung vom Alltag, eine Distanznahme, die wiederum andere Distanzen aufhebt: zwischen Zuschauer:innen, zwischen sozialen Milieus, Nationen, Kulturen. Es handelt sich um eine immanenzbezogene Form der individuellen wie kollektiven Selbstüberschreitung. Sie verläuft strukturanalog zu religiösen Ritualen, wenn auch mit einer anderen Transzendenzadresse.

> „Without the capacity for symbolic transcendence, for seeing the realm of daily life *in terms of* a realm beyond it, without the capacity for 'beyonding' ... one would be trapped in a world of what has been called dreadful immanence."[134]

Hier zeigt sich die Notwendigkeit eines Weltzugangs jenseits von Notwendigkeiten: die paradoxe Bewirtschaftung einer Welt, die man im Momentum des Spiels, aber auch religiöser Rituale verlässt. Das Spiel rekonstruiert Bellah als Aspekt mimetischen Handelns, präziser: als Aktivierung einer Anlage, die tief in die kulturelle Evolution des Menschen eingelassen ist. Die Entwicklung einer „Mimetic Culture"[135] hängt an der Bedeutung von repetitiven Handlungen. Sie besitzen einen sozialen wie symbolischen Sinn, der sich in Wiederholungsserien einstellt. Beim Menschen wird er habituell: vom Lausen bei der Körperpflege in Hominidengruppen bis zum Aufbau von Zeichensystemen und zum Spracherwerb. Werkzeuge anzuwenden und Dinge zu produzieren stellen Prozesse dar, die das *learning by doing* als performativen Vorgang ausweisen. Die entsprechende Kompetenz macht Bellah in der Kind-Eltern-Beziehung fest.

> „For culture, the key move is the *sharing* of attention, and the very beginning of shared attention is when, in the earliest months of life, the human infant is able to return the parent's gaze, to share eye contact, followed not much later by the capacity to look where the parent is looking."[136]

Die Entwicklung von Aufmerksamkeit verbindet sich beim Baby mit dem Impuls, sich zur Mutterbrust zu bewegen und zu saugen: der früheste Lerneffekt, der auf der Nachahmung und der Wiederholung einer Bewegung mit einem elementaren Gefühl der Bedürfnisbefriedigung sowie mit basaler Nähe, also auch mit Ge-

133 R. Bellah, Religion in Human Evolution, 3.
134 Ebd., 9. Mit Bezug auf Kenneth Burke.
135 Ebd., 120–131.
136 Ebd., 126, mit Bezug auf Merlin Donald.

borgenheit und Vertrautheit verbunden ist. Mimetische Praxis schafft einen eigenen Lebensraum. Das gilt ebenso für die kulturelle Entwicklung. In mimetischem Handeln entsteht eine adaptive und zugleich transformierte Wirklichkeitssphäre. In der gegebenen Realität wird sie modellierend auf neue Handlungsmöglichkeiten hin überschritten. Gleichzeitig verspricht die Wiederholbarkeit eingeübter Handlungsformen die Verhaltenssicherheit von Routinen. Sie unterlegen der Lebenswelt, die mit Herausforderungen und Risiken, mit den Unwägbarkeiten von Chancen und der Unabsehbarkeit von Entscheidungsoptionen konfrontiert, einen performativen Handlungssinn. Er entsteht im Gebrauch. Er wird vergesellschaftet in säkularen wie religiösen Ritualen, in Regelfeldern mit ethischen, sozialen Erwartungen, in Rollenzuschreibungen und also in Schemata, die performativ wirken: mit dem Bestätigungssinn von erfolgreichen Übernahmen und Aneignungen von *role models*. Sie garantieren Ordnung, wenn sie korrekt ausgefüllt, nachgeahmt werden – solange der soziale Rahmen der Anerkennung funktioniert. Das geschieht zum Beispiel dort, wo den entsprechenden Rollen ein sozialer Sinn zugesprochen und die entsprechende Ordnung akzeptiert wird. Dafür bedarf es einer Legitimation, die sich, um wirklich überzeugen zu können, nicht erst nachträglich einführen lässt, sondern dem Sinnbezug dieser Ordnung entspringen, jedenfalls mit ihm zusammenhängen muss. Genau das leistet Religion, indem sie die Ordnung selbst – etwa im Zuge von Schöpfungsnarrativen – sakralisiert. Wenn Gott als Ursprung und Garant der Ordnung konfiguriert wird, tritt er in dem entsprechenden Narrativ *als solcher* performativ in Kraft:

- indem er – exemplarisch mit Blick auf die Schöpfungsgeschichte des Buches Genesis – auf der Textebene als Erzählprinzip fungiert;
- indem er auf der Handlungsebene als jene schöpferische Energie auftritt, die vom Text auf die kreative Dynamik der Wirklichkeit übertragen wird;
- indem er auf der Rezipient:innenebene als eine solche schöpferische Macht erfahren, sprich: affirmiert, geglaubt wird.

Das aber lässt sich *als sinnperformativ* nur im Aufbau und in der Bestätigung der Ordnung erfahren, die Thema und zugleich narrative Praxis des Schöpfungsberichts Gen 1 ist. Sie beansprucht wiederum eine soziale Praxis, einen kommunikativen Rahmen, in dem sie sich sinnbestimmend durchsetzt. Die entsprechende Gemeinschaft baut sich mir ihr auf. Das lenkt den Blick auf die spezifische Form religiöser Vergemeinschaftung im Zuge der *Evolution von Religion als performativer Praxis.*

1.2. Evolution von Religion: Systemtheoretische Modellbildung

Volkhard Krech definiert in einem soziologisch-evolutionstheoretischen Zugang Religion als Arbeit an Unverfügbarem:

> „das Gemeinsame der Religion besteht im Streit darüber – oder weniger konflikthaft formuliert: in der Suche danach –, was als unverfügbar transzendent gilt und wie es mit immanenten Mitteln darzustellen ist, um Kontingenz letztinstanzlich zu bearbeiten.“[137]

Gesellschaft stellt ein soziales System dar, das sich nur in der operativen Wirksamkeit verschiedener systemischer Bereiche erschließt, sei es das ökonomische oder das juristische, sei es das ästhetische oder das politische Feld. *Als Gesellschaft* umschließt diese alle Sozialsysteme, ohne sie anders als in ihren kommunikativen Bezügen, in ihren Funktionsweisen, in ihren systemischen Überlagerungen erreichen zu können. *Gesellschaft* stellt auf der theoretischen Beschreibungsebene eine Totalität dar, die sich entzieht, weil sie nur operativ auftritt und nur operativ bestimmt werden kann. Das entsprechende Zeitproblem soziologischer Theoriebildung lenkt den Fokus auf ein grundlegendes Problem menschlicher Existenz: auf den Sinnbezug entzogener, aber im Entzug bedeutsamer Ereignisse und Prozesse. Gesellschaft und Mensch müssen sich nicht vor, sondern *in diesem Horizont* bestimmen, sprich: Sinnformen entwickeln, die schließlich noch dem *Sinnlosen* eine Funktion zusprechen, weil sich die semantische Qualifizierung der Wirklichkeit in lebensweltlichen Vollzügen aufzwingt:

- kognitionstheoretisch, weil man nicht *nicht wahrnehmen* kann;
- sozialpsychologisch, weil man in Bezügen und Beziehungen steht, die konfrontieren;
- kommunikationspragmatisch, weil man sich anderen und sich selbst verständlich machen muss;
- existenzial-hermeneutisch, weil man sich in dieser Welt orientieren muss.

> „Gesellschaft ist seit ihrer Entstehung auf einen Horizont angewiesen, vor dem sie sich selbst identifizieren und beschreiben kann. Ferner hat sie es von Anbeginn ihrer Existenz mit dem Problem zu tun, Unbeobachtbares und Unbestimmbares in Beobachtbares und Bestimmbares zu transformieren. Daher kommt es mit der gesellschaftlichen Evolution – wie wir sie kennen – über kurz oder lang zur Co-Evolution des Religiösen.“[138]

Religion wird damit zu einem gesellschaftlichen Teilsystem, in dem sich Gesellschaft zugleich als eine unerreichbare, aber notwendig zu unterstellende Totalität reflektieren kann. Gesellschaft kann nicht jenseits von Gesellschaft erreicht

137 V. Krech, Die Evolution der Religion. Ein soziologischer Grundriss, Bielefeld 2021, 20.
138 Ebd., 21.

und beobachtet werden. Ihre theoretische Bestimmung muss aber diesen unmöglichen Standpunkt simulieren, indem sie auf eine Grenzwertbestimmung von *Gesellschaft* als einem Ganzen Bezug nimmt. *Dass nichts jenseits von Gesellschaft* geschieht, drückt diesen Zusammenhang aus. Jeder Satz über die Welt stellt eine Proposition dar, die nur *in Gesellschaft* artikuliert wird. Er macht von einer Vorstellung Gebrauch, die noch in einer weiteren Hinsicht Unerreichbares verschaltet: dass in einer evolutiven Sicht auf soziale Systeme, die mit Einsichten der Evolutionsbiologie, der Paläoanthropologie, der Evolution kultureller Systeme unumgänglich erscheint, von *funktionalen* Mustern Gebrauch gemacht wird, die sich wiederum aus dieser Perspektive als unhintergehbar erweisen. Aber da sie selbst Aspekt der Evolution sind, tragen auch sie einen Kontingenzvermerk. Die operative Leerstelle der *Funktion der Funktionen* wie der damit verbundenen *Funktion der Funktionslosigkeit* macht von einer Interpretationskategorie Gebrauch, die sich performativ durchsetzt und als plausibel erweist. Aber den *Grund* der funktionalen Aufladung der Wirklichkeit kann eine soziologische Theorie nur *phänomenologisch-analytisch* bestimmen, d. h. rekonstruktiv und zugleich operativ unterstellend. Dieses Bezugsproblem erweist sich als konstitutiv. Es wird von Religion[139] transzendenzbezogen *bestimmt* und in symbolischen *Rekombinationen von Transzendenz und Immanenz* sinnstiftend – wie in den bereits angesprochenen Schöpfungsnarrativen – bearbeitet. Genau auf diese Weise erschließt sich wiederum die Funktionsform von Religion: in der performativen Sinnausschüttung, die nur im Gebrauch ihrer Codes erfolgen kann, weil sich die *Beobachtung des Unbeobachtbaren* in ihrem semantischen Bestimmungswert und ihrem existenziellen Orientierungssinn nicht noch einmal *jenseits dieses systemischen Prozesses* erreichen lässt. Kurzum: Der Sinn von Religion erschließt sich nur performativ. Das hat Konsequenzen für die Frage nach der rationalen Belastbarkeit religiöser Vorstellungen und die klassische Frage nach der Existenz Gottes. Der Sinn des Zeichens „Gott" wird in systemtheoretischer Hinsicht nicht jenseits der Bedeutung zu erreichen sein, den es wiederum *performativ* beansprucht und vermittelt: dass Gott als unbegrenzte, unendliche schöpferische Lebensmacht den Anfang von und in allem bedeutet. Im Gebrauch des Zeichens, der seine performative Wirksamkeit nicht einfach voraussetzt, sondern wiederum *bestimmend* einsetzt, muss sich seine Wirklichkeit erweisen.

Dieser Perspektive entspricht der Ansatz von Krech mit Blick auf die eigene soziologische Theorie der Evolution von Religion:

139 Das Abstraktum „Religion" fasst hier und im Folgenden Muster und Funktionsweisen religiöser Praxis zusammen, die nur in geschichtlicher Pluralität und kulturellem Eigensinn vorliegt. Als entscheidender Definitionsmarker von „Religion" wird mit einem systemtheoretisch erschlossenen Transzendenzvermerk gearbeitet (Luhmann, Krech). Vgl. dazu die folgenden Ausführungen.

> „Eine Theorie kann sich zwar selbst reflektieren, das heißt über ihren eigenen Vollzug nachdenken. Doch sie kann sich nicht selbst begründen, sondern ihre Stimmigkeit und Plausibilität nur im Vollzug erweisen."[140]

Jede Theorie bedarf einer grundlegenden Unterscheidung, mit der sie ihren Gegenstandsbereich bestimmt. Für Religion kommen dafür mehrere Differenzierungsleistungen in Betracht: die unterscheidende Bestimmung von Un/beobachtbarem, Un/sichtbarem, An/Abwesendem; von Kontingenz in der Beobachtung der Bedeutung auch dessen, was nicht sein müsste, einmal nicht war und irgendwann nicht mehr sein wird – jedenfalls nicht in den Weltbezügen der *gegebenen Beobachtungsmöglichkeiten*. Diese Unterscheidung wird religiös mit Schöpfungsmythen und den sich anschließenden Theologien getroffen. Sie machen – noch einmal aus dem Repertoire der jüdischen und christlichen Tradition gesprochen – von einer *performativen Handlung* Gottes Gebrauch. Gott wird eine Schöpfungsinitiative zugesprochen, die sich im und als Text kommunikativ vermittelt – im Gebrauch des Zeichens „Gott". Die Plausibilität dieser performativen Narration hängt am Aufbau eines Sinnsystems, das in der kulturellen Evolution von Gesellschaft bestimmte Funktionen übernimmt.

> „Der Ursprung von Religion liegt im Dunkeln, und einen absoluten Ursprung gibt es ohnehin nicht. Das Einzige, das für die Entstehung von Religion als einem sozialen Sachverhalt angemessen vorausgesetzt sein muss, ist ein Mindestmaß an Gesellschaftsbildung, die in zeichenförmiger Kommunikation erfolgt."[141]

Mit Blick auf die gestischen Anfänge menschlicher Kommunikation ergibt sich bei wachsender Komplexität von Menschengruppen mit zunehmendem Kooperativitätsbedarf, aber auch entsprechender Kompetenz das Problem, sowohl die Anwesenheit als auch die Abwesenheit, sprich: den Verlust von Akteur:innen zu bearbeiten. Diese Herausforderung verlangt ein Zeichensystem, in dem sich Gegebenes und Entzogenes in Formen ihrer Vermittlung artikulieren und bestimmen lassen. Insofern bearbeiten Religionen genau das Problem, das zum Aufbau eines Zeichensystems gehört, indem sie Immanenz, Transzendenz sowie ihre Rekombinationen *codieren*. Krech schildert diesen semiotischen Prozess im Anschluss an Charles S. Peirce mit dem Gebrauch ikonischer, indexikalischer und symbolischer Zeichen aus. Die Erstheit von Zeichen (etwa von Richtungspfeilen) in gleichsam *natürlichem Verweis* wird mit der Zweitheit von Zeichen verbunden, die – wie z. B. mit Stellvertretern in Bibliotheken – einen indexikalischen Bezeichnungswert annehmen. In der Drittheit symbolischer Zeichen nehmen sie eine Form an, die im metaphorischen Gebrauch eines Zeichens seine Einordung in einen größeren Verweiszusammenhang erlauben – wie z. B. trinitarisch organisierte Bilder für die Bestimmung der Dreieinigkeit Gottes. Sie nutzen dreistellige Darstellungsformen, die in ihrer Modellierung ein relationales System kar-

140 Ebd., 27.
141 Ebd., 192.

tieren, sprich: die Beziehungswirklichkeit Gottes anzeigen. Insofern dieses Zeichen in einer Zeichengemeinschaft entwickelt wird, die sich christlich als Glaubensgemeinschaft unter der Einwirkung dieses trinitarischen Geschehens begreift, wird ihr *Symbolon*, sprich: ihr trinitarisches Bekenntnis im Gottesdienst zum performativen Raum der religiösen Versammlung und der theologischen Erfahrung *als trinitarische Gemeinschaft*. Denn die Gemeinde vollzieht mit der trinitarischen Struktur des Credos zugleich den Weg der kommunikativen Selbstvermittlung Gottes *vom Vater durch den Sohn im Heiligen Geist*, für den die sprechende Gemeinde als Ortsangabe auftritt (als Kirche).

Damit materialisiert sich wiederum jene semiotische Wirklichkeit, die mit dem Zeichen „Kirche" das Zeichen „Gott" kommuniziert. Die formale Leitunterscheidung von Transzendenz-Immanenz wird vor allem unter dem Gesichtspunkt konkretisiert, dass Kirche – in der katholischen Ekklesiologie – sowohl performativ wirksame sakramentale Zeichen setzt als auch selbst ein sakramentales Zeichen darstellt (LG 1). Die semiotische Verkörperung der Kirche *als Leib Christi* erlaubt es, exemplarisch den „semiotische(n) Raum des Religiösen" entlang der Dimensionen von „Erfahrung, Verkörperung, Kognition und Regulierung" zu vermessen.[142] Kirche fungiert als performativer Erfahrungsraum dessen, was sie in ihrem *Symbolon* grundlegend artikuliert, indem es den Bezug auf Jesus Christus *als Leib Christi* in sakramentalen Zeichen verkörpert. Auf diese Weise erschließt sich die Bedeutung des Zeichens „Gott": in den erhandelten Sinnbezügen seiner schöpferischen Lebensmacht. Als sakramental-performative Handlungen funktionieren sie nur in einem Rahmen, der ihre Wirksamkeit garantiert: in den Regulativen jener Glaubensgemeinschaft, die sich nicht nur als Organisationsform ritueller Handlungen begreift, sondern wiederum performativ aus ihnen besteht und je neu hervorgeht – eben als sakramentale Wirklichkeit. Religionstheoretisch bedeutet das:

> „Die Dimension der Kognition stattet Materialität und Körperlichkeit, Wahrnehmung und Erfahrung, Handeln und Regulieren mit *Sinn* aus.
> Die Dimension der Erfahrung verleiht dem Wissen, der Verkörperung und der Regulierung *Evidenz*, und zwar im Sinne einer Verbindung von Anschaulichkeit und Gewissheit.
> Die Dimension der Regulierung stiftet *Ordnung* für Wissen, Verkörperung und Erfahrung.
> Die Dimension der Verkörperung *(embodiment)* betrifft physische Gegenstände, aber auch objektivierte, also vergegenständlichte Semantiken ...
> Im Zusammenspiel der vier Dimensionen bearbeitet Religion unbestimmbare Kontingenz auf der Basis der Unterscheidung immanent/transzendent."[143]

142 Ebd., Kapitel II; 93–167; das zweite Zitat: ebd. 94.
143 Ebd., 94f.

Entscheidend ist dabei, dass sich dieser systemische Zusammenhang in einer bestimmten zeitlichen Disposition vollzieht: in operativen Aneignungen des religiösen Sinnfelds. Im Blick auf die „Zeit des Religiösen“[144] bedeutet das, dass die Verschränkung von Immanenz und Transzendenz, die in räumlichen Kategorien *metaphorisch* gefasst wird (innen – überschreitend), in temporaler Hinsicht ein konstitutives Problem bearbeitet: die Reintegration des Todes in das Leben. Dafür kommen unterschiedliche Vorstellungsmuster auf – als Konfigurationen eines Lebens, das eine Existenz nach dem Tod in anderer Gestalt vorsieht, oder als Modelle eines Aufenthalts der Verstorbenen in einer anderen Welt. Frühe Begräbniskulturen geben Hinweise darauf, dass die kulturelle Evolution von Religion mit diesem Problemkomplex verbunden ist und entsprechende Vorstellungen entwickelte.[145] Dabei richten Begräbnisstätten nicht nur einen Ort der Erinnerung an Verstorbene ein, sondern sie performieren einen symbolisch bezeichneten Sinnüberschuss der gegebenen Wirklichkeit, *indem sie den Tod kulturalisieren.* Sie nehmen ihn in die eigene Lebenswelt auf, die er mit ihrer Endlichkeit konfrontiert. Der operative Sinn von Bestattungen schafft dabei eine Lebenswirklichkeit, die mit dem symbolischen Raum des Grabes entsteht:

- mit Grabbeilagen, die z. B. mit Nahrungsmitteln erstheitlich (ikonisch) Nahrungsbedarf markieren,
- die zweitheitlich (indexikalisch) einen Verweis auf ein Leben mit Nahrungsempfang nach dem Tod anzeigen (können) und
- drittheitlich (symbolisch) den Raum eines Lebens nach dem Tod als ein Bildsystem mit Bezug auf diese Welt und Abstand zu ihr konfigurieren.

Diese triadische Disposition verschaltet auch die Zeitekstasen von Vergangenheit und Zukunft von einer Gegenwart her, die mit dem Besuch des Grabes und der bleibenden Präsenz von Verstorbenen einen symbolischen Konnex bildet, in dem sich wiederum Transzendenz und Immanenz als Bezug materialisieren. Nicht zuletzt wird der Körper von Verstorbenen selbst zu einem Zeichen: in der Auflösung seiner Materialität (Verwesung), in der anhaltenden Gegenwart (Knochen, letztlich als Erinnerungsspur durch den Ort, an dem er sich befunden hat, also auch *in* seiner Abwesenheit) sowie dem Erfahrungswissen darum, dass er sich einmal physisch vollständig auflösen wird. Dieser szenische Übergang wird durch die temporalisierte Form einer Entzeitlichung eingeholt: *als Bestattung, als Grab.*

Dieser Sinnzusammenhang erschließt sich nur in der Übernahme der Perspektive, mit der eine Bestattung erfolgt: mit dem Teilnehmersinn, der sich in Grabmälern, Nekropolen und in modern zunehmend entkörperlichten Bestattungsformen ausdrückt, die eine symbolische Abstraktion des Todes durch Einäscherung vollziehen. Es ist jeweils der performative Anwendungssinn, der über

144 Ebd., Kapitel III, 170–325.
145 Vgl. dazu sowie im Folgenden: ebd., 194–202.

die Zuschreibung und Wahrnehmung des a/religiösen Gehalts der jeweiligen Praxis entscheidet. Insofern schließt sich hier der semiotisch-performanztheoretische Kreis, den die kulturelle Evolution von Religion theoretisch vermisst.

1.3. Religion als semiotischer Prozess: Der gesellschaftliche Raum performativer Sinnsetzungen

Der Blick auf die Evolution von „Religion" setzt ein Verständnis dieses Konzepts voraus, das sich zugleich im Zuge seiner Rekonstruktion bestätigt. Es handelt sich dabei um einen erkenntnis-performativen Vorgang. Der Begriff „Religion" wird systemtheoretisch durch eine Unterscheidung hervorgebracht, die sich als *Differenz aller Differenzen* operationalisieren lässt. Wenn Religion die Grenze von Sichtbarem und Unsichtbarem, Beobachtbarem und Unbeobachtbarem *in dieser Welt* markiert, prozessiert sie Transzendenz, *indem* sie einen Zusammenhang und zugleich einen Übergang zwischen diesen Dimensionen der Wirklichkeitserfahrung bestimmt:

1. Mit dem Konzept „Religion" wird ein Wirklichkeitszugang beschrieben, der die gegebene Welt vom Standpunkt ihrer Unabgeschlossenheit her erfasst, weil sie sich unter einem entscheidenden Gesichtspunkt auf etwas bezieht, das sie nur ex negativo erreicht: auf einen Ursprung von allem, der sich in einem unabschließbaren Fragehorizont nur als anfangloser Anfang modellieren lässt. Jeder Ursprung in der Welt wäre – das ist der Ansatzpunkt der kosmologischen Gottesbeweise seit Aristoteles – auf einen letzten, aber nicht mehr anders als negativ qualifizierbaren Anfang zu beziehen.
2. Die Frage nach dem Anfang (und auch Ende) von allem nimmt bereits in Anspruch, was in religiösen Narrativen als Schöpfung ausgewiesen wird: eine kreative Dynamik von Sinn-Setzungen. Sie vollziehen sich in einer Welt, die nicht nur nach semantischer Bestimmung verlangt, um sich in und zu ihr als geistige Wesen verhalten zu können, sondern die auch einen inneren Konnex von „Geist und Kosmos" beansprucht.[146]
3. Das geschieht im Gebrauch eines Codes, der im Modus eines bezeichnenden Bezugs den unerreichbaren Sinngrund erschließt – mit dem Zeichen, das die Differenz aller Differenzen setzt: „Gott". Das Zeichen „Gott" codiert die grundlegende Unterscheidung schlechthin: zwischen dem, was ist und was nicht ist – und was nur entlang dieser Unterscheidung überhaupt in den Blick kommt, also sinnbestimmt beobachtet werden kann.

Wenn also Religion die basale Differenz einer Welt markiert, die sich *als gegebene* nur im Bezug auf ihre Kontingenz erfahren lässt, wird ein konstitutiver Sinn zur

146 Vgl. Th. Nagel, Geist und Kosmos.

Beschreibung der Welt eingeführt. Zugleich wird er im Glauben an die Wirklichkeit dessen, was das Zeichen „Gott" bezeichnet, als *Sinngehalt* wirksam.

> „Wenn ein Akteur jemand ist, der mich zu etwas bringen kann und der einen Unterschied macht, dann gilt das auch für Gott – freilich mit ungewöhnlichen Zurechnungs-, Sichtbarkeits- und Bestimmungsverhältnissen. Das ist kein soziologischer Gottesbeweis, aber zumindest ein Hinweis darauf, dass Handelnde mit Gott rechnen müssen, wenn sie mit Gott rechnen."[147]

„Gott" stellt insofern ein Kommunikationsereignis dar: ein Zeichen, das eine Wirklichkeit bestimmt, die sich im *glaubenden* Gebrauch dieses Zeichens vermittelt. In der externen Beobachtung kann dies als bloße Virtualisierung einer Wirklichkeit – im Sinne der klassischen Religionskritik als Projektion – erscheinen. Aus der Teilnehmer:innen-Perspektive kann damit aber das erfahren werden, was „Gott" zu einem Akteur eigener Art macht: als personal ansprechbarer Sinngrund, als Handlungsgröße. Sie kann wiederum auf verschiedene Weise gefasst werden: im Glauben an ein „Eingreifen" Gottes in die Geschichte oder auch *in der Form* von Deutungen, mit denen Ereignisse und Situationen in der Welt auf „Gott" als den schöpferischen Grund von allem bezogen werden.

Es entsteht ein eigener Glaubensraum, der *in einer bestimmten gesellschaftlichen Gegenwart* auftritt und sich mit anderen Un-/Nicht-/Glaubensräumen überschneidet. Sie lassen sich nicht auf die jeweiligen Religionsgemeinschaften begrenzen, sondern rekombinieren Glaubensvorstellungen und religiöse Überzeugungen auch intern. Entsprechend lassen sich auch „profane" oder „säkulare" Räume nicht trennscharf von „sakralen" oder „religiösen" Räumen trennen. Zum einen greifen Sakralisierungsprozesse auch in gesellschaftlichen Zonen, die wie z. B. im Sport keinen offensichtlichen Religionsbezug reklamieren. Das gilt analog für national- oder kunstreligiöse Praktiken und Diskurse. Zum anderen weist die Religionsgeschichte Überlagerungen, Anleihen, Rekombinationen aus unterschiedlichen Sphären auf, die *religiöse Überzeugungen* materialisieren: in der Form von schriftlichen und mündlichen Traditionen, als Rituale wie als reflexive Theologisierungen bis hin zu religionswissenschaftlichen Beobachtungen, die *qua Theorie* auf die religiöse Praxis zurückwirken.[148]

„Religion" bzw. religiöse Praxis wird damit als Zeichenpraxis bestimmbar – als Kommunikation, in der sowohl *grundlegend* der „Sinn des Sinns"[149] markiert als auch ein Sinn des Lebens performativ beansprucht wird, von dem her sich Leben orientieren lässt. Religiöser Zeichensinn entwickelt sich *als Kommunikation* in Religionsgemeinschaften und haftet an religiösen Traditionsbildungen, wird aber jeweils operativ generiert. Kommunikation vollzieht sich, einer Einsicht Armin Nassehis folgend, nicht einfach *in*, sondern *als* Gesellschaft – d. h. in

---

147 A. Nasehi, Sakraler Raum – (religions)soziologisch, in: Spiritual Care 2019 8 (1), 53–58; 56.

148 Für die katholische Kirche lässt sich das mit Blick auf den Einsatz historisch-kritischer Methoden vor allem in der Exegese nachvollziehen.

149 V. Gerhardt, Der Sinn des Sinns. Versuch über das Göttliche, München ^{3}2015.

unterschiedlichen gesellschaftlichen Bezugsfeldern und eigenen Gegenwarten.[150] Daraus resultieren Differenzen, die zum einen konfliktiv oder kooperativ bearbeitet werden können, die zum anderen aber vor allem bereits die Wahrnehmung von Gesellschaft in Ordnungsmustern ermöglichen. Ohne Ordnung keine Wahrnehmung, sprich: Zuordnung von qualifiziertem Sinn. Dieser Ordnungsaufbau ist aber nicht gegeben; er lässt sich nicht voraussetzen. Vielmehr entsteht er genau so, wie Wissen mit Methoden und Begriffen auf vermeintlich externe Objekte des Wissens zugreift, die aber *als Objekte* wiederum nur in einer gesellschaftlichen Gegenwart erfasst und mit ihren Mitteln epistemisch erreicht werden können. Wissen entsteht *performativ*, weil

> „kulturelle Bedeutungsvoraussetzungen gewissermaßen latent vorausgesetzt werden müssen, damit so etwas wie eine gemeinsame Welt, also die Erfahrung einer geteilten Welt mit Hintergrundüberzeugungen und Selbstverständlichkeiten möglich wird."[151]

Religion bearbeitet diesen Zusammenhang von beiden Seiten her: von der Anforderung, als Gesellschaft eine belastbare Konnektivität für Handlungsanschlüsse zu erzeugen und zu sichern, wie von der Erfahrung her, dass Ordnung permanent an ihre Auflösung gekoppelt bleibt, weil sich Selbstverständliches in einer unselbstverständlichen Welt nicht auf Dauer garantieren, sondern nur operativ herstellen lässt. Von daher führt eine performanztheoretische Beschreibung von Gesellschaft zu einer paradoxen Wahrnehmung von Religion: als ein *ortloser Ort*. Denn Religion beansprucht in ihr einen Ort, den sie funktionslogisch nur im Modus ihrer kommunikativen Überschreitung behält. Genau auf diese Weise nimmt Religion die gesellschaftliche Form an, an der religiöse Zeichenproduktion haftet: als Performance von Differenzen. Sie wirken als Transzendenzerfahrungen. Sie werden bestimmt im Bezug auf die Unauflösbarkeit von Differenzmustern, aus denen Zeichensinn generiert wird. Sie gewinnen ihre spezifisch religiöse Bedeutung im Bezug auf jene *Differenz aller Differenzen*, für die das Zeichen „Gott" aufkommt – als Sinngrund. Genau so wird „Gott" wirksam – als Code *der Differenz*.[152]

Auf diese Weise wird das Zeichen „Gott" selbst zu einem Akteur: operativ. Es bezeichnet diese Differenz, indem es sie einführt – als erste Unterscheidung, die zugleich performativ wirksam wird, nämlich schöpferisch. Was der schöpfungstheologische Code besagt, vollzieht sich in seiner Anwendung – paradigmatisch, wie bereits angesprochen, mit den Schöpfungsnarrativen des Buches Genesis. Die erste Unterscheidung wird *qua Kommunikation* sichtbar, indem sie zwischen Tag und Nacht differenziert und in diesem Licht die Erzählbarkeit des Erzählens, sprich: des Schöpfungsberichts erlaubt (Gen 1,3). Dabei wird der Text zu einem

---

150 A. Nassehi, Gesellschaft der Gegenwarten. Studien zur Theorie der modernen Gesellschaft II, Berlin 2011, 11.

151 A. Nassehi, Unbehagen. Theorie der überforderten Gesellschaft, München 2021, 49.

152 Vgl. dazu die Überlegungen im Anschluss an Jacques Derrida in diesem Kapitel.

eigenen Akteur, weil er die Möglichkeit des Erzählens mit der *poietischen Dynamik* der Welt *als Schöpfung* so verbindet, dass sie *als Text* erfahren wird und in der Aneignung durch Lesende und Hörende eine fortlaufende Traditionsbildung erlaubt. *Man sieht, dass man sehen kann!* Als Religionsgemeinschaft wird diese Tradition körperlich greifbar – institutionell wie über die religiös verbundenen Menschen. Zugleich agiert sie, d. h.: sie operiert jeweils das, was im Text und mit dem Zeichen „Gott" markiert wird – die schöpferische Grunddifferenz von dem, was ist und nicht ist, und was in dieser (und letztlich nur in dieser) Differenz *Sinn macht.*

Die performative Dynamik religiöser Prozesse besteht in der Aktivierung dieses grundlegenden Zeichensinns: in Grenzüberschreitungen (vermeintlich) geschlossener Systeme. Als „Beobachtung des Unbeobachtbaren" (N. Luhmann) tritt sie mit den Fragen nach Anfang und Ende von Welt und Existenz, in gesellschaftlichen wie persönlichen Krisenerfahrungen, in Umbruchszenarien zutage. Religiöse Traditionen bieten dafür Skripts an, die aber nicht als bloße Texte funktionieren, sondern förmlich inszeniert werden müssen. Die Bühnen der geschichtlichen Dramen, die nach Deutung und Gestaltung verlangen: politisch, ethisch, lebenspraktisch, setzen dabei ein breites Ensemble gesellschaftlicher Akteur:innen in Gang. Die Akteurs-Netzwerk-Theorie (ANT) von Bruno Latour hat darauf aufmerksam gemacht, dass in jeder Situation eine Vielzahl von *Aktanten* handelt. Dazu zählen nicht nur intentionale Handlungsträger, sondern ebenso Dinge. Sie wirken in einem Kraftfeld von Beziehungen, das sich über eine spezifische Wirksamkeit definiert und eigene gesellschaftliche Gegenwarten hervorbringt, in denen das entsprechende Netzwerk funktioniert. Meetings im Internet, militärische Aktionen, religiöse Zeremonien, Konzerte, Demonstrationen bilden nicht über einen einzelnen Impuls wie z. B. eine Zielvorgabe, eine Verabredung oder einen Zoom-Link ein entsprechendes Netzwerk. Es wirkt vielmehr durch das emergente Zusammenspiel von verschiedenen Entitäten. Der Ausdruck „sozial" bildet für Latour von daher

> „keinen Realitätsbereich und keinen bestimmten Gegenstand, sondern ist eher die Bezeichnung für eine Bewegung, eine Verschiebung, eine Transformation, eine Übersetzung, eine Anwerbung. Er bezeichnet eine Assoziation zwischen Entitäten, die in keiner Weise als soziale erkennbar sind, *außer* in dem kurzen Moment, in dem sie neu zusammengruppiert werden."[153]

Der Fokus auf die Funktionsweise von *Assoziationen* lenkt den Blick auf die operative Herstellung sozialer Wirklichkeiten. Sie entstehen *performativ* mit den Codes, die als Konnektoren auftreten.[154] Damit stellt *das Soziale* keine gegebene Größe dar, sondern einen *Auftritt*. Das bedeutet: „Sobald man aufhört, Gruppen zu bilden und umzubilden, gibt es keine Gruppen mehr."[155] Diese performative

---

153 B. Latour, Eine neue Soziologie für eine neue Gesellschaft, Berlin ^{5}2019, 111f.
154 Vgl. ebd., 62.
155 Ebd., 63.

Perspektive auf soziale Wirklichkeiten bezieht die verschiedenen Aktanten ein, ohne die sie nicht zustande käme. Latour löst damit stabile Rahmenbildungen auf, in denen Organisationen und Institutionen als soziale Festkörper erscheinen. Es gibt sie: Parteien, Unternehmen, Verbände, Kirchen. Aber ihre internen Dynamiken verschieben sich permanent – in einem Bezugsfeld von Herausforderungen und zugehörigen Skripts. Sie produzieren einen sozialen Sinn, der selbst eine eigene Existenzform darstellt:

> „Wenn beispielsweise eine Informatin sagt, sie lebe ‚in einer von Gott bestimmten Welt', so unterscheidet sich diese Aussage nicht wirklich von der eines anderen Informanten, der sagt, ‚daß er von Marktkräften beherrscht' wird, denn beide Ausdrücke – ‚Gott' und ‚Markt' – sind bloße ‚Ausdrücke' *derselben* sozialen Welt. Doch für den ANT-Soziologen macht es einen riesigen, unüberwindlichen, inkommensurablen Unterschied. Eine Assoziation mit Gott ist *nicht* durch irgendeine andere Assoziation substituierbar, sie ist äußerst spezifisch und kann nicht mit einer anderen versöhnt werden, die aus Marktkräften besteht, welche wiederum ein Schema zeichnet, das völlig verschieden ist von dem von rechtlichen Bindungen."[156]

Das Zeichen „Gott" schafft eine Eigenwirklichkeit, die sich durch die Extension des Codes bestimmen lässt, mit dem Akteur:innen handeln. In der ANT lösen sich durch die Wirkform unterschiedlicher Aktanten distinkte Sphären von „Sakralem" und „Profanem", von „Religiösem" und „Säkularem" auf.[157] In ihren Übergängen erhält das Zeichen „Gott" wiederum seine spezifische Signifikanz. Denn als Ausdruck radikaler Transzendenz vertritt „Gott" nicht nur schlechthin Inkommensurables *semantisch*, sondern schafft es als kommunikativer Eingriff, einfach weil das Zeichen „Gott" für religiöse Menschen so wirkt. „Gott" macht einen Unterschied, und auf diese Weise ist er tatsächlich ein Akteur.

2. Fundamentaltheologische Einordnung: Zur semiotischen Existenz „Gottes"

Dieser Existenznachweis „Gottes" reicht *theologisch* nicht, weil die Hoffnung auf eine *selbstwirksame Existenz Gottes* als Anfang und Ende von allem, als unbegrenzte schöpferische Lebensmacht den religiösen Zeichengebrauch orientiert. Allerdings lässt sich die *Existenz Gottes* nicht jenseits der Semiosen seiner Transzendenz erreichen und kommunizieren. Insofern tritt die Wirklichkeit „Gottes"

156 Ebd., 65f.

157 Vgl. zu diesen Übergangen und *Assoziationen* im Zeichen der *terrestrischen Soziologie* Latours: Chr. Bauer, Theologie der Erde? Umrisse einer terrestrischen Rede von Gott, in: D. Bogner / M. Schüßler / ders., (Hrsg.), Gott, Gaia und eine neue Gesellschaft. Theologie anders denken mit Bruno Latour, Bielefeld 2021, 115–160.

nur in der Teilhabe an jener performativen Wirklichkeitsmacht auf, die religiöser Glaube artikuliert.

Damit lassen sich wiederum die performativen Dynamiken des Evangeliums fundamentaltheologisch zur Geltung bringen. Die Reich Gottes-Botschaft Jesu wirkt nicht nur *in den Texturen der Evangelien*, wenn sich die schöpferische Lebensmacht Gottes an Menschen erweist. Was auf Tod gestellt ist: soziale Ausgrenzung, Krankheit, Schuld, wird in Optionen auf neues Leben im Zeichen des Reiches Gottes umgestellt. Dieser Prozess der Verwandlung *vollzieht* sich narrativ als Evangelium, das sich zugleich als *eine Botschaft adressiert*. Es handelt sich um eine *Offenbarung*, wenn und insofern sie die Menschen erreicht, denen sie gilt. Das geschieht über die Eingriffsform des Textes: über den jeweils akuten Umkehr-Ruf des Evangeliums.[158] Jesus wird von den Evangelien nicht als historische Figur inszeniert, sondern er erweist sich vor dem Hintergrund der Botschaft von der Auferweckung des Gekreuzigten als ein Akteur, dessen Stimme nicht aus dem Grab zu seiner Gemeinde spricht. Das Kerygma ist als solches lebendig, weil es spricht – und in ihm die Stimme des auferweckten Gekreuzigten in die Gegenwart eingreift.[159]

Der Bedeutungsgehalt des Evangeliums geht damit nicht im historisch fixierten und kirchlich *als Heilige Schrift* kanonisierten Text auf. Er hat den Charakter einer akuten Adresse. Der liturgische Zyklus der Schriftlesungen im Gottesdienst dreht insofern keine Endlosschleifen, sondern gibt der Stimme Jesu Raum. Sie verkörpert sich wiederum in den sakramentalen Zeichensetzungen der Kirche *als Leib Christi*. Insofern werden nicht nur die vier kanonisierten Evangelien der christlichen Kirchen zu Aktanten der Reich Gottes-Botschaft, sondern ihre liturgischen, diakonalen und martyrialen Performanzen bilden einen Glaubensraum, in dem das Zeichen „Gott“, lebenswirksam in der Nachfolge Jesu Christi, den Wirklichkeitsgehalt dieses Zeichens, sprich: „Gottes“ verbürgt.

---

158 Auf dieser Linie ist auch nach T. Schweighofer und A. Burke im Anschluss an Latour das Evangelium „nicht als Text von früher, sondern als Ereignis heute aufzufassen“. Vgl. dies., Das Evangelium als Legende. Eine pastoraltheologische Lesart von Bruno Latours *Jubilieren*, in: D. Bogner / M. Schüßler / ders., (Hrsg.), Gott, Gaia und eine neue Gesellschaft 243–259; 257. – Vgl. zum Ansatz und zur Begründung dieser Perspektive: G. M. Hoff, Glaubensräume. Fundamentaltheologische Topologie I, 31–51.

159 Die christologische Lehrbildung zieht daraus – auf der Spur ntl. Präexistenzchristologien – den Schluss, dass Jesus von Nazareth als wahrer Mensch zugleich von Gott nicht zu trennen ist (mit dem Horos des Konzils von Chalkedon; DH 302). Weil Jesus die unbegrenzte schöpferische Lebensmacht Gottes zur Geltung bringt und verkörpert, spricht er sie als *Logos* (Joh 1) so aus, dass er wiederum als Schöpfungsmittler qualifiziert werden kann. Die schöpferische Beziehungswirklichkeit der Welt wird im Schnittfeld trinitarischer, christologischer und kosmologischer Theologien *reflexiv* gefasst. Insofern handelt es sich bei diesen theologisch konstitutiven Interpretationsformen um *Meta-Theologien*. In ihnen formiert sich Theologie aus der Beobachterperspektive sowohl in ihren Funktionsmustern wie in ihrem spezifischen Wirklichkeitsgehalt *als wirklichkeitserschließend und -bestimmend*. Sie wird als Beobachtung performativ wirksam – und ist insofern tatsächlich *Theologie*.

2.1. Performanztheoretisches Argumentarium

Die Perspektivenführung dieses Kapitels hält auf ein performanztheoretisches Argumentarium zu. Vier Argumentationslinien führen dabei zusammen:

1. **Evolutionstheoretisch:**
   a. Die dargestellten Hypothesen zur Entstehung religiöser Praxis (Tomasello, Boyer, Dennett, Bellah) lassen sich von einem Wendepunkt der menschlichen Evolution aus fokussieren: Mit der Entwicklung des aufrechten Gangs von Hominiden werden die Hände frei für einen deiktischen und im Weiteren zunehmend ausdifferenzierten, komplexen Zeichengebrauch. Das Bezeichnen von räumlich wie zeitlich distanzierten Punkten überschreitet den Standpunkt der jeweiligen Akteur:innen. Personen, Objekte und Ereignisse werden mit Handlungsplänen kombiniert, die über das *Hier* und *Jetzt* hinausführen.
   b. Die damit verbundene Fähigkeit zur Virtualisierung der gegebenen Wirklichkeit aktiviert eine Form von Transzendenz, die sich mit der Kooperationsfähigkeit des homo sapiens entwickelt. Intentionales Handeln vermittelt sich an eine Perspektivenübernahme, die andere intentionale Akteur:innen in eigene Handlungspläne einbezieht. *Geteilte* und im Folgenden *kollektive Intentionalität* verlangt eine semiotische Praxis, mit der sich Subjekte auf gemeinsame Ziele festlegen, über Konsequenzen verständigen, Verabredungen eingehen und eine soziale Wirklichkeit schaffen, in der und der gegenüber sie sich wiederum verhalten müssen:

      > „Ein Wandel der Ökologie führte zu neuen Formen der Zusammenarbeit, die zu ihrer Koordination einige neue Formen kooperativer Kommunikation erforderten, und zusammen erzeugten sie die Möglichkeit, daß Individuen während der Ontogenese aufgrund ihrer sozialen Interaktionen mit anderen einige neue Formen der kognitiven Repräsentation, des Schlußfolgerns und der Selbstbeobachtung zum Gebrauch für ihr eigenes Denken aufbauen konnten."[160]

   c. Erhandelte Einsichten entstehen und verfestigen sich vor dem Hintergrund einer gemeinsamen Bearbeitung der Wirklichkeit. Sie formieren sich als ein „gemeinsamer Hintergrund"[161], in dem Zeichen Bedeutung annehmen und sich zu eigenen Zeichensystemen und symbolisch bewirtschafteten Lebenswelten entwickeln. Dieser Weg führt über Zeigegesten und ikonische Zeichen bis hin zu abstrakten symbolischen Zeichenhandlungen:

      > „Das bedeutsame neue Merkmal ikonischer Gesten ist ..., daß die verschiedenen Perspektiven auf Dinge und Situationen, die beim Zeigen nur implizit sind, jetzt

160 M. Tomasello, Eine Naturgeschichte des menschlichen Denkens, Berlin 2014, 54.
161 Ebd., 63.

offen durch externe symbolische Träger mit semantischem Inhalt ausgedrückt werden."[162]

d. Die Bedeutung dieser Zeichen erschließt sich durch die Teilnehmerperspektive, aus der sie generiert werden. Sie funktionieren als Code, mit dem sich Handlungspläne steuern lassen. Dabei wirken erhandelte Einsichten, die sich mit der Einlösung von Zielen bewährt haben, als *Begründungen*, an die sich anschließen lässt.
e. Für den religionsevolutiven Kontext ergibt sich daraus ein Bild, in dem Virtualisierungs- und Transzendenzfähigkeit ein Aspekt der Entwicklung des *homo sapiens* darstellen. Sie bilden einen Motor kognitiver Evolution sowie rationaler Reflexionskulturen im kommunikativen Gebrauch von Zeichen.

2. **Sinnreflexiv:**
a. Die Evolution des homo sapiens ist über die Entwicklung seiner Kooperativität und der Herausbildung einer geteilten wie gemeinsamen Intentionalität an eine kommunikativ wirksame Zeichenproduktion gebunden. Der Sinn von Zeichen und die situationsgebundene Bestimmung ihrer Bedeutung verlangt die Aneignung dieser Zeichen: die Adaption und Explikation ihres semantischen Gehalts in sozialen Zusammenhängen. Kooperatives Handeln muss sich auf unerwartete Situationen und neue Herausforderungen einstellen, um Gefahren und Krisen zu bewältigen. Das setzt einen kommunikativen Prozess des Gebens und Nehmens von Gründen in Gang. Rollenzuteilungen bei der Jagd weisen Positionen in einer Gruppe zu. Sie werden wiederum sozial wirksam, indem sie funktionieren oder nicht funktionieren.
b. Beim Ausfall intentionaler Akteur:innen ergibt sich eine Leerstelle im sozialen Gefüge, die kognitiv ausgeglichen und sozial bestimmt werden muss. Was emotional als Trauer über den Verlust von vertrauten Personen auftritt, wird mit frühen Begräbniskulturen als eine sinnbezogene Bearbeitung dessen wirksam, was nicht mehr ist und dennoch Bedeutung behält.
c. Religiosität aktiviert diese Sinnbezüge, indem sie Ereignissen, Handlungen und Personen eine Bedeutung zuschreibt, die an der Grenze von Leben und Tod diesen Übergang als einen Zusammenhang codiert: über rituelle Praxis, in einem symbolischen Sinnsystem, aber auch im (historisch nicht mehr erreichbaren ersten) Wahrnehmen von transzendenzbezogenen Erfahrungen.
d. Für reflexive Religiosität wird dieser Konnex mit der Einsicht verbunden, dass sich diese Welt gerade in ihrer Kontingenz *als kontingent* bestimmen lässt; dass also die Welt als ein Raum erfahren wird, der sich

162 Ebd., 97.

semantisch qualifizieren lässt, sogar noch *in der Auflösung von Ordnung*, in der Durchbrechung von Sinnmarkierungen. Die kommunikative Unhintergehbarkeit von Sinnsetzungen und -erwartungen lässt sich in einer religions*philosophischen* Reflexion dabei als innerer Konnex von „Geist und Kosmos" rekonstruieren und in dieser Deutung *sinn-performativ* übernehmen. Auf diese Linie weist Thomas Nagel darauf hin,

> „dass man die wissenschaftliche Weltsicht nicht wirklich verstehen kann, wenn man nicht annimmt, dass die Intelligibilität der Welt, wie sie mit den von der Wissenschaft aufgedeckten Gesetzen beschrieben wird, selbst ein Bestandteil der tiefschürfendsten Erklärung ist, warum die Dinge so sind, wie sie sind."[163]

Diese Einsicht lässt sich nicht von einem externen Standpunkt begründen, gar beweisen oder auch beurteilen. Sie hängt an der *Praxis wissenschaftlichen Erkennens*, in der sich diese Einsicht *als Voraussetzung* bestätigt. In einer intelligiblen Welt kann sich nicht nur Geist entwickeln, sondern er aktiviert sich im Begreifen und Verstehen von und in Welt.

e. Das epistemische Praxisvertrauen in den markierten Konnex von *Geist und Kosmos* tritt auf der Ebene der Beobachtung dieses Zusammenhangs wiederum als ein *entschiedener* Sinnbezug auf: dass sich verstehen lässt und bewährt, was man in sozialen, persönlichen, wissenschaftlichen Sinninitiativen *setzt.*

3. **Performanztheologisch:**
   a. Sinn-Codes erhalten ihren *Sinn* nur in semiotischer Praxis: in ihrer Anwendung und ihrer Erschließungskraft. Das Zeichen „Gott" entwickelt sich vor diesem Hintergrund als ein Zeichen, das die Bezeichenbarkeit der Welt zum Thema macht: ihre Kommunikabilität.
   b. Das Zeichen „Gott" markiert die Unselbstverständlichkeit einer Welt, die nicht sein müsste und permanent von Vernichtung bedroht ist. Aber in der gegebenen Welt gilt es, genau diesen Zusammenhang zu deuten. Der Code „Schöpfung" bestimmt dabei eine Welt, die in ihrer Kontingenz etwas bedeutet. *Als gegebene Welt* ist sie unverfügbar – wie sich in der Irreduzibilität etwa einer funktionalen Deutungsmöglichkeit alles Geschehens in der Welt zeigt. Die *Funktion der Funktion* scheint diese Welt dabei geistig-evolutiv in sich abzuschließen, weist aber letztlich darauf hin, dass sie als sinntragende Reflexionsfigur immer auch für die Frage offen bleibt, *warum* dies so funktioniert.
   c. Kein „Sinn des Sinns"[164] schließt sich in sich selbst ab, sondern wird virulent mit Fragen nach dem Anfang von allem und dem Ende von allem. Diese Frage – und damit alles *in dieser gegebenen Welt* – behält dabei Bedeutung, auch wenn sie einmal vergangen ist, denn sie *war real.* Die Welt

---

163 Th. Nagel, Geist und Kosmos, 31.
164 V. Gerhardt, Der Sinn des Sinns.

war einmal sinnbezogen beschreibbar, und ihr Sinnbezug haftet nicht nur an Interpretanten, sondern – wenn man Thomas Nagel folgt – am gegebenen Konnex von *Geist und Kosmos*.

d. Seine Bestimmung verbindet sich mit einer Reflexion auf die Qualifizierung *als Kosmos, als Geist*, der sich in diesem Prozess zeigt und durchsetzt. Er setzt die Frage nach einem geistigen Anfang von und in allem voraus, ohne eine Antwort zu erlauben, die einen ersten Punkt identifizieren könnte. Der Anfang ist vielmehr als ein unendlich ablaufender kreativer Prozess zu bestimmen, weil er so *für uns* und *mit unserer geistigen Wahrnehmung* auftritt.
e. Dafür kommt das Zeichen „Gott“ auf, das eine unbegrenzte schöpferische Lebensmacht *bezeichnet*. Die Einführung dieses Zeichens basiert dabei auf einem abduktiven Schluss, der sich am Leitfaden von *Unendlichkeit* und *konstitutivem Sinnbezug* wiederum *als schöpferische Emergenz* vermittelt, die das Zeichen „Gott“ bestimmt, aber zugleich beansprucht.
f. Im Gebrauch dieses Zeichens erweist sich sein Wirklichkeitsgehalt und seine Bewährung *als Code*. Die Erschließung der Wirklichkeit Gottes bedarf der Aktivierung des Glaubens an die unbegrenzte schöpferische Lebensmacht Gottes als Anfang in und von allem.
g. Der Glaube an, präziser: *in* Gott ermöglicht auf dieser Linie jene rationale Rekonstruktion gläubiger Sinnpraxis, für die Theologie aufkommen muss.

Im Prospekt *performativer Theologie* steht vor allem die Frage nach der Erschließungsform der Wirklichkeit „Gottes“ zur Diskussion. Der Wirklichkeitsgehalt des Zeichens erweist sich im Sinne der vorgestellten Überlegungen in der spezifischen Form, in der das Zeichen „Gott“ als Code einer unbegrenzten schöpferischen Lebensmacht eingesetzt wird. Insofern ist die Rede von einer *performativen Theologie* tatsächlich berechtigt. Sie argumentiert nicht nur mit performanztheoretischen Einsichten und Perspektiven, sondern erweist sich dann im strengen Sinn als *Theologie*, wenn sie nicht nur theologische Sinnkonstruktionen und Interpretationsfiguren beobachtet und in ihrem symbolischen Bedeutungsgehalt zur Geltung bringt, sondern sich *im theologischen Bezugsfeld als wirksame Codierung erweist* – so wie die Reich Gottes-Botschaft Jesu, das Kerygma des Evangeliums und die sakramentalen Zeichenhandlungen der Kirche *im und als Glauben* wirksam werden: als Ausdruck und Realisierung der schöpferischen Lebensmacht Gottes, die sich nicht zuletzt im Übergang von Glauben und Hoffen als unbegrenzt auf eine offene Zukunft *im Zeichen „Gottes“* hin erweist.[165]

165 Dieses Motiv liefert zugleich ein entscheidendes Kriterium für den Ausweis der *wahren Kirche* Jesu Christi, sprich: der authentischen *traditio apostolica*. Sie ist daran zu messen, ob sich die Kirche als ein Raum des Lebens oder der Vernichtung von Leben erweist. Der katholische Missbrauchskomplex stellt die Frage nach einer nicht nur historischen, son-

Was damit gemeint ist, soll im Folgenden anhand einer fundamentaltheologisch prekären und zugleich performanztheologisch signifikanten Stellprobe durchgespielt werden – im Modell des Bittgebets.

2.2. Performanztheoretische Stellprobe: Fundamentaltheologische Betrachtung zur Bedeutung des Bittgebets

„Werden die Messen für unsere Verstorbenen gelesen?“ Das war eine der drängenden Fragen, die von katholischen Pfarrämtern während des Lockdowns beantwortet werden mussten. Vor allem ältere Menschen beunruhigte die Aussicht, dass sogenannte Messstipendien nicht erfüllt würden. Gegen einen symbolischen Beitrag nimmt der Priester ein besonderes Anliegen in den Gottesdienst auf, in der Regel ein Gebet für verstorbene Angehörige. Man betet „zugunsten der Verstorbenen“ wie es im Katechismus der katholischen Kirche heißt, „damit sie geläutert werden und zur beseligenden Gottesschau gelangen können“.[166] Willkommen in der Welt des katholischen Aberglaubens. Könnte man meinen.

Aber hinter diesem altchristlichen Brauch steckt mehr. Er führt zum Kern des christlichen Glaubens. Das wird gerade unter den Bedingungen der Pandemie deutlich. Wenn die Kirchen geschlossen sind, steht dann alles still? Die Sorge um die Messintentionen, mit denen Menschen für diejenigen beten, die ihnen nahestanden, spiegelt eine Welt in Quarantäne. Das Leben scheint abgekoppelt, während das Gebet für die Verstorbenen auch die Toten als Teil des Lebens begreift. Sie verschwinden nicht einfach. Sie werden nicht dem Vergessen überlassen. Sie behalten ihren Ort aber nicht nur in der Erinnerung der Hinterbliebenen, die allmählich verblasst. Die christliche Hoffnung setzt auf die schöpferische Lebensmacht Gottes, die den Anfang von allem setzt. Schöpfung aus dem Nichts: Dieser Grundartikel des Glaubens bringt die Einsicht zur Geltung, dass der schöpferischen Wirklichkeit Gottes nichts vorgeordnet ist. Deswegen ist sie unbegrenzt. Sie kommt an kein Ende, und das gilt auch für die Toten.

Wer an die Kreativität Gottes glaubt, wer sie im Leben des Jesus von Nazareth entdeckt, kann auch die Auferweckung des Gekreuzigten als konsequenten Ausdruck der Reich Gottes-Botschaft Jesu und seines Lebens wahrnehmen. Nie-

---

dern auch nach einer theologischen Verifizierung oder eben auch Falsifizierung der sakramental-episkopalen Ordnung der katholischen Kirche, wenn sich zeigt, dass Bischöfe über die längste Zeit Teil eines Systems des sexuellen, spirituellen und pastoralen Missbrauchs waren – als Täter wie als Vertuscher.

166 Katechismus der katholischen Kirche, München u.a. 1993, Nr. 1032.

mand ist von der Liebe Gottes ausgeschlossen – das bringt das Gebet für die Verstorbenen zur Geltung. „Gemeinschaft der Heiligen“ – so versteht sich die Kirche. Das Reich Gottes, wie es Jesus Menschen in existenzieller Not nahegebracht hat, erstreckt sich auf alle. Es sprengt zugleich Raum und Zeit. Denn aus dem Schöpfungszusammenhang Gottes fällt nichts heraus. Die Heilung von Kranken, die Mahlfeiern mit randständigen Menschen, die Vergebung von Schuld bringen dies zum Ausdruck. Was Jesus in den Evangelien auch tut, mit ihm verwandelt sich Tod in Leben.

Darauf setzt das sonderbare, zeitverquere Gebet der Lebenden für die Verstorbenen. In den Lockdowns der Corona-Pandemie, vor allem im schockartigen Gefrierpunkt allen gesellschaftlichen Lebens im Frühjahr 2020, zeigte es eine einzigartige Qualität des Glaubens an. Indem man betet, nimmt man an der schöpferischen Lebensmacht Gottes teil. Man bringt sie nicht nur in der Form einer Bitte in Anschlag. Man aktiviert sie förmlich. Man praktiziert sie. Beten ist kein isolierter Glaubensakt, auch und gerade unter den reduzierten Lebensbedingungen des pandemischen Stillstands nicht. Im Glauben nimmt man Anteil an dieser Welt, an konkreten Menschen und Situationen.

> „Freude und Hoffnung, Trauer und Angst der Menschen von heute, besonders der Armen und Bedrängten aller Art, sind Freude und Hoffnung, Trauer und Angst der Jünger Christi. Und es gibt nichts wahrhaft Menschliches, das nicht in ihren Herzen seinen Widerhall fände.“[167] (GS 1)

Das 2. Vatikanische Konzil vermisst damit den Resonanzraum des Glaubens. Seine Gebete sind aus dem Material der Geschichte gemacht. Wer betet, nimmt eminenten Anteil an der Existenz seiner Mitmenschen und verbindet sich in den Einsamkeitszonen des Lebens in einer Gemeinschaft des Glaubens.

Deswegen ist die Sorge um die Gebete für die Verstorbenen nicht nur psychologisch verständlich, sondern auch theologisch folgerichtig. Denn der Glaube adressiert sich im Gebet an Gott als den Grund dieser Welt: an die Macht, die sich in schöpferischen Beziehungen durchsetzt. Im Lockdown wurden Beziehungen gekappt. Isolation ist das Gesicht des sozialen Tods. Menschen brauchen die Rückvergewisserung, nicht allein zu sein. Das Gebet schafft eine Gemeinschaft, die niemand ausschließt. Sie umspannt Zeit und Raum.

Aber hilft das Gebet nicht nur dem, der betet? Laufen nicht die vielen Fürbitten ins unerfüllt Leere? Empirische Erfolge ließen sich im pandemischen wie im normalen Notstand nicht nachweisen. Wunderheilungen bilden eine dubiose Ausnahme. Helikoptersegnungen oder Prozessionen mit aufgereckter Monstranz ersetzten auch in der Pandemie keine medizinische Vorsorge, keinen Impfstoff. Was aber bleibt vom Gebet anderes als ein schwacher Placeboeffekt, mit dem man sich die Welt zurechtglaubt, wie sie einem gefällt? Reicht es, seine Effekte in eine unbestimmte Zukunft zu verlegen? Der schale Nachgeschmack

167 Gaudium et Spes: Pastoralkonstitution über die Kirche in der Welt von heute, Zweites Vatikanisches Konzil (GS)

des unerhörten Gebets belastet das Gottesbild erheblich. Denn entweder ist Gott schwerhörig bis unempfindlich oder gar ohnmächtig angesichts der bitteren Folgen, die seine Schöpfung hinterlässt. Tappen Beter:innen nicht zwangsläufig in die Falle des Theodizeeproblems?

Wer Fürbitten an ihren Ergebnissen misst, stellt die Logik des Betens freilich auf den Kopf. Im Gebet lässt sich, wer betet, radikal auf die unbegrenzte schöpferische Lebensmacht Gottes ein. Er gibt ihr in seinem Leben Raum. Der Literaturwissenschaftler Hans Ulrich Gumbrecht hat diese Haltung in einem anderen Zusammenhang als „lost in focused intensity" beschrieben.[168] Was im Sport und in kreativen Prozessen wie der Kunst geschieht, vollzieht sich auch im Gebet – hingebende Selbstvergessenheit als Modus des Identitätsgewinns. Das Gebet stellt eine Form der *Begeisterung* dar – mit dem Risiko des irrationalen Überschwangs und befremdend exzessiven Formen. Zungenrede kommentierte schon der Apostel Paulus kritisch. Alles muss dem Aufbau der Gemeinde dienen, nicht der Selbstbestätigung im Glauben (1 Kor 12,12–31a).

Dem entspricht die Haltung des Gebets. Es ist von der Machart entschiedener Hoffnung. Sie geht über das hinaus, was sich wissen und erwarten lässt. Wer hofft, setzt seine Existenz auf Gott: auf den schöpferischen Grund von allem. Konkrete Bitten stellen das Material der Hoffnung. Aber der Grund aller Hoffnung bleibt für Beter:innen Gott selbst. Das Gebet nimmt den Schöpfungssinn Gottes auf. Es richtet sich auf das „Gute", das Gott ist und das *als Schöpfung* erfahren und bestimmt wird. Erst hier macht die Frage nach den Wirkungstreffern des Gebets Sinn. Insofern das, um was man bittet, gut ist, kann das Bittgebet erhört werden – im Raum der Schöpfungsordnung Gottes, also in *Entsprechung* zu ihr.

Was als Gebetserhörung erfahren wird, hängt damit daran, wie radikal Beter:innen die schöpferische Lebensmacht Gottes adaptieren. Nicht in dem Sinne, dass man auch das, was zum Tod führt, einfach auf das Konto Gottes bucht. Vielmehr betet man im Freiheitsraum der Schöpfung. „Natur" folgt ihren eigenen Gesetzen. Sie bildet den Horizont, in dem sich die Freiheit entwickelt, in der man lebt und handelt und eben auch betet. Auch Bitten an Gott heben diese Freiheit nicht auf. Gott kassiert die Freiheit nicht, die er *als Schöpfung* ermöglicht. Fürbitten artikulieren Not und Hoffnung, aber sie gleichen keine offene Konten mit Gott aus. Der Kredit des Betens besteht in der Tatsache des Betens: dass man sich im Gebet auf die Lebensmacht Gottes bezieht und sie so erfahren kann. Das Gebet „hilft", indem es das, was im Tod schier unendlich fehlt, in diesen Zusammenhang stellt. Das klingt zirkulär. Das schmeckt nach ideologischer Selbstbestätigung. Aber die performative Dimension des Gebets erschöpft sich nicht im Vorratsraum von *selffulfilling prophecies*, sondern erlaubt Partizipation.

---

168 H. U. Gumbrecht, Lob des Sports, Frankfurt a. M. 2005, 33f. Der Ausdruck stammt ursprünglich aus einem Vortrag von Schwimm-Olympiasieger Pablo Morales; Gumbrecht hat ihn zu einer eigenen Kategorie ausgearbeitet.

Gottes „name werde tätigkeitswort": Kurt Martis Gedichtzeile liefert nicht nur eine Anleitung zum Beten, sondern bestimmt seinen Sinn.[169] Was das Zeichen „Gott" bedeutet, erschließt sich in seinem Gebrauch. Der praktizierte Blick auf die Welt im Zeichen „Gottes" legt Handlungsmöglichkeiten frei, wenn nichts mehr zu gehen scheint. Nicht als Exitstrategie, sondern als Bewährung einer Hoffnung, die sich an der Wahrnehmung der Welt *als Schöpfung* festmacht. Beten stellt dafür den Ernstfall dar. Darum geht es, wenn Menschen nach den Messen für die Verstorbenen fragen. Sie setzen darauf, dass die schöpferische Lebensmacht Gottes an kein Ende kommt. Sie legen nicht den Weg, nicht die Weise fest, in der dies geschieht – nicht in diesem Leben, nicht mit der Hoffnung auf das, was über es hinausführt, indem man sich schon jetzt in seiner Existenz radikal auf Gott bezieht.

3. *Auf dem Weg zu einer performanztheoretischen Epistemologie – die Searle-Derrida-Debatte*

Die Frage nach dem Wirklichkeitsgehalt des Zeichens „Gott" ist in diesem Kapitel evolutionstheoretisch aufgesetzt, systemtheoretisch präzisiert und soziologisch perspektiviert worden.

1. Das Konzept Evolution beansprucht die Funktionsweise biologischer Systeme: mit der Entwicklung des homo sapiens als eines sich selbst und seine Umwelt bewusst wahrnehmenden Wesens.
2. Die Evolution des Menschen vollzieht sich über eine geteilte und schließlich kollektive Intentionalität, die mit kooperativem Handeln und einer sozialen Zeichenpraxis verbunden ist.
3. Damit wird das Verständnis von Evolution an die Bedeutung einer performativen Sinnpraxis gekoppelt, in der sich Handlungen *als sinnbezogen* und zugleich *wirklichkeitskonstituierend* darstellen.
4. In diese Sinnpraxis ist ein Moment der Selbstüberschreitung und sozialen Entgrenzung des Menschen eingelassen. Der Mensch bezieht sich in seinem Handeln auf eine entzogene Vergangenheit und auf eine ausstehende Zukunft, die genau in diesem Moment des Unverfügbaren eine Bedeutung annehmen. Sie erweist sich im Gebrauch der jeweiligen *temporalen Einstellung* des Menschen *existenziell* – exemplarisch im Gebet.

Vor diesem Hintergrund stellt sich noch einmal die Frage nach dem Wirklichkeitsmodus und -gehalt performativen Handelns – nicht zuletzt mit Blick auf den epistemischen Eigensinn religiöser Überzeugungen. Sie haften an Raum und

169 K. Marti, abendland. Gedichte, Darmstadt – Neuwied ^{5}1984, 50.

Zeit, an den Unterschieden von *hier und jetzt;* an dem, was *dort und vergangen bzw. zukünftig* ist. Nur in dieser semiotischen Performance entsteht *Sinn.* Er ist verwoben in das, was als Transzendenz auf unterschiedliche Weise erfahren und codiert wird: in die Produktion einer Welt des Sinns, die mit der gegebenen Welt sinnlicher Erfahrung verwoben ist, ihr aber eine Bedeutung abgewinnt – und zwar *im Modus performativer Sinnherstellung qua Kommunikation.*

Dieser Zusammenhang führt noch einmal zurück auf John L. Austins Entdeckung und Analyse performativer Sprechhandlungen. Sie ist unter verschiedenen philosophischen Vorzeichen aufgegriffen und weiterentwickelt worden. Auf der Linie analytischer Tradition hat vor allem sein Schüler John R. Searle die Sprechakttheorie präzisiert. In der „Theorie kommunikativen Handelns" von Jürgen Habermas stellt Performativität gleichfalls ein Bindeglied und Leitmotiv dar.[170] Und noch einmal anders wurde Performativität von dekonstruktiven Theorien im Anschluss an Jacques Derrida zu einem Theoriemotor.[171] Die Auseinandersetzung zwischen den verschiedenen Theorieanschlüssen kreiste deshalb vor allem um die erkenntnistheoretische Reichweite performativer Sprechakte.[172]

Markant wurde diese Fragestellung in der sogenannten Searle-Derrida-Debatte verhandelt. Hier wiederum ist die *Performance* des Diskurses selbst von Interesse: die Inszenierung von Akteuren und Positionen. Denn im Grunde fand keine wirkliche Debatte statt, und genau deswegen wird sie wohl auch als exemplarisch betrachtet. Das gilt schon deswegen, weil ein spezifischer *Stil* von Philosophie den Zugang zu den Problemen bestimmte, die in der Sache verhandelt wurden. Zudem machte sich diese Debatte an einem Angelpunkt der Theoriebildung beider Philosophiemodelle fest: an der Reflexion auf die Bedeutung von Sprache. Zugleich wurde damit der Stellenwert der Vernunft justiert: von Derrida in der *Form* und im *Anspruch* einer *„Depotenzierung der philosophischen Vernunft mittels der philosophischen Vernunft"*.[173] Derrida nutzte dafür den Darstellungsprozess selbst, was wiederum dem theoretischen Anlass entspricht: seiner Diskussion der Sprechakttheorie von John L. Austin.[174]

---

170 J. Habermas, Theorie des kommunikativen Handelns. 2 Bde., Frankfurt a. M. 1988; vgl. Bd. I, 385–410 (dort mit Bezug auf Austin unter dem Aspekt *perlokutionärer Sprechakte* diskutiert; vgl. ebd., 389).

171 Vgl. dazu das Theoriepanorama in Kapitel 2. Vor allem Judith Butler schließt an Derrida an.

172 Die Bedeutung körperlicher, nicht-sprachlicher Performances soll damit nicht unterschätzt werden. Sie stellen eine eigene Quelle performativer Theoriebildung dar. Vgl. dazu besonders die Ausführungen zu Judith Butler, zum *Ritual turn* sowie zu Erika Fischer-Lichte in Kapitel 2.

173 D. Busch, Begrenzung und Offenheit. Die Searle-Derrida-Debatte, Wien 2016, 193; vgl. ebd., 193–197.

174 J. Derrida, Signature Event Context, in: ders., Limited Inc. Evanstone/Illionois 1988, 1–23. Die Darstellung der Searle-Derrida-Debatte fokussiert sich deshalb im Folgenden auf die Argumentation Derridas.

3.1. Derridas Intervention

Zwei Aspekte erscheinen dabei (in einer Vielzahl von thematischen Anklängen und Analysen) erkenntnistheoretisch besonders relevant:

- Derridas Analyse der metaphysischen Implikationen von Austins Theorie sprachlicher Performativität, mit der sich die wahrheitstheoretischen Konstitutionsverhältnisse verschieben, u. a. weil sie nach Derrida über kontextlose wahr-falsch-Unterscheidungen und -Dichotomien hinausführen;
- damit zugleich die Bedeutung des Unsagbaren, des konstitutiv Uneindeutigen in jedem Zeichengebrauch, der nach Derrida nicht in seinem akuten Einsatz aufgeht, sondern in Endlosschleifen jener Zeichenproduktion eingelassen ist, die er mit dem Kunstwort der *differánce* markiert hat.[175]

In diesem Zusammenhang nimmt Derridas *differánce* Züge von Austins Performanztheorie an, insofern sie zwar einen semiologisch grundlegenden Charakter besitzt, der aber nicht jenseits seiner Realisation *vorkommt* und bestimmt werden kann. Die Konstruktion der *differánce* verweist damit auf eine Fragestellung, die eine metaphysische Dimension berührt[176], aber zugleich in der Weise unterwandert, dass sie ihr eine eigene Konstitutionsform unterlegt.[177] Sie arbeitet nämlich eine – dekonstruktive, zeichentheoretisch *begründete* – Praxis des Fragens nach der Erreichbarkeit von *Anfängen* und *Abschlüssen* (oder auch *letzten Gründen*, von Bedeutungssicherheit) im Sprechen und Denken aus.

Drei Voraussetzungen von Austins Sprechakttheorie stehen dabei nach Derrida zur Diskussion:

- In Frage steht nach Derrida der Status der **Sprecherintentionalität.** Kein Text lässt sich auf die Intentionen seiner Autor:in reduzieren, weil in der Iteration von Zeichen (im Abstand von Zeit und Raum) eigene Bedeutungsräume entstehen. Sie ermöglichen unvorhersehbare Zeichenanschlüsse. Das bedeutet u. a., dass der Sinn eines performativen Sprechaktes – wie z. B. eines Versprechens – unregulierbare Bedeutungsspuren freisetzen kann (z. B. in der – erneut nur performativ erreichbaren – Interpretation eines Treue-Versprechens).
- Für Derrida steht darüber hinaus die mit dem Intentionalitätsmoment vorausgesetzte Disposition eines aktualen **Selbstbewusstseins** handelnder

---

175 Vgl. J. Derrida, Die *différance*, in: ders., Randgänge der Philosophie, Wien 1988, 29–52.

176 Bezüge auf Metaphysik durchziehen Derridas Text, der die jeweiligen *metaphysischen* Vorentscheidungen der Sprechakttheorie aufzudecken und zu analysieren versucht: bewusstseinstheoretische und präsenzontologische Dispositionen ebenso wie die Funktion von Intentionalität als subjekttheoretische Hintergrundannahme. Zur Metaphysikkritik Derridas vgl. J. Valentin, Atheismus in der Spur Gottes. Theologie nach Jacques Derrida, Mainz 1997, 28–35.

177 Vgl. J. Derrida, Signature Event Context, 21.

Subjekte zur Diskussion. Man legt sich im Sprechakt fest, ohne anders als in der *Form* einer (möglicherweise rechtswirksamen) Verbindlichkeit z. B. eine Vergebung auszusprechen. Die Form des Selbstbewusstseins als Selbstgegebenheit ist nach Derrida indes nicht nur psychoanalytisch oder machthermeneutisch zu hinterfragen, sondern auch zeichenproduktiv angesichts der Unbeherrschbarkeit von Zeichenserien und ihren differenzbezogenen Entstehungsbedingungen. Verstehen von Zeichen ereignet sich selbst im Vollzug von Zeichendifferenzen.

- Das wiederum verlangt, die zeit-ontologische Hintergrundannahme einer für das Ich erreichbaren **Selbstpräsenz** (des Bewusstseins) zu diskutieren. Sie bricht sich an dem, was in jedem Sprechakt (exemplarisch einer Vergebung) unbestimmt bleibt: ob man *wirklich* (nämlich in der ganzen Reichweite einer Vergebung) verziehen habe und wie viel darin an einem Willen zur Versöhnung hängt bzw. wie diese Dimensionen zu unterscheiden sind – und von welchem Standpunkt aus, d. h. mit welcher bedeutungsregulierenden Zeichenreferenz.[178]

3.2. Epistemologische Probleme

Im Blick auf diese drei grundsätzlichen – metaphysisch gehaltvollen – Problemzonen gilt für Derrida eine wichtige Einschränkung: Er arbeitet nicht mit der Hintergrundvorstellung einer *idealen Reinheit* des Denkens und Sprechens. Er setzt demnach nicht eine am Leitfaden *vollkommenen* Verstehens, *definitiver* Kriterien und *absoluter* Selbstgegebenheit entwickelte Praxis der Dekonstruktion in Gang. Derridas Kritik betreibt vielmehr – auch selbstreferentiell wie bei *Glas*[179] – die semiologische Unterwanderung des Diskurses, damit aber auch die Durchbrechung einer auf Abschlüsse des Denkens geeichten Philosophie.[180] Dabei entkommt auch er selbst nicht den metaphysischen Fragen, die sich in diesem Zusammenhang stellen: vor allem was der (propositionale, argumentative, praktische) Geltungsanspruch des eigenen Diskurses angesichts drohender performativer Selbstauflösung noch austrägt, was also (Derridas) Zeichen angesichts ihres geschichtlichen, semiotischen Übergangs bedeuten.

Dieser problematische Transfer macht verständlich, warum Derrida die Signifikanz des Abwesenden profiliert: weil sich auch der eigene Diskurs diesem Vorgang nicht entwinden kann; weil er einen *ablaufenden Anfang* des Denkens

178 Vgl. dazu J.-F. Lyotard, Der Widerstreit.

179 J. Derrida, Glas, Paris 1974. *Glas* schafft ein eigenes literarisches Genre im Übergang – philosophisch, autobiographisch, literarisch. In der Form der Überschreibung unterstellt Derrida den eigenen Text einem radikalen Entzug, der sich mit dem Sujet abzeichnet.

180 Dass dies keineswegs notwendig das Repertoire bestimmt, belegen u. a. die Arbeiten von Thomas Schärtl so unmissverständlich wie eindrucksvoll. Vgl. exemplarisch Th. Schärtl, Wahrheit und Gewissheit. Zur Eigenart religiösen Glaubens. Kevelaer 2004.

setzt, der sich im Zeichen der *différance* auf einen unerreichbaren, aber zugleich unmöglich *nicht vorauszusetzenden Anfang* beziehen muss. Im kritischen Spiegel analytisch-philosophischer Rekonstruktion liest sich das – nicht ganz ironiefrei – dann so: „Begreifen bleibe aussichtslos, weil das Begriffene sich in seiner Abwesenheit nicht in die von begrifflichem Denken erzeugte Illusion der Synchronie zwingen lasse etc.“[181] Insofern Derrida einen Text der Auflösung schreibt, setzt er auf ein Verstehen, das den propositionalen Gehalt seiner Konzepte nachvollziehbar macht – was sich nicht zuletzt im Streit um Missverständnisse und Fehldeutungen zwischen Derrida und Searle zeigt. Genau hier wird die Frage scharf, ob sich ein *Kriterium* des (gelungenen) Verstehens jenseits einer pragmatischen *Approbation* eines Verstehens erreichen lässt, die

1. nicht wieder in Kontexte eingelassen und
2. nicht im Geben und Nehmen von Gründen (auch im Zuge eines inferentiellen Begriffsrealismus a la Brandom[182]) kommunikativ auszuhandeln wäre.

Die Relevanz dieser Überlegungen lässt sich anhand von zwei Einwänden verdeutlichen, die Thomas Schärtl als Argumente für die Auflösung des differenzphilosophischen *„Rätsel(s) der Allgegenwart von Diachronie“* ins Spiel gebracht hat:

1. „Die Referenz auf das (in seiner ontologischen Dichte gewiss in einem eigenen Reflexionsgang zu bestimmende) Ich durch den Ausdruck ‚ich‘ ist unmittelbar.“[183]
2. „Die Wirkung (explizit) performativer Sprechakte wie ‚Ich taufe dich auf den Namen N. N.‘ tritt sofort und unmittelbar ein. Ob der Gedanke oder die Intention dabei vorausgeht oder zu spät kommt, ist für das Gelingen des Sprechakts nicht relevant, solange der Richtungssinn der Intention mit den Gelingensbedingungen für den Sprechakt harmoniert.“[184]

Derridas dekonstruktiver Einsatz koppelt die Instantialität performativer Sprechakte, die gerade in ihrer 1. Pers.-Singular-Bindung durchschlägt, an die Bedingung der Möglichkeit zurück, die entsprechenden Zeichen zu generieren. Sie sind nach Derrida unumgänglich an den Modus einer *differenzbezogenen* Produktion gebunden. D. h. die nachträgliche Qualifizierung, was das Ich in seiner Selbstreferenz als „Ich“ bedeutet, wird erst durch den materialen Bezug des *hier*

---

181 Th. Schärtl, Analytisches Denken im Kontext, in: G. Gasser / L. Jaskolla / Th. Schärtl (Hrsg.), Handbuch für analystische Theologie, Münster 2017, 35–72; 63.

182 Zur Brandom-Kritik vgl. J. Habermas, Von Kant zu Hegel. Zu Robert Brandoms Sprachpragmatik, in: ders., Wahrheit und Rechtfertigung. Philosophische Aufsätze, Frankfurt a.M. 1999, 138-185; zur fundamentaltheologischen Brandom-Rezeption vgl. M. Dürnberger, Die Dynamik religiöser Überzeugungen. Postanalytische Epistemologie und Hermeneutik im Gespräch mit Robert B. Brandom, Paderborn 2017.

183 Th. Schärtl, Analytisches Denken im Kontext, 64.

184 Ebd.

und jetzt sprechenden, zugleich nur als vergangen gegenwärtigen Ichs gehaltvoll: als ein *Ereignis*, das die Singularität der 1. Person-Singular-Perspektive verbürgt.

Das grundlegende Argument aber betrifft den *Mechanismus* der Semiose. Das gilt auch für die Bestimmung der Wirkung (gelungener) performativer Sprechakte, wobei sich diese Wirkung exemplarisch bei der Taufe in ihrer theologisch-ontologischen Qualität nur zuschreiben und glauben lässt – was wiederum an der *Imagination des Richtungssinns einer Taufintention* hängt. Die theologiegeschichtlichen Diskussionen um die Anerkennung von Taufen zwischen Konfessionen (z. B. zwischen Baptisten und Katholiken) verdeutlichen dies. Wirkungen sind als Wirkungen nur *ex post* als *hic et nunc* wirksam qualifizierbar – was sich kirchenrechtlich prominent an den Gültigkeitsbedingungen sakramentaler Ehen zeigt.[185]

3.3. Searles Reaktion

Für Searle war Derridas „Signature Event Context" alles, nur keine seriöse Philosophie: „It would be a mistake to regard Derrida's discussion of Austin as a confrontation between two prominent philosophical traditions."[186] Trotzdem reagierte Searle auf Derridas Text, später publiziert unter dem Titel „Reiterating the Differences"; allerdings weigerte er sich, seine „Reply to Derrida" in einem gemeinsamen Band zu veröffentlichen. Als entscheidenden Haftpunkt performativer Äußerungen betrachtet Searle die Intentionalität von Sprechakten, die in ihnen zur Geltung kommen. Der Rahmen, in dem sie gesetzt werden, erlaubt es, sie zu identifizieren. So besteht Searle darauf,

> „dass auch fiktionale Schriften einen bestimmten, allerdings imaginierten, also fiktionalen kontextuellen Rahmen haben und eine Referenz vorweisen können, solange sie bestimmten Regeln folgen, die auch für faktuale Äußerungssituationen gelten. Searle definiert als diesen Regelbestand den Wahrheitsgehalt der Äußerung, die durch eine Proposition geäußert wird, vorgelegte Belege dieser Wahrheit durch den Sprechenden, das für Sprecher und Hörer nicht-offensichtliche Wahrsein der Äußerung in ihrem Kontext sowie die ‚Ernsthaftigkeitsregel' (sincerity rule), bei der sich der Sprecher auf die Überzeugung festlegt, dass die von ihm getätigte Aussage wahr sei."[187]

Dabei kommt der Iterierbarkeit von Sätzen eine entscheidende Bedeutung zu. Man muss sie aneignen und einsetzen können, um zu erreichen, worauf der

---

185 Vgl. CIC can. 1098 hinsichtlich der Feststellung von Intentionen („arglistige Täuschung").

186 J. Searle, Reiterating the difference, 198.

187 Fl. Grundei, Unüberbrückbare Differenzen? Zur linguistisch-philosophischen Debatte einer Theorie der Fiktion zwischen John Searle und Jacques Derrida. Teil I, auf: https://texturen-online.jimdofree.com/campus/campustexte/searle-derrida-debatte-i/

Sprechakt zielt. Damit stellt sich nicht nur die Frage nach einer unausweichlichen Kontextualisierung aller Sprechakte, sondern nach der Möglichkeit, den intentionalen Gehalt sowohl aus Sprechersicht wie in der Rezeption von Zeichen bedeutungskonstant abzusichern. Für Derrida unterliegt dieser Prozess wiederum einer Serie von Zeichensetzungen, die räumlich wie zeitlich nur als *différance* zu modellieren seien: in einem Bedeutungsaufschub einer Kette von je neuen Zeichensetzungen. Die Festlegung *einer* Sprecherintention erweist sich dann als Fiktion.

In einem Aufsatz aus dem Jahr 1994 ordnet Searle Derrida im Kontext der Literaturwissenschaft ein und macht ihn mitverantwortlich für einen Diskurs, der sich mit Problemen beschäftige, die keine seien.[188] Searles Stil der Auseinandersetzung macht deutlich, was er von Derridas Philosophie hält: Sie basiere in ihren schwächsten Partien auf puren Missverständnissen (der Sprechakttheorie Austins) und produziere in ihren stärksten Aspekten die triviale Einsicht in die Kontextualität des Sprechens. Das Fazit ist so unmissverständlich wie grundsätzlich: Derridas Dekonstruktion bestehe in „an array of weak or even nonexistent arguments for a conclusion that seems perposterous."[189]

Damit sind Weichen nicht nur für die weitere Rezeptionsgeschichte des Poststrukturalismus durch die analytische Philosophie gestellt, sondern auch entscheidende Problemfragen berührt. Sie kreisen u. a. um den *Stil* des Philosophierens, insofern damit eine philosophische Praxis gemeint ist, mit der die Leistungsfähigkeit *der* Vernunft zur Diskussion steht. Wenn Derrida *rational* nicht beizukommen ist, weil er etwas Anderes als Philosophie betreibt, stellt sich die Frage, auf welcher Grundlage ein Gespräch über diesen Ort der Vernunft und die Reichweite von (philosophischen) Argumenten überhaupt zustande kommen kann.

3.4. Wie nicht sprechen? Derridas ratio

Im Juni 1986 hielt Derrida in Jerusalem einen Vortrag im Rahmen eines Kolloquiums zu „Abwesenheit und Negativität". An diesem Ort geht Derrida der Spur von Gottesbestimmungen nach, die sich hier kreuzen. Er *muss* sich auf die Traditionen negativer Theologie einstellen, die sich angesichts des Themas aufdrängen. Aber dieses *Muss* versteht Derrida noch unter einer anderen, grundsätzlicheren Rücksicht. Es geht um die Möglichkeit und Unmöglichkeit des Sprechens überhaupt, letztlich um eine praktische Notwendigkeit des Menschen, die in das konstitutive Problem unserer Existenz schlechthin verwickelt ist: in die Frage

188 Vgl. D. Busch, Begrenzung und Offenheit, 16.

189 J. Searle, Construction of Social Reality, 160. Das führt – explizit im Kontext der Auseinandersetzungen um Paul de Man – Derrida dann zur Frage; „Why so much fear, hate, and denial of deconstruction? Why so much resentment?" (in: Limited inc, 153).

nach einem Anfang des Anfangs. Was einer mehr oder weniger zufälligen Einladung nach Jerusalem entspringt, legt für Derrida die Grundfrage nach dem Ursprung der Sprache frei. Sie lässt sich evolutionsbiologisch rekonstruieren, aber das löst nicht das Problem „des Sinns und der Referenz".[190] Wie kann ein Zeichen etwas bedeuten?

Derrida setzt dafür bei der „figürlichen Verräumlichung"[191] im Sprechen an, was auf die vorgängige Struktur der Sprache als Schrift hinweist, weil sie den Raum der sprachlichen Performanzen als bloßer Gegenwärtigkeit überschreitet. Sie legt die Ordnung der Sprache als Differenzgeschehen frei und bezieht ihre Logizität zurück auf eine Perspektive, die bereits theologisches Terrain öffnet:

> „Die Sprache hat begonnen ohne uns, in uns vor uns. Das ist dies, was die Theologie Gott nennt und es ist geboten/man muß, es wird geboten sein zu sprechen/man wird gesprochen haben müssen. Dieses ‚es ist geboten/man muß' ist *zugleich* die Spur einer unabsprechbaren *(indéniable)* Notwendigkeit".[192]

Die Notwendigkeit einer phänomenologischen Reduktion, der Derrida nicht entkommt, zwingt ihn in die *Vorstellung* eines Anfangs, den er topologisch als Spur eines initialen bzw. begründenden Ereignisses ausweist. Theologisch entspräche dem die Vorstellung einer Schöpfung Gottes als Anfang von allem, wobei die Denkform einer Ereignissingularität von Derrida an die Frage rückgebunden wird, wie diese *vorstellend* erreicht und bestimmt werden kann. Nach Derrida ist der Vorgang dieser Reduktion an eine Struktur der Überschreitung gekoppelt. Im Rückgriff auf Platons *Timaios* bestimmt Derrida den Raum dieser Überschreitung als *khora*: als Zwischenraum, der konzeptuell-metaphorisch die Notwendigkeit artikuliert, sich die räumliche Disposition einer ersten Schöpfung als „das ‚da' selbst außer der Zeit"[193] zu bezeichnen. Dieser Ort ist notwendig zu denken, weil kein Anfang raumlos vorzustellen ist und selbst seine Abstraktion eine räumliche Disposition von Vorgängigkeit oder Ursprung auslöst. Gleichzeitig stellt dieser Ort einen Topos dar, der aus der Konfiguration von Unerreichbarem und Unendlichem besteht.

Die negative Aufladung der Terme ist für Derrida von entscheidender Bedeutung. Sie sind nicht klassisch *negativ-theologisch* zu fassen, weil damit das Gegebene nur im Schattenriss einer Verneinung auftauchte. Derrida setzt radikaler bei der Spur des „stets vorausgesetzte(n) Ereignis(ses)"[194] (theologisch: der und als Schöpfung) an:

> „wenn die Struktur der Spur *im allgemeinen* selbst die Möglichkeit einer Erfahrung der Endlichkeit ist, so scheint hierin die Unterscheidung zwischen einer endlichen Ursache und einer unendlichen Ursache – wagen wir es zu sagen – sekundär zu sein.

190 J. Derrida, Wie nicht sprechen. Verneinungen, Wien 1989, 52.
191 Ebd.
192 Ebd., 55f.
193 Ebd., 65.
194 Ebd., 54.

> Sie ist selbst eine Spur- oder *différance*-Wirkung, was nicht heißt, die Spur oder die *différance* (für die ich an anderer Stelle versucht habe zu verdeutlichen, daß sie als unendliche endlich sei) hätten eine Ursache oder einen Ursprung."[195]

Die Frage nach dem Anfang führt Derrida zu einer Dekonstruktion metaphysischer Ursprungsphilosophie, die einen ersten Ursprung zu *identifizieren* sucht – wie dies in der metaphysischen Tradition (und der formativen Phase der Fundamentaltheologie im 19. Jh.) etwa die Gottesbeweise unternahmen. Stattdessen trägt Derrida die Bewegung einer unendlichen Erschließungsspur in jede Bestimmung eines unausweichlich auftretenden Suchens nach einem Anfang in ihn ein – eben die *différance* ihrer Bezeichnung. Auf diese Weise führt er – im Anschluss an den Areopagiten – auch den Term „Gott" als ein Zeichen der bestimmenden Überschreitung von Un/endlichem ein: als „Atopik". Danach

> „ist Gott nicht einfach sein Ort, nicht einmal in seinen heiligsten Stätten. Er ist nicht und er findet nicht Statt (*n'a pas lieu*), oder eher, er ist und findet Statt, aber ohne Sein/ohne zu sein und ohne Ort, ohne sein Ort zu sein".[196]

Kann aber eine solche Bestimmungsform noch Teil eines rationalen Diskurses sein? Handelt es sich nicht bloß um paradoxe Verschraubungen von Termen? Vor diesem Hintergrund lässt sich Derridas Dekonstruktion einer Metaphysik des Unendlichen als Aspekt einer Ratio lesen, die Derrida praktiziert: die sich selbst überschreitende Ratio einer Erfahrung und semiologischen Rekonstruktion dessen, was in einem *nicht-identifizierenden*, aber nur als Begriff erreichbaren Sinn *Transzendenz* bedeutet. Liest man Derrida konsequent, vollzieht er in seinen *Verneinungen* einen Prozess der unendlichen Befragung einer Notwendigkeit, die in keiner logischen Konsequenz aufgeht (und deshalb auch nicht einen unbezweifelbaren logischen Ausgangspunkt oder Abschluss des Textes zulässt): nach Anfängen zu suchen, sie zu setzen und zu reflektieren, was die Voranfänglichkeit jedes Anfangs nicht zuletzt in seiner sprachlichen Erreichbarkeit bedeutet.

Derrida nimmt im diskursiven Prozess der Dekonstruktion die performative Dimension des Sprechens ernst, indem er zeigt, was sich in der je akuten Gegenwärtigkeit der Vorstellung und des Nachdenkens von Anfängen vollzieht: die semiologische *différance* von Bezeichnungen, von Propositionen, von Begriffsfestlegungen. Insofern ist Derrida auch kein metaphysischer Skeptiker, sondern er transformiert ihre Fragestellungen in ihre radikale Fraglichkeit (nämlich wie ihre Fragen überhaupt zu stellen sein können nicht angesichts, sondern im Zuge ihrer differentiellen Disposition als *différance*).

195 Ebd., 55.
196 Ebd., 48; zur Atopik vgl. ebd., 49.

3.5. Epistemologische Skepsis: Ein Gesprächsansatz zwischen Derrida und analytischer Philosophie?

Es kann an dieser Stelle nun nicht um eine eingehende Diskussion von Derridas Ansatz gehen: sie wäre nicht zuletzt entlang der (Nicht-)Debatte mit Searle zu führen, die methodisch als Anlass gewählt wurde, um das Problem performativen Sprechens in einem fundamentaltheologischen Theoriehorizont einzuführen. Dabei müsste u. a. die zeitphilosophische Modellierung Derridas analysiert werden, insofern seine Kritik des Präsenzdenkens wiederum ein Denken der Gegenwärtigkeit eines allgemeinen Anspruchs performiert. Das wird deutlich in der Aporie der Metaphysik, die Derrida als einen permanenten Ablauf und förmlich als Gesetz *unmöglicher Notwendigkeit* (also immer *jetzt*) konfiguriert, wenn er im Anschluss an die Frage, *warum überhaupt etwas sei und nicht vielmehr nichts*, festhält:

> „Von daher ergibt sich ein weiteres Mal die Notwendigkeit und die Unmöglichkeit, das Ereignis zu denken, das Kommen eines ersten Mals, das zugleich ein letztes Mal wäre. Aber genau die Bestimmungsirrung der Sendungen ist dasjenige, was zugleich das erste Mal vom letzten Mal trennt und es als dieses wiederholt.“[197]

Wie kann aus einem ständigen Ablauf ein konsistenter Gedanke entstehen – ohne (zeitliche) Haftung? Wie lässt sich die Spur als Vorgängiges in eine vorgegebene Verantwortungsform überführen, die die Dekonstruktion als Gerechtigkeit angesichts des unrettbar Verlorenen zu fassen (und zeitlich zu *wahren*) erlaubt? Diese Fragen berühren einen Zusammenhang, der für Derrida einen eigenen Denkraum erschließt: das messianische Denken.[198] Mit der messianischen Figur einer nicht mehr identifizierbaren Hoffnung, einer „Erwartung ohne Erwartungshorizont“[199], wird zwar eine Denkform des singulären Ereignisses als Rettung des Verlorenen etabliert. Aber haftet sie nicht an einem Restidealismus bloß gedachter Konstruktion? Kann das Ereignis selbst überhaupt – in Derridas Denken – Statt haben? Oder läuft der Gedanke nicht am Ende leer?[200]

Diese Frage leitet zu einem anderen Ansatzpunkt des Kontakts zwischen Derrida und analytischer Philosophie über, der sich an der epistemologischen Problematisierung des *transzendental-theoretischen* (und eben möglicherweise auch rest-idealistischen) Drehmoments seiner Philosophie festmacht. Dafür liefert Derridas Zeichentheorie Anhaltspunkte, weil sie nicht nur die Bedingung

---

197 J. Derrida, Apokalypse. Von einem neuerdings erhobenen apokalyptischen Ton in der Philosophie. No Apocalypse, not now, Wien 1985, 127.

198 Vgl. J. Derrida, Marx’ Gespenster. Der Staat der Schuld, die Trauerarbeit und die neue Internationale, Frankfurt a. M. 2004. – Vgl. dazu in Kapitel 1 auch die performanztheoretischen Hinweise auf Giorgio Agamben.

199 J. Derrida, Marx’ Gespenster, 229.

200 Vgl. G. M. Hoff, Religionsgespenster. Versuch über den religiösen Schock, Paderborn u. a. 2017, 212–217.

der Möglichkeit der Zeichenproduktion (als *différance*) untersucht, sondern auch ihre performative Bedeutung im Bedeutungsablauf der Zeichen im Blick hat. Damit entsteht nämlich ein handlungsbasiertes Wissen – im Gebrauch der Zeichen. Sie setzen eine eigene Ratio frei, die für eine performanztheoretische Epistemologie anschlussfähig ist.

Im Blick auf den Kontakt zwischen analytischen und dekonstruktiven Traditionen lässt sich an dieser Stelle der erkenntnistheoretische Ansatz von Andrea Kern einspielen.[201] Kern wählt als kritische Folie die Position radikaler Skepsis aus, die sie mit einem Ansatz *vernünftiger Erkenntnisfähigkeiten* unterläuft. Das Skepsis-Problem interessiert hier insofern, als es wahrheitstheoretisch in der Debatte sowohl um analytische Philosophie und Dekonstruktion als auch – in der fundamentaltheologischen Theoriebildung – zwischen *Analytic Theology* und freiheitstheologischen oder auch jenen Theologiemodellen zur Diskussion steht, die dezidiert *metaphysikkritisch* auftreten. Im Hintergrund steht das Auflösungsproblem eines unbezweifelbaren Wissens, das Wahrheit und Gewissheit miteinander verbindet. Die entscheidende Frage ist dabei, ob und inwiefern sich *Wissen* mit seiner *grundsätzlichen Fallibilität* vereinbaren lässt. Denn wenn man sich täuschen kann, muss sich dies auf jeden Anspruch auf Wissen erstrecken. Man findet dann keine Möglichkeit, einen begrenzten Raum des Wissens aus seiner prinzipiellen Irrtumsanfälligkeit herauszunehmen.[202]

Die **internalistische** Lösungsvariante setzt vor diesem Hintergrund darauf, dass man den Anspruch, etwas zu wissen, nur eigens ausweisen muss, wenn ein epistemischer Anlass für Zweifel vorliegt (*default-and-challenge*).[203] Man verfügt über subjektive Gründe der Theorieverlässlichkeit, die sich in Bewährungsszenarien ausfiltern lassen. Die Beweislast wird verschoben, aber das Grundsatzproblem des Zweifels nicht beseitigt. Es bleibt – im Anschluss an Stanley Cavell[204] – ein zweifacher Frageüberhang:

- „weil die Frage, *ob* wir einen Grund für die Annahme haben, daß ein bestimmter Umstand besteht, gerade die Frage ist, deren Antwort auf dem Spiel steht“;

201 A. Kern, Quellen des Wissens. Zum Begriff vernünftiger Erkenntnisfähigkeiten, Frankfurt a. M. 2006.

202 An diesem Punkt wären die verschiedenen Modellierungen eines erstphilosophischen, letztbegründungsorientierten Ansatzpunktes unhintergehbaren und insofern unbezweifelbaren Wissens zu diskutieren. Ich lasse dies an dieser Stelle aus, weil dies den gegebenen Rahmen sprengen würde. Vgl. zu den unterschiedlichen Ansätzen G. Kruck / J. Valentin (Hrsg.), Rationalitätstypen in der Theologie (QD 285), Freiburg u.a. 2017.

203 Vgl. A. Kern, Quellen des Wissens, 114.

204 Kern bezieht sich auf: St. Cavell, The Claim of Reason. Wittgenstein, Skepticism, Morality, and Tragedy, Oxford 1979, 56.

- weil sich die Anschlussfrage stellt, „wie wir denn wissen, was überhaupt als ein solcher Grund zählen würde.“[205]

Die **externalistische** Option sieht eine Form objektiver epistemischer Berechtigung vor, die sich bereits aus der Möglichkeit ergibt, Wirklichkeit als Wirklichkeit wahrzunehmen, also strukturiert und semantisch qualifizierbar. „Wenn jemand etwas weiß, dann ist es so, daß es eine Reihe von Behauptungen gibt, die logische Konsequenzen der Wahrheit der gewußten Behauptung sind.“[206] Dabei werden epistemische Voraussetzungen geltend gemacht, z. B. bei sinnlich erschlossenem Wissen, wenn man von der „Regel der Verläßlichkeit (‚*rule of reliability*‘)“[207] ausgeht, die man faktisch in Erkenntnisprozessen beansprucht. Dabei muss nicht jede Möglichkeit berücksichtigt werden, bei der man sich täuschen könnte, z. B. dass man träumt, dass man manipuliert wird, dass gerade jetzt die eigenen Sinne versagen etc. Diese Optionen lassen sich nicht prinzipiell ausschließen. Angesichts des radikalen skeptischen Zweifels bleibt die Frage, nach welchen Kriterien man entscheidet, um bestimmte Erkenntnisbedingungen zu diskriminieren.

Nach Kern teilen beide Lösungsvarianten eine Voraussetzung, die der skeptische Radikalzweifel vorgibt: dass sich Wissen – selbstreferentiell – nicht mit seiner Fallibilität vertrage. Man kann sie nur einhegen: durch Bewährungswissen mit seinen subjektiven Lizenzen oder durch ein Orientierungswissen, das nicht alle Zweifelsmöglichkeiten ins Kalkül ziehen muss, weil sie nicht relevant erscheinen. An diesem Punkt schlägt Kern vor, die erkenntnistheoretischen Bedingungen anders zu modellieren, und zwar (aristotelisch) über einen Ansatz *vernünftiger Erkenntnisfähigkeiten*, die Wissen generieren und die Überzeugung, etwas zu wissen, darüber legitimieren, dass sich dies

1. in epistemischer Erschließungspraxis,
2. im Modus von *Glauben* (als Überzeugung) vollzieht,
3. für die ein spezifisches, Wirklichkeit erschließendes Wissen die Basis bildet,
4. insofern dieses Wissen in diese Wirklichkeit eingelassen ist.[208]

Die Frage nach wahrem Wissen und nach seinen Kriterien kann nicht jenseits einer epistemischen Praxis aufkommen und bearbeitet werden, sondern muss, um selbst als sinnvolle Frage angemeldet werden zu können, bereits von vernünftigen Erkenntnisfähigkeiten insofern Gebrauch machen, als diese intersubjektiv und mit referentiell nachvollziehbarem Wirklichkeitskontakt (semantisch) gehaltvoll erscheinen. Die skeptische Radikalfrage lässt sich also nicht ex post stellen. Es macht dann auch keinen Sinn, ihren dekonstruktiven Anspruch auf *unbezweifelbares Wissen* nachträglich auf Erkenntnisbedingungen abzubilden,

205 Beide Zitate: Kern, 115.
206 Ebd., 117.
207 Ebd., 121.
208 Vgl. die einleitende Thesenskizze von Kern, 16–18.

die bereits in mehrfacher Hinsicht epistemisches Praxiswissen instantiiert haben.

Vernünftige Erkenntnisfähigkeiten zeigen und erweisen sich als Handlungsvoraussetzungen des Menschen in seinem Weltbezug:

- qua Kommunikation;
- in systemischen Prozessen;
- im Zuge von Regelwissen[209], das strukturierend Welt erschließt, indem es als Emergenzphänomen in die Wirklichkeit eingefasst ist, also nicht weltunabhängig modelliert wird;
- in der spezifischen Form der menschlichen Selbsterfahrung, denn „sie zeigt ja, daß ein Lebewesen, das in der Lage ist, Überlegungen über sich anzustellen, als solches mit der Fähigkeit ausgestattet ist, genau dasjenige Faktum zu erkennen, das konstitutiv dafür ist, daß es ein solches Lebewesen ist: das Faktum seiner vernünftigen Erkenntnisfähigkeit.“[210]

Vernünftige Erkenntnisfähigkeiten erweisen sich im Gebrauch:

- Ziel bestimmend,
- Zweck setzend,
- Strategien operationalisierend,
- Sinn orientierend,
- ethisch koordinierend,
- Gründe gebend,
- Wissen generierend.

Ihre Handlungsbasen sind:

- generalisierbar,
- intersubjektiv transferierbar,
- interaktiv anschlussfähig,
- retorsiv qualifizierbar z. B. bezogen auf Erkenntnisinteressen.

Sie erschließen damit ein pragmatisch kritizistisches Wissen als:

- korrigierbares Handeln,
- entdeckungsoffenes, geschichtlich veränderungsfähiges Wissen,
- das als Wissen um Wissen explizierbar ist und
- insofern ein Limitationswissen endlicher Vernunft darstellt.

Damit ergibt sich ein pragmatisch-rekonstruktiver Ansatz für eine Erkenntnistheorie, die jenseits von Letztbegründungsszenarien *wirkliches Wissen* im Horizont seiner Falsifizierbarkeit erschließt. Damit wird im gegebenen religionsphi-

---

209 Vgl. S. Hahne, Rationalität. Eine Kartierung, Münster 2013.

210 A. Kern, Quellen des Wissens, 368.

losophisch-fundamentaltheologischen Horizont nicht nur ein mögliches Erschließungsszenario für die konstitutive Bedeutung von Glaubensdispositionen im Wirklichkeitskontakt freigesetzt, sondern auch ein eigener Anschluss für das Gespräch zwischen analytischer Philosophie und dekonstruktiven bzw. differenztheoretischen Ansätzen ermöglicht.

Kern argumentiert auf dieser Linie dafür,

> „daß Derridas Verständnis von Philosophie und Dekonstruktion als die Umsetzung genau dieses Gedankens verstanden werden kann: nämlich des Gedankens, daß der Gewinn einer philosophischen Einsicht in die Verfaßtheit derjenigen Phänomene, die wir durch normative Begriffe beschreiben, wie etwa der Begriff des Wissens, nur im Durcharbeiten durch jene Position zu gewinnen ist, in der diese Begriffe aporetisch erscheinen. Die Dekonstruktion ist m. E. also falsch verstanden, wenn man glaubt, sie wolle behaupten, diese Aporien seien unauflösbar. Sie ist vielmehr die in die philosophische Praxis umgesetzte Einsicht, daß ein philosophisches Verständnis dieser Begriffe nur im ‚Durchgang' durch ihre Aporie zu gewinnen ist."[211]

Derridas *ratio* besteht in der semiologisch-differentiellen Unterwanderung nicht jeder Gewissheit, sondern eines Standpunktes, der erkenntnistheoretisch Unbezweifelbares, Eindeutiges beansprucht. Insofern passt die Dekonstruktion zu Kerns Versuch, die fundamentalisierte Fassung epistemologischer Skepsis durch eine Rekonstruktion *vernünftiger Erkenntnisfähigkeiten* aufzulösen. Die *différance* ist dabei nach Derrida ein Vorgang, der die *ratio* semiologisch trägt und förmlich ausmacht. Sie stellt also kein Anderes der Vernunft dar und steht der Wirklichkeit als ein Erkenntnis ermöglichendes Prinzip nicht gegenüber. Vielmehr erlaubt (und nötigt) sie, die gegebene Wirklichkeit im Sinne ihres *Gesetzes* zu bestimmen. Abgebildet auf das Problem fallibler Erkenntnis, realisiert sich diese *ratio* allerdings in einem offenen Prozess immer neuer Bestimmungen dieser *ratio*. Sie trägt Unbestimmbares konstitutiv in sich aus.

3.6. Fundamentaltheologische Anschlussskizze

Das Problem des Anfangs steht in Derridas Diskurs genau dafür. Es wird mit dem Konzept der *khora* auf einen Begriff gebracht, der in mehrfacher Hinsicht einen Leitfaden für eine differenzbezogene, topologisch argumentierende, geschichtlich bestimmbare und mit evolutionstheoretischen Modellen plausibilisierbare Fundamentaltheologie anbietet.

Dabei gilt vor dem Hintergrund von Derridas Auseinandersetzung mit der Sprechakttheorie von Austin (und Searle) sowie angesichts des epistemischen Problems radikaler Skepsis eine doppelte Theorieanforderung:

---

211 A. Kern, Quellen des Wissens, 363, Anm. 38.

- Das (metaphysische) Wahrheits- und Erkenntnisproblem lässt sich nicht bearbeiten, ohne es in epistemische Praxis eingelassen aufzufassen.[212]
- Es lässt sich nicht jenseits von Zeichenpraxis erreichen – sei es im Inferentialismus über die Erschließung begrifflich strukturierter Wirklichkeit mit ihren Lizenzen auf eine zulässige, rechtfertigungsfähige Beanspruchung von Wissen (Brandom), sei es im Zuge einer Theorie kommunikativen Handelns (Habermas) oder auch systemtheoretisch im Horizont einer operationalen Theorie gesellschaftlicher Gegenwarten (Nassehi).
- In die Zeichenpraxis ist dabei die Möglichkeit von (im Sinne Derridas: zeitlich ablaufender und zugleich als Schrift verstetigend anschlussfähiger) Verständigung einzubauen. Zugleich gilt es, die differentiellen Leerstellen im Verstehen des Verstehens und traditionaler Anknüpfungen zu berücksichtigen.

Dafür bietet sich eine Reflexion auf Hypothesen zur Entstehung des Gottesmotivs an, die an dieser Stelle noch einmal aufgegriffen werden:

- Es ist kommunikativ an die Möglichkeit gekoppelt, dass Menschen kooperieren, also sich auf andere Akteur:innen einstellen, deren Positionen und Verhalten sie sich über gegebene Wirklichkeit hinaus vorstellen können.
- Dies geht einher mit der Fähigkeit, Nicht-Gegebenes in Zeichen darzustellen und in zunehmender Abstraktion als einen symbolischen Raum der Kommunikation einzurichten, der Virtualisierung als konstitutiv für Weltverhalten als eine in die Welt eingelassene „zweite" Welt formiert und codiert.
- Die Adaption von bedeutungsvollen Verhaltenssequenzen führt zur Ausbildung von Annahmen über Annahmen, die ein imaginativ justiertes Praxiswissen freisetzen, das vernünftige Erkenntnisfähigkeiten *performativ* freisetzt und beansprucht.
- Dabei werden überzeugungsbasierte, fallible Einsichten instantiiert, ohne die intersubjektives Weltverhalten nicht auskommt, die in ihrer Reflexion und ihrer Absicherung das Reflexionsproblem unerreichbarer (Handlungs-)Anfänge aufspielen.
- Das Problem des unendlichen Anfangs bedarf als *Problem* einer Codierung, die sich auf dem epistemologischen Niveau einer unabweisbaren, also notwendigen, zugleich unabschließbaren, unverfügbaren Bestimmung bewegt. Es bedarf also des Ausweises eines formalen Sinnmotivs, das in diese Welt eingelassen ist, weil es diese Welt überhaupt wahrzunehmen erlaubt, ohne in der aporetisch erscheinenden Unendlichkeitsform eines unerreichbaren Sinngrundes (als Anfang von allem) wiederum *sinnlos* zu erscheinen.

---

212 Diese Perspektive lässt sich mit Überlegungen von M. Breul verbinden: Eine Kritik des metaphysischen Realismus, in: S. Wendel / ders., Vernünftig glauben – begründet hoffen. Praktische Metaphysik als Denkform rationaler Theologie, Freiburg u. a. 2020, 157–269.

- Anders als in einem Zeichen für anfanglosen Anfang, der den inneren Konnex von „Geist und Kosmos“ (Th. Nagel) an den Grenzen des Verstehens konfiguriert, lässt sich weder das Problem selbst noch sein Abweis erreichen – d. h. codieren und auffassen.
- Theologisch kommt dafür das Zeichen „Gott“ auf, das sich begrifflich als „unbegrenzte schöpferische Lebensmacht“ modellieren lässt. Seine Wirklichkeit lässt sich nicht jenseits von Zeichen erreichen. Sie erweist sich in den Performanzen „Gottes“: nämlich dort, wo sich seine semiotische Existenz symbolisch erhandeln lässt und in dieser Wirklichkeit als Leben erschließend, sinnvoll qualifizierbar etc. erweist.
- Die skeptizistische Rückfrage, ob es *erstens* dafür ein unbezweifelbares Wissen (Wahrheitsproblem) und *zweitens* eine Referenz jenseits der Zeichenpraxis (Realismusproblem) angeben lässt, muss zurückverwiesen werden auf eine erkenntnistheoretisch handlungstheoretische Modellierung, wie sie
    - Kern **epistemologisch** im Zuge ihrer Theorie vernünftiger Erkenntnisfähigkeiten entworfen hat und
    - wie sie **semiologisch** über eine performative Theorie der *différance* nach Derrida unabschließbare, aber gehaltvolle Serien der Produktion und des dekonstruktiven Einsatzes von Zeichen (und eben auch des Zeichens „Gott“) im und als Verstehen *aktualisiert.*

Die Ratio des Gottesmotivs lässt sich damit topologisch-differenzbezogen und in einer epistemischen Form erreichen, die in performativer Praxis des Gotteszeichens seine Wirklichkeit erschließt. Dass dies dem sakramentalen Verständnis von Kirche entspricht, sei nicht abschließend, sondern überleitend angemerkt, um die Katholizität dieses Modells fundamentaltheologisch anzudeuten.[213]

213 Was in erkenntnistheoretischer Hinsicht die performative Teilnehmer:innenperspektive profiliert, mit der sich Ekklesiologie und fundamentaltheologische Theoriebildung verzahnen. Vgl. Kapitel 5 dieses Bandes.

Kapitel 4: Vermessungen: Performanztheoretische Modellstudien

Nach den einleitenden Überlegungen zur fundamentaltheologischen Relevanz des *Performative Turn* (Kapitel 1) sowie der Darstellung performanztheoretischer Profile (Kapitel 2) unternahm das 3. Kapitel eine Kartierung des Theorieraums im Blick auf Anforderungen für die fundamentaltheologische Theoriebildung. Das 4. Kapitel präzisiert dies mit Modellstudien.

1. Die Genealogie der Konstellation von Glauben und Wissen, die Jürgen Habermas vorgelegt hat, ermöglicht einen Einblick in die Entstehung performativer Wissensformen. Dabei werden sie nicht nur diskursanalytisch bestimmt, sondern zugleich theoriebezogen entwickelt. Performativität lässt sich damit methodologisch fassen, zugleich aber auch als die Form spezifisch religiöser Wissensgenerierung ausweisen: mit dem Fokus auf die Bedeutung der religiösen Teilnehmer:innenperspektive.
2. Habermas ordnet sie dem rituellen Grundvollzug religiöser Vergemeinschaftung zu. Damit lässt sich der Blick auf die sich anschließende Modellstudie lenken, die mit dem Interesse an offenbarungstheologischer Theoriebildung das Spezifische religiösen Wissens gegenüber philosophischem markiert. Jan Assmanns kulturtheoretischer Offenbarungsdiskurs bestimmt diesen Zusammenhang, indem er ein eigenes Format impliziter, näherhin *performativer Theologie* entwickelt.
3. Dieser Diskurs lässt sich wiederum auf den Ort abbilden, an dem sich religiöse Performanzen abspielen. Mit dem Modell einer „Gesellschaft der Singularitäten“ wird der *performative Raum* in der Disposition religiöser Erfahrungswelten, damit aber auch ihrer Diskursivierung vermessen. Dass damit ein erweitertes Konzept von *Offenbarung* in den Blick kommt, lässt sich unter performanztheoretischen Voraussetzungen wiederum für die fundamentaltheologische Epistemologie produktiv machen.

Damit hat dieses Kapitel den Charakter eines Probestücks. In der Auseinandersetzung mit philosophischen, kulturwissenschaftlichen sowie soziologischen Ansätzen wird der fundamentaltheologische Herausforderungswert von Theorien der Performativität sowie deren theoretische Anschlussfähigkeit diskutiert. Damit werden die abschließenden Kapitel vorbereitet: die im strengen Sinn fundamentaltheologischen Partien mit der ekklesiologischen Epistemologie (Kapitel 5) sowie die Modellstudien *performativer Theologie* (Kapitel 6).

1. *„Die epistemische Autorität der Teilnehmerperspektive“ (J. Habermas). Die okzidentale Konstellation von Glauben und Wissen im Fokus einer performativen Theologie*

1.1. Der Ausgangspunkt: „Auch eine Geschichte der Philosophie“ im werkgeschichtlichen Kontext

„Der Metaphysik entkommt man nicht, indem man vermeidet, von ihr zu sprechen.“[214] Was Jürgen Busche in einer frühen Rezension der „Theorie des kommunikativen Handelns“ in der FAZ festhielt, verweist nicht nur auf die Begründungsressourcen, die religiöses Bewusstsein für die Sinnorientierung moderner Gesellschaften zur Verfügung stellen kann. Busches kritisches Apercu macht nicht zuletzt auf eine theorieimmanente Leerstelle des Projekts *kommunikativen Handelns* aufmerksam.[215] Was Habermas später als „Bewußtsein von dem, was fehlt“ ausweisen wird[216], tritt 1981 noch mit dem methodischen Vorzeichen auf, unter dem Habermas – im Anschluss an Max Weber – die „Entzauberung religiös-metaphysischer Weltbilder“ als Motor der „Entstehung moderner Bewußtseinsstrukturen“ entwickelt.[217] Für den Eigensinn religiöser Traditionsbildung und ihren Beitrag zur Herausbildung moderner Wissenskulturen gibt es hier kaum marginalen Raum.[218]

---

214 Zitiert nach: https://www.deutschlandfunkkultur.de/philosophie-ein-intellektuelles-schwergewicht.1270.de.html?dram:article_id=292724

215 Aus der Sicht einer theologischen Wissenschaftstheorie hat sie Helmut Peukert ausgearbeitet: ders., Wissenschaftstheorie – Handlungstheorie – Fundamentale Theologie. Analysen zu Ansatz und Status theologischer Theoriebildung, Frankfurt a. M. 1978, 252–310.

216 J. Habermas, Ein Bewußtsein von dem, was fehlt, in: M. Reder / J. Schmidt (Hrsg.), Ein Bewußtsein von dem, was fehlt. Eine Diskussion mit Jürgen Habermas, Frankfurt a. M. 2008, 26–36. – Vgl. grundlegend zur fundamentaltheologischen Habermas-Rezeption: M. Breul, Diskurstheoretische Glaubensverantwortung. Konturen einer religiösen Epistemologie in Auseinandersetzung mit Jürgen Habermas (ratio fidei 68), Regensburg 2019; besonders 53–138.

217 Vgl. J. Habermas, Theorie des kommunikativen Handelns. Bd. I, 262–298.

218 Das muss insofern verwundern, als Habermas 1978 bereits in seiner Rede zum 80. Geburtstag von Gershom Scholem festhielt: „Unter den modernen Gesellschaften wird nur diejenige, die wesentliche Gehalte ihrer religiösen, über das bloß Humane hinausweisenden Überlieferung in die Bezirke der Profanität einbringen kann, auch die Substanz des Humanen retten können.“ (J. Habermas, Gershom Scholem. Die verkleidete Tora, in: ders., Philosophisch-politische Profile. Erweiterte Ausgabe, Frankfurt a. M. ^{2}1991, 377–391; 390.) Habermas konzentriert sich in seiner Scholem-Interpretation auf den Zusammenhang von Offenbarung und Tradition, „der sich dem Historismus gewachsen zeigt“ (384), weist

Seit der Frankfurter Friedenspreisrede 2001, die Habermas unter dem Eindruck der Ereignisse von 9/11 schrieb, hat Habermas das Ensemble seiner rationalitäts- und modernitätstheoretischen Analysen umgestellt.[219] In seiner 2019 vorgelegten „Genealogie nachmetaphysischen Denkens“[220] geht er nicht nur den Anteilen religiösen Bewusstseins an fortlaufenden Problemstellungen, am begrifflichen Repertoire und an Dispositionen moderner Wissensformen wie *Subjektivität, Freiheit, Selbstbestimmung* u. v. m., nach, sondern evakuiert auch die Sinndimensionen, die sich mit religiöser Glaubenspraxis verbinden.

> „Erst im Lichte des Erbes, von dem sich die Philosophie in ihrer nachmetaphysischen Gestalt gelöst hat, erkennt man das Erbe, das sie angetreten hat, in seinen richtigen Proportionen: die Emanzipation zum Gebrauch der vernünftigen Freiheit bedeutet Befreiung und normative Bindung in einem. Erst das Verständnis der Gründe, die seit der Reformation die Subjektphilosophie zur anthropozentrischen Blickwendung, vor allem zur nachmetaphysischen Verabschiedung des Glaubens an eine restituierende oder ‚rettende‘ Gerechtigkeit genötigt haben, öffnet die Augen für das Maß an Kooperationsbereitschaft, das kommunikativ vergesellschaftete Subjekte dem Gebrauch ihrer vernünftigen Freiheit zumuten müssen.“ (I, 14)

Mit dieser Perspektive wird nicht nur in genealogischer Hinsicht die Bedeutung der Reformation profiliert, sondern eine grundsätzliche Problemkonstellation bestimmt, die Habermas’ Analysen anleitet. Sie halten auf eine um den metaphysischen Traditionskomplex erweiterte Theorie der Moderne zu. Zugleich stellen sie das Projekt der „Theorie des kommunikativen Handelns“ auf jene Bedingungen um, die erst im Übergang von metaphysischen zu nachmetaphysischen Denkformen *als problematisch* erscheinen. Dazu gehört entscheidend der begründungstheoretisch konstitutive Zusammenhang von „vernünftiger Freiheit“ und

---

aber eine spezifische Rationalisierungsdynamik vor allem in der lurianischen Kabbala und ihrer Zimzum-Spekulation nach. Aus dem Blick gerät die von Scholem analysierte Form des messianischen Diskurses in der Verarbeitung der sabbatianischen Krise, insofern hier die Erkennbarkeit des Messias unter historischen Bedingungen nur in seinem Gegenteil, also in der Inversion von Erwartungen erfolgen kann. Damit setzt die Figur des apostatischen Messias-Prätendenten Sabbatai Zwi eine anspruchsvolle, zugleich ideologieanfällige theologische Wissensform frei. Sie erweist sich mit Blick auf die moderne Geschichte politischer Erlösungstheologien als eine eigene Matrix einer „Dialektik der Aufklärung“ aus religiösem Material. (G. Scholem, Erlösung durch Sünde (Judaica 5), Frankfurt a. M. 1992.)

219 Th. M. Schmidt hat die Stationen und die damit verbundenen theoretischen Perspektiven in seiner Einführung in „Auch eine Geschichte der Philosophie“ in der Katholischen Akademie in Bayern überzeugend dargestellt: vgl. Th. M. Schmidt, Jürgen Habermas und die Religion, in: Zur Debatte 2/2020, 27–31; besonders: 27f.

220 J. Habermas, Auch eine Geschichte der Philosophie. Bd. I: Die okzidentale Konstellation von Glauben und Wissen; Bd. II: Vernünftige Freiheit. Spuren des Diskurses über Glauben und Wissen, Berlin 2019; das in seinem Titel zitierte Kapitel leitet das Projekt methodologisch ein: vgl. I, 21–174. – Die Bände werden im Folgenden mit Band- und Seitenzahl im Text zitiert.

gesellschaftlich gefordertem Ethos, den Habermas über seinen diskursethischen Ansatz verkoppelt.

Indem er dies unter nachmetaphysischen Theorievoraussetzungen unternimmt, muss er sich – sowohl angesichts von Begründungsproblemen einer universal verpflichtenden Ethik wie der prekären Motivation zu sittlich gehaltvollem Handeln – die Frage nach der eigenen Transformation religiöser Motive stellen. Denn im Angesicht der Aporien der modernen Rationalität kann auch das Projekt der Moderne selbst nicht unangefochten erscheinen. Es laboriert an Widersprüchen der demokratischen Kulturen offener Gesellschaften, in denen sich die Lernprozesse der Aufklärung politischen und rechtskulturellen Ausdruck verschafft haben. Sie bleiben indes „infolge der Imperative der Selbstverwertung des Kapitals bis heute für die Auszehrung ihrer normativen Substanz anfällig" (II, 797). Die Schrittmacherrolle freiheitsbezogener Vernunft steht für Habermas dabei außer Frage. Aber auch für ihn lässt sie sich nicht von den Schattenseiten jener „Dialektik der Aufklärung" ganz ablösen, die Max Horkheimer und Theodor W. Adorno analysiert haben und die Habermas in einem mitlaufenden, wenn auch nur gelegentlich aufgerufenen Kommentar einspielt. Die Anliegen der Kritischen Theorie hat er mit seiner „Theorie des kommunikativen Handelns" neu formatiert. Habermas betont in diesem Zusammenhang das Einspruchspotential hoffnungsbasierter religiöser Traditionen, die im verfugten Ganzen gesellschaftlicher Systeme eine kritische Perspektive sedimentieren. Damit setzt er einen Akzent, den er mit Bezügen auf Diskurse *messianischer Alterität* namhaft macht:

> „Die Vorstellung eines revolutionären Bruchs im Kontinuum der Geschichte, die Marx mit dem abstrakt-revolutionären ‚Ende der Vorgeschichte' signalisiert, hat allerdings, philosophisch gesehen, in der Geschichte des westlichen Marxismus einen fruchtbaren Denkanstoß hinterlassen – einen Denkanstoß für den expressionistischen *Geist der Utopie* des jungen Bloch nicht weniger als für Benjamins dunkel glühende Fragmente des *Passagen-Werks* und das beschwörende Dementi der vollständig in sich verkapselten *Negativen Dialektik* Adornos. Am Einbruch des materialistischen und historischen Denkens in eine idealistische Tradition, die im Begriff einer unnachgiebig vernünftigen Freiheit ihr Zentrum hatte, konnten sich jüdische Erinnerungen an den Messias, der das Gottesreich auf Erden errichten wird, ebenso entzünden wie jene chiliastischen, von der höchst irdischen Idee der leiblichen Wiederauferstehung beförderten und alle natürlichen Geschöpfe einschließenden Erlösungshoffnungen, die sich schon einmal in hochmittelalterlichen Reformorden und häretischen Sektenbewegungen erneuert hatten. Gleichviel, ob chiliastisch oder apokalyptisch gefärbt, ist die Vorstellung einer Revolution, die alle Revolutionen beendet, mit der sowohl jüdisch wie christlich eingeübten Erwartung des *ganz* Anderen und der abgründigen Abkehr von aller bisherigen Geschichte assoziiert." (II, 665)

1.2. Das Interesse: Der Nachholbedarf nachmetaphysischer Philosophie im Spiegel religiöser Traditionen

Der werkgeschichtliche Hinweis führt nun aber nicht nur in das biographische Werkregister von Habermas, sondern besitzt einen systematischen Sinn. Denn die Transformationsgeschichte, an der Habermas genealogisch arbeitet, vollzieht sich zugleich in diesem Text. Das ist insofern von Bedeutung, als die performanztheoretische Linienführung, die Habermas seiner Rekonstruktion des komplexen Zu- und Ineinanders von Theologie und Philosophie unterlegt, im Prozess seiner Darstellung das eigene philosophische Modell beglaubigen soll.

Das wiederum macht auf die narrative Regie des Projekts aufmerksam – und erlaubt auch die Frage nach der Bedeutung dieser Großerzählung für die Theologie zu präzisieren. Habermas strengt einen Prozess des nachmetaphysischen Denkens an, in dem er jeder Form der Metaphysik, mehr aber noch dem religiösen Bewusstseins selbst den Prozess *macht*. Damit regt nicht nur das interpretierte Material zu theologischen Detailstudien an. Es stellt sich vor allem die Frage nach der epistemischen Perspektive, die im Zuge dieser Genealogie *religionskritisch* auftritt. Habermas weist sie nicht mehr eigens aus. Er verzichtet auf einen Abtausch von Argumenten zur epistemischen Belastbarkeit religiöser Überzeugungen. Das kann der Darstellungsperspektive geschuldet sein, einer methodischen Enthaltsamkeit. Dann aber stellt sich die Frage, wie sich die Performanz der Erzählhaltung auf die Darstellung und Einordnung des Materials auswirkt. Gilt also am Ende doch der kritische Hinweis von Jürgen Busche?

Diese Frage verbindet sich mit jener, die sich eine *theologische* und nicht nur theologiegeschichtliche Rezeption von Habermas' „Auch eine Geschichte der Philosophie“ stellen muss. Auf dieser Linie ist nicht nur nach den Rezeptionsmöglichkeiten, sondern nach den *theologischen* Rezeptionsbedingungen *nach der Verabschiedung des Glaubens* zu fragen. Insofern sich bei Habermas ein erkenntnistheoretisch prekärer Übergang zwischen genealogischer Arbeit und epistemischer Bewertung abzeichnet, muss für die Beantwortung der Frage nach der theologischen Bedeutung von Habermas' Genealogie das theorieleitende Interesse rekonstruiert werden. Es hält in der Form seiner narrativen Disposition exakt auf jenen Umbruch zu, den Habermas im einleitenden Zitat markiert hat – und zwar sowohl *thematisch* mit den Verweisen auf das *Erbe der Reformation* als auch methodisch in der *Performance* der Erzählung. Sie macht sich an jener Umstellung fest, die sich – paradigmatisch im Umbruch der Neuzeit – mit dem *nachmetaphysischen Paradigmenwechsel* vollzieht. Habermas, so die zugespitzte These, exekutiert dabei exemplarisch den Luther, den er sich in seiner Relecture erarbeitet hat.

1.3. Der performanztheoretische Ansatz: Zur Disposition von „Glauben und Wissen“ im neuzeitlichen Epochenwechsel

Für Habermas’ Emanzipationsgeschichte „vernünftiger Freiheit“, mit der er Band 2 dirigiert, dient die Reformation als Scharnier. Luther vollzieht einen Bruch mit „der Tradition“, indem er sie erkenntnistheologisch ganz auf den Vorrang der Heiligen Schrift bezieht, und forciert einen „Gestaltwandel der Theologie“ (II, 16ff.), der auf die freiheitsbezogene Entdeckung moderner Subjektivität zuhält. Dafür sind nicht nur epistemisch gehaltvolle Denkfiguren wie die offenbarungstheologische Auszeichnung der Schrift oder die Unvertretbarkeit des Gewissens vor Gott Ausschlag gebend, sondern sie haben ihren Ort in der Form, in der Luther den Gotteskontakt denkt und Theologie aufsetzt.

Im Spiegel des rechtfertigungstheologischen Existenzproblems Luthers zeigt sich dabei bereits eine folgenreiche Umstellung des *locus theologicus* selbst. Die Architektur des scholastischen Lehrbetriebs führte die *sacra doctrina* als ein methodisch geregeltes Theorieunternehmen durch. In der rationalen Durchmusterung philosophisch-theologischer Problemfragen, die sich – paradigmatisch bei Thomas von Aquin – zu Darstellungen in der Form einer *Summa* systematisieren ließen, blieb zwar die heilsgeschichtliche Ausrichtung der Theologie der Sache nach vorausgesetzt, bestimmte sie aber nicht in der *Form* der theologischen Selbstauskunft. Luther brachte demgegenüber nach Habermas „den *methodischen Vorrang des performativen Sinns* der religiösen Erfahrung *vor dessen propositionalem Gehalt* hermeneutisch zu Bewusstsein“ (II, 13). Das *sola scriptura*-Prinzip, das Luther in der Vermittlung durch Staupitz aufgreift, ist dabei nicht die Konsequenz einer fundamentaltheologischen Reflexion auf die Offenbarungsdisposition des christlichen Glaubens, sondern für Habermas Aspekt einer kommunikativen Umstellung der Theologie. Sie macht sich am „performativen Eigensinn christlicher Glaubenswahrheiten vor deren theoretischer Vergegenständlichung in metaphysischen Grundbegriffen“ (I, 13) deshalb fest, weil sie die soteriologische Sinnspitze des Glaubens als den Ort auszeichnet, an dem sich die Wirklichkeit Gottes für den Menschen erweist. Präziser: für Luther selbst, der mit der exemplarischen Figur des theologischen Autors zugleich den Raum für die performative Macht des Schreibens und der Glaubenskommunikation öffnet. Was bereits für die Anlage der augustinischen *Confessiones* galt, vollzieht sich im Zuge eines zeitgeschichtlichen Umbruchs mit dem Renaissance-Humanismus sowie der tiefen Krise eines korrupten Papalismus, aber auch der gesellschaftlich-politischen Unruhe des 16. Jahrhunderts nun konsequenter und grundsätzlich anders: als Formation des Glaubens im Moment einer kirchlichen Verfassungskrise.

Das Problem der Vermittlung des authentischen Glaubens stellt sich unter dem Aspekt eines kirchlichen Tradierungsproblems gegenüber Augustinus schon deshalb anders dar, weil für ihn die Kirchlichkeit des Glaubens in einer theoretisch wie existenziell grundständigen Katholizität abgesichert war.[221] Für Luther erweist sich das existenztheologische Motiv des Augustinus als anschlussfähig, allerdings in jener gnadentheologischen Wendung, die bereits Staupitz einschlug und sich als entscheidend für den Beginn der reformatorischen Prozesse im Zuge einer Universitätsreform erwies. Indem Habermas diesen Zusammenhang ausblendet, kann er zwar die subjekttheoretischen Impulse *in the long run* zur Geltung bringen, muss sich aber auf die performanztheoretische Deutung von Luthers theologischem Ansatz konzentrieren. Darin liegt eine Stärke. Der Glaube ist ein kommunikatives Ereignis. Im und *als Evangelium* vermittelt sich der Anspruch Gottes. Darin erweist sich die Theologie des Wortes Gottes in seiner schriftlichen Bindungskraft als Moment der bleibenden Selbstvermittlung des Geistes Jesu Christi. Mit dieser performanztheoretischen Rekonstruktion verbindet sich indes in der Luther-Interpretation von Habermas eine markante Verschiebung, die an der Auffassung dieses kommunikativen Ereignisses hängt:

> „Für Luther sollte sich die Sphäre der wahren Innerlichkeit allein auf dem kommunikativen Wege, durch *Gebet, sakramentale Handlung* und hermeneutische Auslegung *des göttlichen Wortes* konstituieren." (II, 15)

Der Fokus auf die religiöse Akteursperspektive führt bei Habermas dazu, dass sich der Glaube als eine systemische Eigenwelt darstellt. Sie wird sozial geteilt, wobei sich die Plausibilität des Glaubens nur in einer „aus der Teilnehmerperspektive des Gläubigen erschlossene(n) Sphäre" (II, 14) vermittelt. Damit entkoppelt Habermas den „Glaubensakt von Vernunft" und sieht dies durch Luthers Umstellung auf die performative Dimension des Glaubens bestätigt. Freilich unterschätzt er das diskursive Moment der Glaubenskommunikation bei Luther. Genealogisch lässt sich dies bereits durch die Bedeutung des Wittenberger Reformkreises um Staupitz zeigen.[222] Volker Leppin hat in diesem Zusammenhang auf die sprachpragmatische Disposition von Luthers reformatorischem Diskurs aufmerksam gemacht: „Luder beziehungsweise der Kreis um ihn schiebt Ebenen theologischer und religiöser Redeweise ineinander."[223] Das betrifft Luthers

221 Das ist ein entscheidendes Motiv der Augustinus-Rezeption Joseph Ratzingers, der in existenztheologischer Hinsicht Impulse des Augustinus für eine moderne Fassung der Theologie produktiv macht, im offenbarungstheologisch prästabilierten Wahrheitsraum der Kirche aber ein bleibendes Gegenüber zu jenem *philosophischen Diskurs der Moderne* beansprucht, den Jürgen Habermas unter den Vorzeichen nachmetaphysisch argumentierender Philosophie betreibt. – Vgl. J. Habermas / J. Ratzinger, Dialektik der Säkularisierung. Über Vernunft und Religion, hrsg. v. Fl. Schuller, Freiburg u. a. 2005.

222 Vgl. dazu V. Leppin, Martin Luther, Darmstadt 2006, 72–89; 98–101.

223 Ebd., 100. Das folgende Zitat ebd.

Schrifthermeneutik, die den „Ansprachecharakter biblischer Auslegung einfließen ließ“, aber auch die Weise, wie er die Disputation als diskursive Darstellungsform der Theologie in ein neues Format überführt – mit Schriftbeweisen, theologischen Ableitungen und logischen Schlüssen.[224] Das Auslegungsproblem der Heiligen Schrift führt in eine regelgeleite Hermeneutik, die zwar *theologisch* am „solus Christus“ hängt, damit aber die sogenannten „soli-Formeln“ konzentriert (sola gratia, sola fide, sola scriptura) und in einen komplexen Evaluierungsprozess der Schriftinterpretation verwickelt. Wenn Habermas also festhält: „Der Glaube ist eine Sache des Vertrauens, nicht der Erkenntnis“ (II, 35), unterschlägt er, dass sich diese Einsicht nur auf der Basis einer regelbasierten Exegese und in der Koordination ihrer Auslegung durch die Gemeinde wie durch den einzelnen Christen vollzieht. Habermas markiert zurecht die Bedeutung der *Performativität des Glaubens* bei Luther, entkoppelt ihre epistemische Dimension aber genau auf die Weise vom Glaubensakt, die er Luther unterstellt. Danach

> „soll die Theologie der epistemischen Einstellung des Gläubigen ‚vor Gott‘ folgen, während Philosophie und Wissenschaft ‚gegenüber der Welt‘ die Position eines forschenden Betrachters beziehen. Luther sieht zwischen diesen beiden epistemischen Einstellungen keine Vermittlung. Diese *definitive Entkoppelung des Glaubens vom Wissen* ist eine Konsequenz der Rechtfertigungslehre. Denn der gleichzeitig vergewissernde und rettende Glaube hat den Charakter des vertrauensvollen Sich-Einlassens auf die Heilszusage Gottes; in der Ordnung der Erkenntnis hat das *Wie des Glaubensaktes* Vorrang vor dem *Glaubensinhalt*.“ (II, 34)

Wenn Luther aber gegen seine theologischen Kontrahenten wie die Schweizer Reformatoren, Müntzer oder die römische Kirche argumentiert, setzt er den vernünftigen Gehalt des Glaubens im Moment seiner existenziellen Bewährung in Kraft. Das bleibt dem Glaubensakt selbst nicht äußerlich. Die Rationalisierungsdynamik des kommunikativ erhandelten Glaubens setzt sich in der Erschließung eines soteriologisch relevanten Glaubenswissens durch. Das geschieht *akut*, denn Luther weiß sich in einer apokalyptischen Entscheidungssituation, in der man entweder das Evangelium von der rechtfertigenden Gnade Gottes annimmt oder es verweigert. Diese performative Disposition des Glaubens ist sowohl genealogisch aus der glaubensbiographisch gewachsenen Einsicht in das „solus Christus“ erwachsen als auch diskursiv erkämpft – etwa im Zuge jener Schlussfolgerungen, zu denen Johannes Eck Luther argumentativ „zwingt“.[225] Die vermeintliche Entkoppelung des Glaubens vom Wissen erweist ihr Gegenteil. Sie ist bei Luther an eine epistemisch veränderte Zuordnung der grundlegenden Referenzorte theologischen Wissens gebunden – an eine diskursiv ausgewiesene und sich im Rahmen eines theologischen Diskurses vollziehende Neukonstellierung

224 Deswegen greift Habermas’ Einschätzung zu kurz, Luther habe die Scholastik abgelehnt (II, 33). Er stellt ihre Wissensformen um, nutzt aber ihre Darstellungsmöglichkeiten.

225 In der Leipziger Disputation findet Luther zu der Einsicht, dass ihn auch nicht Konzilien, sondern allein die Schrift überzeugen und in seinem Glauben verpflichten könne. Vgl. V. Leppin, Martin Luther, 144–151.

von Schrift, Tradition, Lehramt, Konzilien und des Gewissens des christgläubigen Subjekts.

1.4. Neuzeitlicher Exkurs: Die diskursive Koordination von Glauben und Wissen im Spiegel der Lehre von den „loci theologici“

Eine Stärke von Habermas’ Genealogie „vernünftiger Freiheit“ im Zuge der Konstellierungen von „Glauben und Wissen“ liegt in ihrer sozialpolitischen Theorieanlage und in der Aufmerksamkeit für die Rationalisierungseffekte, die religiöse Traditionen, namentlich das Christentum entbinden. Im Blick auf den neuzeitlichen Epochenwechsel gilt dies besonders für „die Sublimierung der erlösenden Kraft Gottes ins Medium der Sprache“ (II, 42), die im Protestantismus „einen weiteren Schub in der *Überwindung magischen Denkens*“ (II, 43) erlaubt. Die theologische Grundlage liefert ein sprachpragmatisches Offenbarungsverständnis. Der Glaubensakt wird an die Selbstvermittlung Gottes im Glauben gebunden, wobei Gott nur als begründender *Akteur* des Glaubens zum Glaubens*gegenstand* werden kann (vgl. II, 42). Das zeigt sich in der Form, in der sich Gott an den Glaubenden vermittelt: Gott sagt sich dem Menschen zu.

> „Mit seinen Worten vollzieht Gott einen Akt des Versprechens, der einen illokutionären Überschuss über den propositionalen Gehalt seiner Worte enthält.“ (II, 41)

Auf dieser Linie kann Habermas den Zugewinn religiöser Glaubenskulturen im Modus ihrer performativen Dynamiken bestimmen. Der Glaube setzt Vollzüge frei, in denen sich das glaubende Subjekt bestimmt. Habermas profiliert vor allem die Herausbildung religiöser Subjektivität mit Individuierungsschüben, die im Zuge lesegebildeter Glaubensbestimmung eigene Freiheitseffekte auslöst. Sie sind mit gesellschaftlichen Emanzipationsprozessen der frühen Neuzeit amalgamiert und lassen sich langfristig in staatsbürgerlichen Rechtskulturen politisch verrechnen.[226] So bilanziert Habermas,

> „dass Luthers Distanzierung des Geistes von der Welt *auch* die Unabhängigkeit des Einzelnen in Gestalt der Berufung auf die Autonomie seines Gewissens bestärkt hat. So hat der *theologische* Gedanke von der Freiheit des Christenmenschen, *soziologisch* betrachtet, auch moderne Denk- und Handlungsmuster gefördert.“ (II, 59)

Das wiederum ist nicht von der Form zu trennen, in der Luther theologisch denkt. Auch wenn seine Schrifthermeneutik den Glauben an die Offenbarungsqualität der Bibel voraussetzt, vermittelt sie sich doch in einem diskursiven Pro-

---

226 Auf dieser Linie läuft ein entscheidender Theoriestrang dieser Genealogie, die auf eine *Theorie des kommunikativen Handelns* zuhält.

zess, der die Schrift in ihrer Selbstvermittlungsdynamik *als Wort Gottes* zur Geltung bringen muss – und gerade nicht an eine externe Letztentscheidungsinstanz koppelt.

> „Luther scheint hier mit den Postulaten des freien Zugangs zu den Quellen, der Inklusion aller Gläubigen in die unbegrenzte Interpretationsgemeinschaft, der Fallibilität aller Beteiligten und der ausschlaggebenden Autorität des jeweils überzeugenden Arguments Grundsätze zu formulieren, die in den folgenden Jahrhunderten das akademische Selbstverständnis der theologischen Hermeneutik tatsächlich geprägt haben." (II, 41)

Das „scheint" bedarf eigener Bestimmung, weil damit die epistemische Qualität der diskursiven Glaubensbestimmung zur Diskussion steht. Erkenntnistheologisch gibt das Bezugsfeld den Ausschlag, in dem sich die Auslegung der Schrift *in ihrem Vorrang* als entscheidendes Offenbarungsmedium darstellt. Luther bringt dafür, wie bereits markiert, mehrere Referenzen in Anschlag. Er nutzt damit die diskursiven Darstellungsmöglichkeiten der scholastischen Disputation, um sie zugleich vom Vorrang einer dem *philosophischen* Vernunfturteil unterstellten Kriteriologie abzulösen. Damit macht er einen Schritt auf eine Argumentationsform zu, die für die Verhältnisbestimmung von Glauben und Vernunft am Schnittfeld der entstehenden konfessionell verschiedenen Wissenskulturen eine besondere Bedeutung erlangen wird. Mit der Profilierung der Heiligen Schrift schärft Luther nämlich ihr Auslegungsproblem so an, dass es sich im Spiegel der Selbstauslegungskraft der Schrift offenbarungstheologisch *als ein kommunikativer Vermittlungsprozess im Subjekt des Glaubens* darstellt. Damit sind Pluralisierungseffekte und Aushandlungserfordernisse gegeben, denen sich Luther in seinen Disputationen auf dem Boden der katholischen Triangulation von Schrift, Tradition und kirchlichem Lehramt stellen muss – sei es letztinstanzlich vom Papst oder den Konzilien oder von beiden vertreten. Dabei wird das entschiedene *sola scriptura* Luthers in diesem theologischen Interpretationskonflikt zum Motor weiterer theologischer wie kirchlicher Ausdifferenzierungen, die sich fortan nur noch *im Rahmen der je eigenen Kirchengemeinschaft* dogmatisch vereinheitlichen ließen.

Diesem Weg folgt Habermas nicht mehr. Damit blendet er nicht nur die Wissensproduktion der lutherischen Orthodoxie aus, sondern auch einen prekären Zusammenhang zwischen den epistemologischen Grundmodellen des Protestantismus und der römischen Kirche, die auf den unterschiedlichen Rezeptionswegen der Lehre von den *loci theologici* den intrinsischen Konnex von Glaube und Vernunft an spezifisch kirchliche Wissensformen in der Herausbildung jeweiliger Orthodoxie banden.

Sowohl Melanchthon als auch Melchior Cano haben die Loci-Lehre neu aktiviert. Sie verweist in ihrem topologischen Traditionsbestand auf Aristoteles und die unterschiedlichen Wege seiner Aneignung über die Scholastik bis in die humanistischen Anteile des Frühprotestantismus. Während die *loci* bei Melanchthon zunächst einen vornehmlich organisierenden Charakter im Sinne eines thematischen Registers haben[227], macht der Dominikaner Cano sie als eine eigene theologische Wissensform produktiv. Cano unterscheidet zwei Grundformen der loci theologici, auf die sich theologische Erkenntnis beziehen muss, um für eine Glaubensposition einen berechtigten Geltungsanspruch erheben zu können. Die *loci theologici proprii* bezeichnen Erkenntnisressourcen aus dem Innenraum des christlichen Glaubens. Als konstitutive Orte gelten die Heilige Schrift und die apostolische Tradition, als interpretierende Orte die katholische Kirche, Konzilien, die römische Kirche mit dem Papst, die Kirchenväter sowie die scholastischen Theologen. Dem sind die *loci theologici alieni* zugeordnet, die theologische Erkenntnis an den Gebrauch der Vernunft, an die Expertise der Philosophie sowie an die Geschichte koppeln. Angesichts von theologischen Interpretationskonflikten, die Cano mit Verweis auf Martin Luther und die sich formierende Reformation namhaft macht, werden die verschiedenen Referenzorte des Glaubens auf ihre Auskunft hin befragt. Damit legt Cano ein methodisch kontrolliertes Auslegungsprogramm auf, mit dem sich ein geschichtlich-diskursives Format der Generierung und Evaluierung theologischen Wissens entwickelt. Bei Cano selbst behält es ein ekklesiozentrisches Drehmoment, weil die *loci theologici proprii* kirchlich generiert und letztlich in Machtentscheiden des kirchlichen Lehramtes ausgelegt werden. Zudem verfügt er nicht über die Reflexionsmittel, die Bedeutung der Sprache und der kommunikativen Aushandlung an seinen epistemischen Rahmen zu vermitteln. Aber er macht einen Schritt zur Überwindung jener Kluft, die Habermas mit dem Übergang der *via moderna* identifiziert (I, 759–918). Denn in der performativen Gestalt des Diskurses *vollzieht sich* Glauben als Kommunikation jener rationalen Gehalte von Überzeugungen, die propositional gefasst werden können und zugleich in dieser Form dem *Ereignis des Glaubens* Ausdruck geben.

1.5. Die performative Wende der Theologie: Duns Scotus als philosophisch-theologische Drehscheibe der via moderna

In der Folge der Entkoppelung theoretischer und praktischer Vernunft bei Aristoteles hatte sich – in der Lesart von Habermas[228] – mit Duns Scotus eine neue Koordination von Glauben und Wissen vorbereitet, die auf nachmetaphysische

227 Vgl. M. Seckler, Art. Loci theologici, in: LThK[3] Bd. 6, 1014–1016; 1015.

228 Habermas greift dabei nicht nur auf die Duns Scotus-Expertise von Ludger Honnefelder zurück, sondern bewegt sich auch auf der Linie, die Honnefelder für seine transzendentalphilosophische Deutung der Moderne von Scotus über die Subjektphilosophie bis in den Pragmatismus ausgezogen hat. Vgl. L. Honnefelder, Scientia transcendens. Die formale Bestimmung der Seiendheit und Realität in der Metaphysik des Mittelalters und der Neuzeit (Duns Scotus, Suárez, Wolff, Kant, Peirce), Hamburg 1990.

Bahnen lenken sollte. Duns Scotus hatte zum einen mit der Profilierung des Kontingenz-Gedankens für die radikale Freiheit Gottes bei der Schöpfung der Welt argumentiert, zum anderen damit das prästabilierte Ordnungsschema der Metaphysik über die Disposition des göttlichen Willens aufgebrochen. Die „Idee möglicher Welten, aus denen Gott im Augenblick der Schöpfung *grundlos* diejenige realisiert, die er will“ (I, 784), hebelt das Modell einer aus sich heraus verständlichen Welt und Natur aus. Die Welt existiert, weil Gott sie will.

> „Diese streng dezisionistische Auffassung des Schöpfungsakts beraubt die geschaffene Natur nicht einer jeweils konsistenten Ordnung, wohl aber einer inhärenten Vernünftigkeit. Weil sich in ihr primär der Wille und nicht die Vernunft Gottes manifestiert, begegnet die Vernunft des Menschen dieser Welt in ihrer bloßen Faktizität; die menschliche Vernunft ist nicht länger a priori auf das Wesen der Natur ‚hingeordnet‘.“ (II, 785)

Erkenntnis haftet damit an der konkreten, geschichtlich gegebenen Welt. Damit wird zum einen der Weg für den späteren Empirismus vorbereitet, zum anderen aber auch eine Weichenstellung für die transzendentale Reflexion auf die Bedingung der Möglichkeit von Erkenntnis jenseits eines weltumspannenden Blicks von Nirgendwo angebahnt. Der Bruch des metaphysischen Theorierahmens weist aber auch noch einmal auf die Diastase von theoretischer und praktischer Vernunft zurück. Wenn Erkenntnis an die Kontingenz der Welt gebunden ist, gilt dies auch für das erkennende Subjekt, das sich selbst als kontingenten Teil dieser Welt und seine Erkenntnis in diesem Horizont begreifen muss. Die einzige Brücke, die zu einer unbezweifelbaren und förmlich unhintergehbaren Erkenntnis führt, bildet die scotistische Lehre von der Univozität des Seins. Die ontologische Qualität des *Seienden* verbindet alles, was sich menschlicher Erkenntnis anbietet. Dabei muss sich das Erkenntnissubjekt selbst als ein Seiendes verstehen und verständlich machen.

> „(D)ie reflexiv vergewisserte transkategoriale Allgemeinheit des Begriffs ‚Seiendes‘ deutet Duns Scotus so, dass dieses allen expliziten Urteilen vorausliegende implizite Wissen eine Kenntnis des unendlichen Seienden schon einschließt.“ (I, 778)

Damit wird nicht nur der Bezug des endlichen Subjekts auf ein Unendliches als Umfassendes markiert, sondern auch die performative Dimension menschlicher Erkenntnis im Modus ontisch-ontologischer Teilhabe konzipiert. Indem Duns Scotus dies aber in der Begrifflichkeit von „logisch-semantischen Bedingungen von Aussagen über mögliche Gegenstände“ (I, 777) expliziert, wird Erkenntnis an den sprachlichen Vorgang eines *making it explicit* (R. Brandom) gebunden.

Es ist dieser Übergang, der die entscheidenden Weichen für ein nachmetaphysisches Denken stellt. Habermas entwickelt es über die performative Dimension jener Erkenntnis, die bei Duns Scotus wie bei Luther im konzeptionellen Rahmen eines Gottesbezuges überhaupt erst auftritt, weil damit der Grund aller Erkenntnis in der Form eines an der schöpferischen Macht Gottes partizipierenden Glaubens aufgerufen wird. Dieser Motivzusammenhang weist auf den inneren Konnex von Glauben und Wissen im Rahmen einer rationalen Darstellung von Glaubensüberzeugungen zurück, den Duns Scotus und Luther unterschiedlich ansetzen, aber jeweils mit einem performativen Drehmoment aktivieren.

1.6. Performative Theologie – eine fundamentaltheologische Perspektive im Anschluss an Habermas

Mit dieser genealogischen Interpretationsperspektive hält Habermas auf jenen Problemüberschuss zu, der sich über seine Rekonstruktion von Hegel und Marx bis in den Pragmatismus des 19. und 20. Jahrhunderts verlängert. Unter nachmetaphysischen Bedingungen übernimmt die Philosophie die Funktion der Theologie (II, 479; 804), indem sie die Universalisierung ethischer Normen und ihre Einbettung in eine demokratische Rechtskultur intersubjektiver Anerkennung von Menschenrechten auf sprachpragmatische Begründungsverhältnisse umstellt. Der Ausfall sowohl einer transzendentalen Letztbegründungsoption (II, 805) wie der religiösen Absicherung durch die „Autorität Gottes als Gesetzgeber" (II, 804) bringt die Bedeutung der performativen Dimension kommunikativen Handelns zur Geltung. Habermas leitet aus ihm Regeln ab, die ihren vernünftigen Gehalt über ihren Gebrauch aufspielen und diskursethisch erweisen – im Zuge von Unterstellungen, die sich in der Anerkennung des je Anderen als Gesprächspartner konzentrieren.

> „Dieses Konzept bewährt seine Erklärungskraft für die Rolle der praktischen Vernunft in den historischen Zusammenhängen kommunikativ vergesellschafteter Subjekte und dient als Schlüssel für eine universalistische Vernunftmoral, die die Möglichkeit der diskursiven Auflösung moralischer Konflikte auch in der Vielfalt heterogener Stimmen erklärt. Das Selbstverständnis des Menschen als eines autonomen Vernunftwesens kann vor allem aus den historischen Spuren jener moralisch-praktischen Lernprozesse Mut schöpfen, die sich im Zuwachs an institutionalisierten Freiheiten und heute vor allem in den Praktiken und rechtlichen Gewährleistungen demokratischer Verfassungsstaaten verkörpern. Diese empirischen Gründe können das fragile Vertrauen in die eigenen Kräfte stützen." (II, 806)

Lernerfolge bilden das Reservoir für eine geschichtliche Hoffnung, die sich auch angesichts der historischen Umschläge der Geschichte ins Katastrophale als eine Möglichkeit erweisen. Sie drängt auf Realisierung. Für den Einzelnen wie die Menschheit bleibt jenseits der Perspektive auf eine ausgleichende Gerechtigkeit Gottes nur diese ins geschichtliche Material eingeschlossene Hoffnung. Das öffnet nicht nur die eschatologische Flanke, ob auf diese Weise die Opfer der Geschichte nicht mit dem Fortschritt vernünftiger Freiheit verrechnet werden müssen, sondern lässt unbeantwortet, warum es den Menschen und die Menschheit überhaupt geben solle. Jenseits des Eigeninteresses am individuellen wie gattungsbezogenen Fortbestand der Menschheit lassen sich dafür keine anderen als wiederum funktionale Motive, also nicht einmal *Gründe* aufbringen.[229] Dieses Manko aber beschädigt die rationale Selbstbestimmung des Menschen im Gebrauch seiner vernünftigen Freiheit grundlegend.

Während die Lösung des Theorie-Praxis-Problems unter diesem Gesichtspunkt jene Aporetik anschiebt, die in religiösen Zusammenhängen soteriologisch bearbeitet wird, führt die performanztheoretische Drift von Habermas' Vernunftmodell auf eine Spur, die fundamentaltheologische Anschlüsse erlaubt. Das gilt – um dies abschließend anzudeuten – für eine Offenbarungstheologie, für die sich das „Wort Gottes" als Evangelium in seiner Bedeutung erst erschließt, wo es in der Übernahme der jesuanischen Reich Gottes-Perspektive seine lebenserschließende Dynamik adaptiert. Erst auf der Basis der „epistemischen Autorität der Teilnehmerperspektive" (I, 576), wenn nämlich im Glauben jene Erfahrungen der unbegrenzten schöpferischen Lebensmacht Gottes gemacht werden, die sich in der Lebensgestalt Jesu wie in seiner Vermittlung als Schrift und im kommunikativen Ereignis seiner Verkündigung wie seiner sakramentalen Performanzen seinerseits *ereignet*, wird Glaubensverantwortung im strengen Sinn möglich.

Diese Perspektive führt aber schon deshalb über Habermas hinaus, weil er sich auf die schiere Möglichkeit des Projekts einer rationalen Glaubensverantwortung unter nachmetaphysischen Bedingungen nicht einlassen will oder auch kann. Seine Genealogie ist von jenem philosophischen Ausgang bestimmt, den der Autor von seiner *Theorie des kommunikativen Handelns* her perspektiviert (vgl. II, 395). Das ergibt ein methodisches Problem: Indem Habermas seine Genealogie mit dem Ende des 19. Jh. abbrechen lässt, kommen die modernen, nachmetaphysischen Vermittlungsversuche von Glauben und Wissen durch die Theologie nicht zur Sprache. Erkenntnistheoretisch erweist sich als ein massives Handicap dieser Genealogie, dass sie sich selbst vom argumentativen Abtausch von Gründen für die Plausibilität des religiösen Glaubens dispensiert, während sie projektionstheoretische Annahmen fortlaufend (also erzähl-performativ) beansprucht. Mit der rekonstruktiven Anlage der Erzählung und ihrer Perspektivierung vom erreichten Stand des philosophischen Wissens her entsteht eine auktoriale Erzählung – schon weil der Partner der Gegenwart des Autors ausfällt, also jenes synchrone Gegenüber des Glaubens, das den epistemischen Gehalt performativer Glaubenswelten zur Geltung bringen könnte. Dass diese Position

229 Theologisch ist an dieser Stelle auf die Bestimmung des Menschen als Geschöpf zu verweisen. Die Einsicht in verdankte Geschöpflichkeit lässt sich als letzter Grund sinnbestimmter Lebensführung auch angesichts der tödlichen Endlichkeit des Lebens behaupten, weil das Leben über den Tod hinaus auf die unbegrenzte schöpferische Lebensmacht Gottes bezogen bleibt. Sie ermöglicht dem Menschen wie der Menschheit gerade in der Kontingenz des konkreten Lebens, das man sinnbezogen übernehmen muss, als ganzer eine Sinnbestimmung. – Vgl. H.-J. Höhn, Zeit und Sinn. Religionsphilosophie postsäkular, Paderborn 2010, besonders 149–210. – Zum Ansatz vgl. G. M. Hoff, Glaubensräume: Topologische Fundamentaltheologie I: Im Raum der Gründe, Ostfildern 2021.

am Ende von Habermas' Meistererzählung im Schlagschatten des drohenden Verlusts „einer starken Transzendenz“ (II, 807) in den Blick kommt, überblendet nicht nur das rationale Erschließungspotential religiös begründeter *docta spes*, sondern lässt danach fragen, wie ernst es der Autor mit religiösem Glauben meinen kann, wenn ihr projektiver Gehalt für ihn außer Frage steht.

2. *Performative Offenbarung? Jan Assmanns theologischer Diskurs*

Das Werk von Jan Assmann hat breite Debatten ausgelöst und stellt für die Theologie einen hohen Anregungswert dar.[230] Das gilt für seine erinnerungstheoretischen Arbeiten[231] – in Zusammenarbeit mit Aleida Assmann – ebenso wie für seine Untersuchungen zur Genealogie des Monotheismus und dessen religionspolitischen Konsequenzen. Assmanns religionstheoretische Studien werden dabei von Überlegungen flankiert, die sich mit offenbarungstheologischen Reflexionsmustern verbinden. Sie leiten einen förmlichen Offenbarungsdiskurs an, der eine *theologische Absicht* Assmanns zu erkennen gibt. Nicht nur angesichts der religionspolitischen Aktualität des Themas im Spiegel „totaler Religion“[232] und fundamentalisierter Offenbarungstheologien erscheint dies brisant. Damit sind nicht zuletzt Zuständigkeitsfragen zwischen Kulturwissenschaft und Theologie berührt, die bei Assmann im Horizont einer *performativen Theoriebildung* auftreten und – implizit – bearbeitet werden.

2.1. Offenbarungstheologie? Methodologische Hintergrundvermessungen

„Gott ist nicht, sondern ereignet sich, wo immer an ihn geglaubt und nach seinen Geboten gelebt wird.“[233] Kein Theologe, sondern ein Ägyptologe, ein Religions- und Kulturwissenschaftler riskiert diese These. Sie meldet einen Anspruch an, der die Grenzen zwischen religionszuständigen Disziplinen überschreitet, ja sogar aufzulösen droht. Schließlich steht mit ihr ein Wissen im

230 Vgl. J.-H. Tück (Hg.), Monotheismus unter Gewaltverdacht. Zum Gespräch mit Jan Assmann. Freiburg 2015.

231 J. Assmann, Das kulturelle Gedächtnis. Schrift, Erinnerung und politische Identität in frühen Hochkulturen. München 1992.

232 J. Assmann, Totale Religion. Ursprünge und Formen puritanischer Verschärfung. Wien ²2017.

233 Ebd., 174.

Raum, das zumal monotheistische Religionsformate unter den Vorzeichen einer Offenbarung Gottes kommunizieren. Tatsächlich ist hier von Gott als einem Akteur die Rede. Der Singular tritt grundsätzlich in Kraft, schon weil er mit *„seinen Geboten"* verschränkt wird.

Ein Kerninteresse Jan Assmanns ist damit benannt: die Erforschung des Monotheismus im Zeichen seiner politischen Transformation in einen wahrheitsdistinkten, zumindest implizit gewaltförmigen Religionstyp. Er hängt an der Konstitution eines exklusiven Wissens, das sich in der Offenbarung des einen (und einzigen) Gottes begründet und in Anschlag bringen lässt. In der Einführung seiner „Mosaischen Unterscheidung" entwickelt Assmann dies im Anschluss an eine Überlegung Theo Sundermeiers zu *primären* und *sekundären Religionen*, „die sich einem Akt der Offenbarung und Stiftung verdanken".[234]

Seitdem hat Jan Assmann seine entsprechenden Überlegungen präzisiert und zum Teil modifiziert, wobei offenbarungstheologische Motive eine eigene Rolle spielen. Inwiefern sie in Assmanns Arbeiten mehr als nur einen Unterstrom ausmachen, steht im Folgenden zur Diskussion: und zwar sowohl in werkgeschichtlicher wie systematischer Hinsicht. Drei Beobachtungen leiten die weiteren Überlegungen dabei heuristisch an:

- erstens, als Hintergrund, die werkgeschichtlich intensive Auseinandersetzung mit Thomas Mann, namentlich mit seinen Josephs-Romanen und ihrer religionstheoretischen wie offenbarungstheologischen Melodieführung[235],
- zweitens Assmanns Bestimmung des Offenbarungsmotivs als Zentralthema des alttestamentlichen Buches „Exodus", das einen Wendepunkt seiner Monotheismustheorie darstellt[236],
- drittens der offenbarungstheologisch grundierte Schlussabschnitt seiner historischen Kritik „totaler Religion".[237]

Gerade dieses implizit *theologische* Ende muss überraschen. Jan Assmann weiß selbstverständlich, worauf er sich einlässt, wenn er das abschüssige Gelände von Offenbarungs*theologien* betritt. Seit er mit „Moses der Ägypter" die Debatte um die „Unterscheidung zwischen wahrer und falscher Religion" ausgelöst hat, steht sein Werk nicht nur in der Auseinandersetzung mit Religionswissenschaftler:innen und Theolog:innen, sondern ist eingelassen in die Rekonstruktion, Codierung und Beanspruchung *akuter* religiöser Geltungsansprüche. Gerade um

234 Ders., Die Mosaische Unterscheidung oder der Preis des Monotheismus. München 2003, 11.

235 Vgl. über die verstreuten Bezüge auf Thomas Mann hinaus vor allem: J. Assmann, Thomas Mann und Ägypten. Mythos und Monotheismus in den Josephsromanen. München 2006; J. Assmann (Hg.), Thomas Mann: Joseph und seine Brüder I. Text und Kommentar (Große Kommentiere Frankfurter Ausgabe). Frankfurt a. M. 2018.

236 Ders., Exodus. Die Revolution der Alten Welt. München 2015, 30ff.

237 Vgl. ders., Totale Religion, 158–174.

das Gefahrenmoment offenbarungsbasierter, unterscheidungsstarker Religionen geht es ihm, wenn er sich ihnen geschichtlich stellt und sie offenbarungskritisch, aber eben auch mit eigenen theologisch unterlegten Reflexionen bearbeitet. Denn wer (1.) sagt, dass Gott nicht sei, sondern sich ereigne, und (2.) von „seinen Geboten" spricht, betreibt eben – zumindest implizit – Theologie. Sie ist bei Assmann eingelassen in eine offenbarungstheologische Regie, die – facettenreich über Thomas Mann vermittelt – eine *Humanisierung von Religion* betreibt. Sie lässt sich als eine *Humanisierung Gottes* lesen, in der sich Offenbarung ereignet, so wie Thomas Mann sie in seiner Josephs-Tetralogie fasst: als *Hervordenken Gottes* und als *humanisierende Transformation des Mythos*, worin sich die *zeitige* Wirklichkeit Gottes durchsetzt. Oder, mit Jan Assmann formuliert:

> „[D]er Monotheismus oder die Offenbarung wird bei ihm verzeitlicht, im Sinne eines niemals festgeschriebenen und vorgegebenen, sondern immer neu aufgegebenen und auszumachenden Unterschieds zwischen wahr und falsch."[238]

Jan Assmanns Schlusssätze aus der „Totalen Religion" beanspruchen damit nicht nur ihrerseits die *mosaische Unterscheidung*, sondern lassen sich als Aspekt jenes Offenbarungsprozesses deuten, den Thomas Mann anstrengt.

> „Gott ist nicht, sondern ereignet sich, wo immer an ihn geglaubt und nach seinen Geboten gelebt wird."

Diese starke These löst Fragen aus: Wie wird sie hergeleitet? Welchen Ort nehmen offenbarungs*theoretische* Überlegungen in Jan Assmanns Arbeiten ein? Welche offenbarungs*theologische* Bedeutung kommt ihnen zu? Mit diesem Frageformular werden werkgenealogische, diskursanalytische und systematisch-theologische Perspektiven aneinandergekoppelt. Sie verbinden sich mit methodologischen Weichenstellungen, die Assmann vornimmt:

1. Als Ägyptologe rekonstruiert er in *religionsgeschichtlicher* Hinsicht die Zusammenhänge und Übergänge zwischen der Religionswelt des alten Ägyptens und dem JHWH-Glauben Israels.
2. Das vollzieht sich entlang einer Unterscheidungslinie zwischen kosmo- und monotheistischen Religionsformaten, die wiederum zwei Kontaktzonen berührt: Echnaton und Moses, damit aber zugleich die *Realgeschichte* von Ereignissen und Personen sowie die *Gedächtnisgeschichte* von Traditionen und Figuren.[239]
3. In *diskursanalytischer* Perspektive untersucht Assmann von daher die Funktion von Offenbarungstheologien im Horizont der Etablierung des Monotheismus.
4. In ihrer *singeschichtlichen* Rekonstruktion leiten die offenbarungstheologischen Partien zur Bestimmung von Identitätskonstruktionen über.

238 Assmann, Thomas Mann und Ägypten, 208.
239 Vgl. ders., Moses der Ägypter. Entzifferung einer Gedächtnisspur. München 1998, 18.

5. Sie wiederum bestimmen das *kulturelle Gedächtnis* entscheidend – mit Verdrängungsmotiven, in Sprachformen, auf den Umwegen neuer Anschlüsse, wie sie die religionspolitischen Eskalationen des 20. und 21. Jahrhunderts gerade vor der Folie paradoxer Säkularisierungsprozesse freisetzen.[240]
6. Schließlich spielen *normative* Einschätzungen und förmlich *theologische* Überlegungen in Assmanns Werk eine eigene Rolle – sie erlauben es, seine religions*bezogene* Forschung zugleich als religions*bestimmende* zu lesen.[241]

240 Es wäre eine eigene Untersuchung wert, die Bedeutung der monotheismushistorischen und -theoretischen Forschungen Assmanns säkularisierungstheoretisch gegenzulesen (z. B. im Anschluss an Assmanns Gedanken zu einer „Ausbürgerung des Heiligen aus der Welt" als Folge des schriftreligiösen „Strukturwandels des Heiligen" (ders., Mosaische Unterscheidung, 147; 146). Von Interesse ist dies nicht zuletzt im Blick auf die Ausrichtung und Funktion von Assmanns Thesen im Sinne einer säkularisierungsüberschreitenden Perspektive. Zu diesem methodischen Ansatz vgl. G. M. Hoff, Charles Taylors Konzept des säkularen Rahmens und Glauben als Option, in: C. Horn / K. Gabriel (Hg.), Säkularität und Moderne (Grenzfragen 42), Freiburg 2016, 61–77, besonders 64–67.

241 Vgl. dazu exemplarisch förmlich bekenntnishafte Partien in: J. Assmann, Es bleibt die Unterscheidung zwischen wahrer und falscher Religion. Auf der Gedächtnisspur der Toleranz kommt man als Dienstspürhund nicht weiter. Eine Replik auf die Kritiker der Monographie „Moses der Ägypter", in: FAZ 28.12.2000, 54: „Gleichzeitig möchte ich klarstellen, daß mir nichts ferner liegt, als die Unterscheidung zwischen wahrer und falscher Religion aufheben zu wollen. Dazu muß man kein strenggläubiger Christ, Jude oder Muslim sein. Ich glaube nicht, daß ich in einer Welt leben, denken und atmen könnte, die nicht durch diese Unterscheidung ‚gespalten' ist. Auf dieser Unterscheidung beruht ja auch die Trennung von ‚Herrschaft und Heil', deren Unabdingbarkeit ich in einem anderen Buch vertreten habe. Nicht an der Aufhebung, wohl aber an der Sublimierung dieser Unterscheidung, an ihrem rechten, immer neu auszumachenden Verständnis muß uns gelegen sein." [...] „Hinter die Unterscheidung zwischen wahrer und falscher Religion kommen wir nicht zurück. Wer könnte nach den Erfahrungen des zwanzigsten Jahrhunderts noch daran zweifeln, daß es falsche Religionen gibt? Und doch können wir uns bei dem, was als Wahrheit gelten soll, auf keine verbrieften Offenbarungen mehr berufen. Es ist nicht mehr einfach die andere Religion, die wir als ‚falsch' ausgrenzen dürfen. Es geht aber auch nicht ohne Grenzen. Ohne ein Bewußtsein dessen, was wir mit unseren heiligsten Überzeugungen als unvereinbar empfinden, haben unsere ‚Kulturwerte' keine Tiefe und keine Konturen." [...] „Ich plädiere nicht dafür, zum Kosmotheismus zurückzukehren. Ich mache nur darauf aufmerksam, daß die Unterscheidung zwischen wahr und falsch sowie die damit verbundene zwischen Kosmotheismus und Monotheismus zu den Weichenstellungen gehört, die uns zu dem gemacht haben, was wir sind, und daß der vom Monotheismus verdrängte Kosmotheismus die abendländische Religions- und Geistesgeschichte als Schatten begleitet und immer wieder, schubweise, heimgesucht hat."

2.2. Die erste Linie: Die „mosaische Unterscheidung“ und die Entdeckung der „offenbarten Wahrheit“

„Die mosaische Unterscheidung führt einen neuen Typus von Wahrheit ein: die absolute, geoffenbarte, metaphysische oder Glaubenswahrheit.“[242] Diese Unterscheidung bezeichnet nach Assmann „eine geistige Position“ (51), die sich in historischen Serien ihrer Anwendung etabliert. Sie bildet einen Motor unseres (europäischen) kulturellen Gedächtnisses, das in der Form eines gemeinsamen, Identität stiftenden Erinnerungsdispositivs gerinnt. Die mosaische Unterscheidung setzt insofern eine entscheidende Differenzerfahrung frei, die sie gleichzeitig zu codieren erlaubt: die Differenz von Gott und Welt, damit aber auch die des Menschen in seinem bewussten Bezug auf diese Welt und was sie trägt, begründet, bedeutet:

> „Das Göttliche emanzipiert sich aus seiner symbiotischen Eingebundenheit in Kosmos, Gesellschaft und Schicksal und tritt der Welt als eigenständige Größe gegenüber. Im gleichen Zuge emanzipiert sich auch der Mensch aus seinem symbiotischen Weltverhältnis und entwickelt sich in Partnerschaft mit dem außerweltlichen, aber weltzugewandten Einen Gott zum autonomen bzw. theonomen Individuum.“ (62f.)

Für diese Transformation des (nicht nur religiösen) Weltbildes bedarf es starker Gründe. Sie zeichnen sich bei Assmann im Schattenriss ab, wenn er die Leistungsfähigkeit einer – kosmotheistisch justierten – Welt voller Götter skizziert:

1. „Eine Götterwelt steht der Welt aus Kosmos, Mensch und Gesellschaft nicht gegenüber, sondern ist ein Prinzip, das sie strukturierend, ordnend und sinngebend durchdringt.“ (61)
2. Götter legitimieren Herrschaft, die sie selbst ausüben, noch indem sie sich durch sakrale Akteure repräsentieren lassen.
3. Sie lassen die Welt als eine geleitete Welt erfahren, und zwar gerade im Schicksal, das den Menschen umfasst und dirigiert.

Der religiöse Schritt aus diesem dicht verfugten Kosmos heraus hängt mit evolutionskulturellen Einschnitten zusammen, die sich in biblischen Narrativen wie dem Paradiesesverlust, der Sintflut oder dem Turmbau zu Babel als Ausdruck eines zeitumspannenden kulturellen Gedächtnisses abgesetzt haben.[243]

---

242 Assmann, Die mosaische Unterscheidung, 28. – Im Folgenden mit Seitenzahlen im Text zitiert.

243 Vgl. die evolutionskulturelle Relecture der Bibel von: C. van Schaik / K. Michel, Das Tagebuch der Menschheit. Was die Bibel über unsere Evolution verrät. Reinbek bei Hamburg [2]2016; für die von Assmanns Thesen berührten Phasen und Narrative vgl. vor allem die Ausführungen zu den Büchern Genesis und Exodus: 35–155; 157–258 („Mose und der Exodus: Vom Werden des Einzigen“).

- Sie bearbeiten die Folgen jener kulturellen Revolution, die sich mit dem Wechsel von nomadischen zu agrarisch-urbanen Lebensformen ereignet hat.
- Sie legen Deutungsinitiativen für Erfahrungen prekärer Existenz angesichts von natürlichen wie menschlich verursachten Katastrophen auf.
- Sie gehen das Problem einer Legitimität von Herrschaft an, die zu einer umkämpften Ressource in immer größeren und komplexeren imperialen Räumen wurde.[244]

Das wurde möglich, aber auch erforderlich, weil agrarische Planbarkeit von Ernten und Züchtungserfolge sowie technischer Fortschritt eine grundlegende schöpferische Selbsterfahrung ermöglichten. Zunehmend ausdifferenzierte Sozial- und Arbeitsformen setzten auf dieser Basis die Manipulierbarkeit, damit aber auch die Deutbarkeit der Welt des Menschen frei. In dem Maße, in dem die *gegebene Welt* fragwürdig wurde, zumal in Krisen[245], öffnete sich jener Abstand der Wirklichkeit, den die mosaische Unterscheidung religiös vermisst: mit der Bestimmung wahrer Gottesgründe, die für die Deutung der Welt aufkommen sollen.

Dem religiösen Bewusstsein stehen dabei zwei Optionen offen: die radikale Verzahnung von Gott und Welt, die ihn überall zu entdecken erlaubt (kosmotheistische Lösung), also auch noch im Unheil und im Leid, oder ihre Entkoppelung, die Gott an privilegierten Orten und in besonderen Situationen vermittelt (mono/theistische Lösung). Beide Optionen ziehen sich durch die kanonisierten Texte des Tanach, nach Jan Assmann exemplarisch in der priesterschriftlichen und in der deuteronomistischen Tradition gefasst, die „Weltbeheimatung" bzw. „Weltüberwindung" konfigurieren (20) und damit eine Disposition des religiösen Bewusstseins anlegen. Sie führt zur „Aufkündigung des symbiotischen Gottes- und Weltverhältnisses [...] zugunsten des transzendenten Gottes und der offenbarten Wahrheit." (63)

Der Offenbarungsgedanke gewinnt an dieser Stelle Kontur: als Code für die theologische Begründung einer veränderten Welterfahrung und ihres ab jetzt schwierigeren, weil vermittelten Transzendenzzugangs. Die Anwesenheit Gottes in der Welt gilt es auszumachen. Wenn die Welt nicht einfach göttlich und heilig erscheint, muss der „Strukturwandel des Heiligen" (146) eine eigene Form des Gotteskontakts nach sich ziehen. Den garantiert das Offenbarungsmotiv – als Sonderfall der Selbstvermittlung Gottes. Transzendenz und Immanenz entstehen auf diese Weise in einer distinkten, komplexen Verbindung. Sie hat Folgen für die Ausformulierung eines Gottesbezuges, der einer Versicherung bedarf

244 Vgl. R. Bellah, The Evolution of Religion. From the Paleolihic to the Axial Age Cambridge 2011, 573–576.

245 Vgl. zum krisentypologischen Ansatz im Verständnis von Religion: M. Riesebrodt, Cultus und Heilsversprechen. Eine Theorie der Religionen. München 2007, 108–135.

und insofern bereits einen Zug wahrheitsintensiver Diskursivierung annimmt: Es braucht den expliziten Nachweis und eine Erklärung.

Dem entspricht der Übergang zur Schriftreligion, den Assmann in diesem Zusammenhang markiert (146). Die „Lesbarkeit der Welt" (Hans Blumenberg) verrätselt sich angesichts der Erfahrung, dass „das Heilige in der Welt überhaupt nicht mehr zu finden ist." (147) Die *heilige Schrift* übernimmt die Vermittlung Gottes als materialisierter, förmlich *inkorporierter* Gedanke, der nachzuvollziehen, aber auch auszulegen ist und daher in Wahrheitsstreit verwickelt. Die Funktion des theologischen Wahrheitsmotivs besteht in der Ausdifferenzierung „Gottes" aus den Sinnhorizonten einer fragilen Welt, aber auch seiner spezifischen Wiedereinführung unter veränderten, nämlich nun exklusiven Bedingungen. Damit wird einerseits Gottes Transzendenz gewahrt, andererseits der Zugang zu ihm an seine Selbstvermittlung gekoppelt. Sie vollzieht sich in offenbarungsbasierter Kommunikation: vor allem als Bund und als Gesetz.

Mit diesem offenbarungstheologischen Doppel hält Assmann bereits in der „Mosaischen Unterscheidung" auf das Leitmotiv der Treue zu, mit dem er die Offenbarungskomposition des Buches Exodus später ausleuchten wird. Exklusivität und Privilegierung erschließen den theologischen Sinn dieser Gottesbestimmung, aber auch ihre soziale Bedeutung in der Konstituierung jenes Gottesvolkes, als das sich Israel versteht: von Gott erwählt. Wenn sich Gott aus dem Abstand zur Welt an sie vermittelt, ist dies als seine Initiative zu konfigurieren. Sie kann, aber muss auch wahrgenommen werden, denn mit ihr wird Weltanfang vorstellbar.[246] Das erste Reflexionsmotiv setzt eine Gottesverbindung frei, die sich im Zeichen eines Bundes in rituelle Praxis übersetzen lässt. Das zweite Handlungsmotiv erlaubt es, den Gotteskontakt als sinnerschließende Verpflichtung zu fassen: als Gesetz. Bindung und Verpflichtung konzentrieren sich in der Treue, die das so konstituierte Volk Gott schuldet. Es wird zum Raum seiner *Einwohnung.*[247]

Aus kosmotheistischer Symbiose entwickelt sich die „Gegenreligion" eines differenzierten Gottescodes. Er vermittelt Transzendenz und Immanenz, Sichtbarkeit und Unsichtbarkeit, Gegebenheit und Entzogenheit so aneinander, dass sich die Wirklichkeit gerade unter dem Gesichtspunkt ihrer Differenzierung als jene Einheit erfahren lässt, die mit dem im Exil ausformulierten Monotheismus die Wahrheit des einen und einzigen Gottes inthronisiert. Diese Wahrheit basiert auf der Offenbarung Gottes als Selbstvermittlung. Sie kommuniziert sich an und in Menschen und nimmt in der Schrift eine Form an, die diese Wahrheit wiederum distinkt nachzuvollziehen erlaubt. Die Schriftoffenbarung *vollzieht* Trans-

246 Das spiegelt sich in literarischen Formen des Einbruchs Gottes: als Stimme, als Handelnder. Sie besitzen, prototypisch mit der Dornbusch-Epiphanie (Ex 3 – 4,17), den Charakter einer grundlegenden Offenbarung.

247 Vgl. Assmann, Exodus, 83; 343.

zendenz, was auf zwei weitere Motive in Assmanns Offenbarungsdenken aufmerksam macht: auf die performative Dimension in der Verwendung des Zeichens „Gott“ sowie auf die geschichtliche „Wahrheit“ von Religion, die sich als deutungsfähig und übersetzungsoffen angesichts neuer Herausforderungen erweist. Dieser Gedanke leitete schon Thomas Manns Joseph-Romane an. Jan Assmann hat ihn aufgegriffen, wie noch zu zeigen sein wird.

An dieser Stelle geht es um eine funktionslogische Bestimmung des offenbarungsbasierten Monotheismus im Zeichen der mosaischen Unterscheidung. Sie erlaubt es, auf der Basis einer historischen Rekonstruktion und im Verfolgen einer kulturellen Gedächtnisspur den problematischen Gehalt dieser neuen Religionsform des mosaischen Israel zu bestimmen. Mit seiner Emphase einer exklusiven Bindung und entschiedener Treue zu Gott, seinem Bund und seinem Gesetz, entsteht eine Gegenreligion (156). Offenbarte Wahrheit dient ihr als „Fremdausgrenzung“ (164), die *grammatologisch* an eine Sprache der Gewalt gebunden ist: an eine scharfe Trennung von den Völkern und an eine religiöse Unterscheidung, die in Narrativen der Gewalt erinnert wurde:

> „Mit der monotheistischen Wahrheit kam zwar nicht *der* Haß, aber eine neue Art von Haß in die Welt, der ikono- bzw. theoklastische Haß der Monotheisten auf die zu Götzen erklärten alten Götter und der antimonotheistische Haß der durch die Mosaische Unterscheidung ausgegrenzten, zu Heiden erklärten Anderen.“ (95)[248]

Damit öffnet Assmann den Raum politischer Theologie im Zeichen von Offenbarung. Ihr repräsentatives Modell setzt auf Gottesvermittlung. Das ikonoklastische Modell profiliert den Abstand Gottes zur Welt, wertet damit aber auch seine Rolle als ihr Regisseur auf.

> „Ikonoklasmus als politische Theologie besagt, daß Gott diese Herrschaft direkt ausübt, selbst die Gesetze erläßt, die Ordnung vorschreibt und Gerechtigkeit übt. Im Dienste dieser Unmittelbarkeit haben die Bilder zu verschwinden.“[249]

Die Vernichtung von Bildern erscheint konsequent, weil ihnen förmlich nichts entspricht. Sie erreichen „Gott“ nicht. Das gilt verschärft für Gottesbilder, die die Welt vergötzen. Andere Götter als der eine, unsichtbare, nur im transzendenten Befehl erfahrbare existieren nicht. Die neue Religionsform dieser Wahrheit als Offenbarung tendiert – auch im psychohistorischen Rückblick – auf exterminierende Gewalt, wie sie in den Landnahme-Erzählungen als Projektion[250], später aber durchaus realpolitisch auftrifft: als „inhärente Gewalt“.[251]

Problemgeschichtlich ist damit der heiße Punkt der mosaischen Unterscheidung erreicht. Sie betrifft die Gegenwart und lässt nach den Zivilisierungsformen monotheistischer, offenbarungsbegründeter Gewaltversuchung fragen. Die

---

248 Herv. des Originals. Ebenfalls im folgenden Zitat.

249 J. Assmann, Herrschaft und Heil. Politische Theologie in Altägypten, Israel und Europa. München 2000, 260.

250 Vgl. C. Levin, Das Alte Testament. München 2001, 81.

251 Assmann, Herrschaft und Heil, 264.

Frage nach ihrer Humanisierung ist indes selbst Aspekt der Offenbarungsnarrative des kanonisierten Tanach bzw. Alten Testaments. Sie sind von theologischen Transzendenzmarkern durchzogen: von Relativierungen direkter Gottesbeanspruchung, von Distanzierungen der Gottesmacht. Offenbarung vollzieht sich hier vielschichtig und mehrschichtig, also differenzbezogen und anwendungskritisch. Direkte und indirekte Theologien stehen nebeneinander und ergeben ein Ensemble, das sich religiöser Selbstbestätigung und „totaler Religion" sperrt. Auf diese Weise kann die mosaische Unterscheidung offenbarungsproduktiv werden.

> „An der Unterscheidung von wahr und falsch, an klaren Begriffen dessen, was wir mit unseren Überzeugungen als unvereinbar empfinden, werden wir festhalten müssen, wenn anders diese Überzeugungen irgendeine Kraft und Tiefe besitzen sollen. Nur werden wir diese Unterscheidung nicht mehr auf ein für allemal festgeschriebene Offenbarungen gründen können. In dieser Weise müssen wir die Mosaische Unterscheidung selbst zum Gegenstand einer unablässigen Reflexion und Redefinition, einer *diskursiven Verflüssigung* (Jürgen Habermas) machen, wenn sie uns Grundlage eines Fortschritts in der Menschlichkeit bleiben soll." (165)

Das wiederum wird theologisch möglich im Raum eines Modells, das Offenbarung radikal geschichtlich fasst. Im Buch Exodus *ereignet* sich Offenbarung in und als Erinnerung, die nach vorne gerichtet ist und den Zusammenhang des guten Ausgangs der Geschichte mit dem Dauerbezug auf den guten göttlichen Anfang herstellt. Auf diese Weise verschafft sich Gott Raum in der Geschichte.

2.3. Die zweite Linie: „Monotheismus der Treue" und performative Offenbarung

Mit seinem Buch „Exodus" vollzieht Jan Assmann einen Schritt, der sich bereits in der „Mosaischen Unterscheidung" angedeutet hat: Er begreift „Treue" als das entscheidende religionskulturelle Scharnier des exklusiven Monotheismus. Er hängt am Bundesgedanken, mit dem sich „die eigentliche, revolutionäre Neuerung des biblischen – alttestamentlichen, neutestamentlichen und islamischen – Monotheismus" vollzieht.[252] Dieser Bund ist auf dem Gesetz Gottes begründet (39) und erschließt Lebensraum: das verheißene Land. Es orientiert den Exodus als Übergang von Sklaverei in Befreiung, von Tod in Leben. Damit entspricht das Exodus-Narrativ der Schöpfungsgeschichte des Buches Genesis, die die umgekehrte Richtung zeichnet, aber mit dem kanonischen Abschluss der Josephs-Novelle den theologischen Sinn der Komposition vorgibt. Er ermöglicht den Anschluss der babylonischen Exilanten an dieses Narrativ, die es in die Offenbarung des einzigen Gottes überführen.

252 Ders., Exodus, 11. Im Folgenden mit Seitenzahlen im Text zitiert.

Die verwickelte Sinngeschichte des Exodus – als Mythos, als Narrativ, als biblisches Buch mit seinen Einträgen in das kulturelle Gedächtnis – zeigt textgeschichtlich (mit Eingriffen, Überarbeitungen, Redaktionen) an, was sich theologisch in ihm durchsetzt: eine geschichtliche Auffassung der Gegenwart Gottes in Israel. Sie ist daran gebunden, dass Israel „Gott" realisiert: im Sinne entschiedener Wahrnehmung, wie sie die mosaische Unterscheidung bestimmt, aber auch im Zuge unabdingbarer Befolgung der Gebote, in denen sich Gott an sein Volk vermittelt. Genau hier macht Assmann den Unterschied zwischen Ägypten und Israel fest.

> „Die Geschichte erschien ihnen [den Ägyptern – GMH] nicht als ein Projekt, sondern eher als ein Prozess, der durch kulturelle Formung mit den mythischen Ur-Mustern in Einklang gehalten und dadurch vor Veränderungen bewahrt werden muss. Der Exodus-Mythos dagegen erzählt von den Kindern Israels, die Gott aus ägyptischer Knechtschaft befreit und aus den Völkern erwählt, um mit ihnen zusammen das Projekt einer gerechten Gesellschaft zu verwirklichen. Ein größerer Unterschied läßt sich kaum denken." (20f.)

Es handelt sich um eine offenbarungstheologische Differenz. Gott tritt in der Form eines Gottesbundes auf, der sich nur dadurch fassen lässt, dass Israel ihn lebt. Es handelt sich um die Offenbarung eines heiligen Raumes, der entsteht, wenn Israel die Gebote vom Sinai in seine Lebensräume überträgt. Auf diese Weise wohnt Gott in der Mitte seines Volkes. Die Form seiner Erreichbarkeit ist an die Treue zu ihm gebunden. Sie besitzt eine kultisch-rituelle Seite, aber eben auch eine narrative Dimension. Denn im Erzählen greift dieser Bund. Das Exodus-Narrativ *institutionalisiert* ihn als abrufbaren, wiederholbaren Text. Er schreibt die religiöse Identität Israels fest. Das geschieht schon vor dem Exil des 6. Jh., mit ihm aber dann definitiv, als das *gelobte Land* und damit der Gott, der sich in seiner Verheißung festmachte, ortlos zu werden drohen. Angesichts dieser Herausforderung geht dieser Gott entweder religionsgeschichtlich unter oder er nimmt eine andere Bestimmungsform an. Sie radikalisiert die Transzendenz Gottes (25) und findet dafür die entsprechende Form „im Medium von Erzählung und Erinnerung" (24), die kodifiziert werden, also komplexe Anwendungen in neuen Situationen und Übertragungen in andere Verhältnisse vorsehen.

> „Die Gruppe, die vor dieser Aufgabe stand, hat sich mithilfe der Exodus-Erzählung ein Gedächtnis gemacht, das sie als Gruppe definiert und sowohl in der Tiefe der Zeit verankern als auch in alle Zukunft zusammenhalten soll." (23)

Auf diese Weise entsteht „ein vollkommen neues Welt-, Gottes- und Zeitverhältnis" (24). Das entsprechende Narrativ stiftet dabei nicht nur soziale Identität, sondern versteht sie ganz von Gott her, der in diesem Narrativ als alles entscheidender Akteur auftritt. Hier vollzieht sich ein signifikanter Übergang. Die Erzählung von Gott wird zur Erzählung Gottes, indem er einen Bund schließt, den der Text bezeugt und performiert. In der Gesetzgebung am Sinai wird er als transzendenter Eingriff Gottes dargestellt und zugleich aktualisiert. Es handelt sich um eine *performative Offenbarung* (vgl. 390) und zugleich eine *permanente Offenbarung.*[253] In der Treue Israels hat sie ihren Ort. Damit zeichnet sich ein neuartiges Religionsformat ab, mit dem sich Offenbarung als ein Projekt bestimmen lässt – und als ein Prozess, in dem sich Gott im permanenten Gottesbezug (Bund) geschichtlich zeigt.

> „Die Exodus- und Sinai-Offenbarung ist das Modell aller späteren Offenbarungen, die Grundlegung einer neuen Religionsform, die auf den beiden Elementen der Offenbarung und des Bundes beruht und die daher *Offenbarungsreligion* genannt werden kann, im Unterschied zu den *natürlichen* Religionen, die ohne ein derartiges Gründungsereignis seit unvordenklichen Zeiten historisch gewachsen sind.“ (24)

Offenbarung ereignet sich insofern in der Aktivierung des Gottesgedächtnisses, das in der Befolgung der Thora praktisch wird. Der offenbarungstheologische Schluss von Assmanns „Totaler Religion“ lässt sich auf dieser Linie verstehen: Gott offenbart sich, wo man in seinem Namen agiert (vgl. 151ff.). Er nimmt damit selbst den „Charakter eines Projekts“ (163; vgl. 231) an. Der Gott Israels ist von daher der stets „werdende Gott“ (174), nicht unabhängig von der Geschichte seines Auftritts im Glauben Israels, in dem er sich eben so offenbart. Und auf diese Weise kann sich auch die Macht Gottes erweisen – in der Verwandlung von tödlichen Situationen in neue Lebensoptionen, im Glauben an die unbegrenzte schöpferische Lebensmacht Gottes (vgl. 357).

Der Offenbarungsgedanke, den Jan Assmann sinngeschichtlich rekonstruiert, hat seinen theologischen Sinn in der Bestimmung der *revelatio Dei* als *transformatio*. Entsprechend ist der polyphonen und mehrschichtigen Textur der Bibel – nicht zuletzt in der Spiegelung und Durchsetzung kanonischer Prozesse – „das Prinzip der Selbstüberholung [...] eingebaut“ (274) – und zwar im Format einer *narrativen Offenbarung*. Dass sie im rabbinischen Judentum an die mündliche Überlieferung gekoppelt ist, gibt ihr einen eigenen offenbarungstheologisch-aktualistischen Sinn. Schon auf diese Weise, in der biblisch aufgesetzten *Offenbarungsform*, zeichnet sich eine geschichtlich offene Auffassung der Wirklichkeit Gottes ab.

Diese offenbarungstheoretischen Überlegungen sind in den Arbeiten Jan Assmann werkgeschichtlich tief verankert: im Dauerbezug auf Thomas Mann, den Assmann immer wieder kommentiert und interpretiert hat, um ihn zugleich für seine eigene Auffassung des monotheistischen Offenbarungskomplexes produktiv zu machen.

253 Assmann benennt dies nicht so, aber seine Überlegungen in Exodus, 42f. u. 48f. lassen sich theologisch in dieser Linienführung verlängern.

2.4. Die dritte Linie: Assmanns Rekonstruktion von Thomas Manns „Offenbarungstheologie“

Im Mittelpunkt von Assmanns Interesse steht dabei die Josephstetralogie Thomas Manns. Als Herausgeber der entsprechenden Bände in der „Großen kommentierten Frankfurter Ausgabe“ und als Autor einer ganzen Monographie zu „Thomas Mann und Ägypten“, aber auch mit vielen Bezügen und Verweisen in anderen Arbeiten ergibt sich eine eigene offenbarungstheologische Spur. Das betrifft einzelne Motive, vor allem aber die Anlage des Offenbarungsgedankens, wie ihn Thomas Mann entwickelt. Dass es sich dabei um eine regelrechte *Offenbarungstheologie* handelt, legt es nahe, auch Jan Assmanns Überlegungen unter diesem Gesichtspunkt zu rekonstruieren.

Für Thomas Mann geht es in seiner Josephs-Erzählung um den grundsätzlich gemeinten Versuch einer Reinterpretation des Mythos, um die Bestimmung seines humanen Gehalts. Die „Gotteserfindung“[254], die ihn fasziniert, spielt dabei mit ihrem Sujet in theologisch höchst ambitionierter Weise. Denn einerseits ist es der Mensch, Abraham, der „Gott hervordachte“. Andererseits macht diese Möglichkeit den Menschen überhaupt erst aus, und zwar so, dass sich in der Entwicklung des Menschen zu einem bewussten Subjekt Gott förmlich offenbart. In seiner Princetoner Einführung in den *Joseph* zählt Thomas Mann das mythische Motiv der Vereinigung von Gott und Mensch zum religionsgeschichtlichen Menschheitserbe, als

> „die Geburt des Ich aus dem mythischen Kollektiv, des abrahamitischen Ich, welches anspruchsvollerweise dafür hält, daß der Mensch nur dem Höchsten dienen dürfe, woraus die Entdeckung Gottes folgt.“[255]

Der innere Konnex von Gottesgedanke und menschlicher Subjektivität bildet den Treibsatz jener evolutionären Dynamik, die den Menschen zum *Menschen* macht. Die „Entdeckung der Transzendenz“[256] humanisiert ihn, indem er „nach seinem Woher und Wohin, seinem Wesen und Ziel, nach seiner Stellung im All, dem Geheimnis seiner Existenz, der ewigen Rätsel-Aufgabe der Humanität“

254 So der Schlusssatz der Josephserzählung: Thomas Mann, Joseph und seine Brüder II: Joseph in Ägypten. Joseph der Ernährer (GKFA 8.1), hrsg. u. textkritisch durchgesehen v. J. Assmann / D. Borchmeyer u. St. Stachorski unter Mitw. v. P. Huber, Frankfurt a. M. 2018, 1920.

255 Th. Mann, Joseph und seine Brüder. Ein Vortrag, in: Ders., Rede und Antwort. Über eigene Werke. Huldigungen und Kränze. Über Freunde, Weggefährten und Zeitgenossen (Frankfurter Ausgabe), Frankfurt a. M. 1984, 102–117; 113f.

256 J. Assmann, Thomas Mann und Ägypten, 20.

fragt. Im Bezug auf das, was den Menschen unendlich übersteigt und sich genauso in ihm artikuliert, zeigt sich die Würde seiner Existenz: als „Selbstbewußtsein höherer Sorge“.[257]

Während Sigmund Freud, der für Jan Assmann eine weitere wichtige Referenz darstellt, an der psychoanalytischen Auflösung des infantilen Gotteskomplexes arbeitet, setzt Thomas Mann einen anderen Prozess religiöser Aufklärung in Gang. Er steht im Zeichen einer „psychologischen Auffassung Gottes“[258], die das Gottesmotiv als Motor und Ausdruck der geschichtlichen Entwicklung des Menschen versteht. So anspruchsvoll wie ungeniert weist Thomas Mann seine Erzählung dabei als „Theologie“ aus:

> „Das Gefühl für den Weg, das Weiterschreiten, die Änderung, die Entwicklung ist sehr stark in diesem Buch, seine ganze Theologie ist mit dieser verbunden und daraus abgeleitet: nämlich aus seiner Auffassung des alttestamentarischen ‚*Bundes*‘ zwischen Gott und Mensch, aus dem Gedanken also eines Angewiesenseins Gottes auf den Menschen, das sich mit dem des Menschen auf Gott zu gemeinsamem Höherstreben verschränkt.“[259]

Es geht hier um den Gehalt und die Autorschaft des Gottesgedankens. Für Thomas Mann tritt „Gott“ nicht als bloße Projektion auf, sondern gerade in seiner – sehr persönlichen – Auseinandersetzung mit Freud betont er, dass „die Seele als Geberin des Gegebenen“[260] zu betrachten sei. Konsequent erzählt Thomas Mann im 8. Unterkapitel des „Vorspiels“ mit dem Titel „Höllenfahrt“ einen „Roman der Seele“[261], der Gott und Mensch ineinander setzt. Thomas Mann nimmt damit eine Grundeinsicht Freuds ernst, validiert mit ihr aber den Gottesgedanken. Denn die „Idee einer Gottheit, die nicht reine Gegebenheit, absolute Realität, sondern mit der Seele eins und an sie gebunden wäre“[262], hält die Frage nach dem Ursprung der verschränkten Entwicklung von Gott und Mensch offen. Das wird mit der Konfiguration des abrahamitischen Bundes deutlich, die erneut als „psychologische Theologie“ firmiert:

> „Dieser Abram ist gewissermaßen Gottes Vater. Er hat ihn erschaut und hervorgedacht; die mächtigsten Eigenschaften, die er ihm zuschreibt, sind wohl Gottes ursprüngliches Eigentum, Abram ist nicht ihr Erzeuger, aber in gewissem Sinn ist er es dennoch, da er sie erkennt und denkend verwirklicht. Gottes gewaltige Eigenschaften – und damit Gott selbst – sind zwar etwas sachlich Gegebenes außer Abram, *zugleich* aber sind sie auch in ihm und von ihm; die Macht seiner eigenen Seele ist in

---

257 Thomas Mann, Joseph und seine Brüder I. Die Geschichten Jaakobs. Der junge Joseph (GKFA 7.1), hrsg. u. textkritisch durchgesehen v. J. Assmann / D. Borchmeyer u. St. Stachorski unter Mitw. v. P. Huber, Frankfurt a. M. 2018, LIII.

258 Th. Mann, Freud und die Zukunft, in: Ders., Leiden und Größe der Meister (Frankfurter Ausgabe), Frankfurt a. M. 1982, 903–929; 917.

259 Th. Mann, Joseph und seine Brüder I, 115. Herv. des Originals.

260 Th. Mann, Freud und die Zukunft, 919.

261 Th. Mann, Joseph und seine Brüder I, XLIV.

262 Mann, Freud und die Zukunft, 917.

> gewissen Augenblicken kaum von ihnen zu unterscheiden, verschränkt sich und verschmilzt erkennend in eins mit ihnen, und das ist der Ursprung des Bundes, den der Herr dann mit Abram schließt und der nur die ausdrückliche Bestätigung einer inneren Tatsache ist. Er wird als im beiderseitigen Interesse geschlossen charakterisiert, dieser Bund, zum Endzwecke beiderseitiger Heiligung. Menschliche und göttliche Bedürftigkeit verschränken sich derart darin, daß kaum zu sagen ist, von welcher Seite, der göttlichen oder der menschlichen, die erste Anregung zu solchem Zusammenwirken ausgegangen sei. Auf jeden Fall aber spricht sich in seiner Errichtung aus, daß Gottes Heiligwerden und das des Menschen einen Doppelprozeß darstellen und auf das innigste aneinander ‚gebunden' sind."[263]

Thomas Mann balanciert diesen Gedanken auf der Darstellungs- wie Erzählebene aus. Indem er die Theologie des Abraham-Narrativs (und nicht einfach des biblischen Buches Genesis) in seinem Freud-Vortrag ausdeutet, schließt er sie mit seinem „mythischen Roman"[264] kurz, um den Übergang zwischen eigener Geschichte, sich anschließender Deutung und ihrem theologischen Gehalt offen zu halten. Der entsteht nicht als sekundäre Reflexion, vielmehr nimmt der Gottesgedanke hier eine performative Qualität an. Die Gottesgeschichte des Abram setzt sich im Sinne ihrer geschichtlichen Theo-Logik fort, wenn Thomas Mann am Krankenbett Freuds diesem den Wiener Festvortrag „Freud und die Zukunft" ein zweites Mal hält. Freche Ironie?

Für Thomas Mann stellt „Gott" jedenfalls nicht das therapiefällige Produkt wunschbasierter Wirklichkeitsentlastung dar. Ohne die Überschreitung des Ich erreicht der Mensch nicht das Bewusstsein seiner selbst. Die Gottesgeburt des Menschen bedeutet nicht Zufall, sondern zeichnet ihn aus. Sie humanisiert ihn. So sehr Thomas Mann von Freud gelernt und profitiert hat – diese vielleicht subtilste Kritik der Freudschen Religionskritik mutet der Schriftsteller dem Psychoanalytiker doch zu.

Die Realisierung „Gottes" wird im Zuge der Josephs-Erzählungen zu seiner Offenbarung. Der „Anteil des Menschen an der Wirklichwerdung Gottes"[265] nimmt diesem nichts von seiner Realität. Anders als *im* Menschen kann er *für* ihn nicht auftreten. Die theologische Grundmetapher des Bundes bringt dies zum Ausdruck. Mit ihr tritt auch das zweite offenbarungstheologische Basalmotiv in Kraft, das Jan Assmann dem Exodus-Narrativ entnimmt: das Gesetz.[266] Es bringt die seelisch-geistig-moralische Entwicklung des Menschen kulturell zum Ausdruck, indem es diese anleitet: als Vorgang und Fortschritt einer – sittengesetzlichen – Humanisierung des Menschen (und damit auch Gottes, der sich vom

---

263 Mann, Freud und die Zukunft, 918. Herv. des Originals.

264 Ebd.

265 J. Assmann, Thomas Mann und Ägypten, 51.

266 Dass Thomas Mann ihm eine eigene Erzählung gewidmet hat, ist zwar einer Anfrage von außen geschuldet, erscheint aber theologisch wie kompositorisch nach dem Abschluss des „Joseph" nur folgerichtig. Vgl. Th. Mann, Das Gesetz, in: Ders., Späte Erzählungen (Frankfurter Ausgabe). Frankfurt a. M. 1981, 337–406.

ungebändigten *Wüstendämon*[267] zum sittlichen Bundesgott der Gesetzgebung wandelt). Damit ist eine wichtige kulturgeschichtliche Konsequenz verbunden:

> „Der Begriff der Sünde entsteht mit dem gemeinsamen Fortschritt Gottes und der Menschen in der Geistigkeit als der Inbegriff dessen, was im Zuge dieses Fortschritts als ‚überständig' oder geradezu abscheulich zurückbleibt."[268]

Nicht zuletzt darin offenbart sich die Wirklichkeit Gottes und nimmt Realität an: in der Entwicklung einer „Gottesklugheit", mit der sich „ein in Gott fortgeschrittener Mensch von überständigem Brauch [löst – GMH], von dem, worüber Gott mit uns hinauswill und schon hinaus ist."[269] Thomas Mann bestimmt diesen Übergang anhand der Bindung Isaaks, die aus dem Menschenopfer ein symbolisches Opfer macht. In dieser geistigen Verwandlung humanisiert sich der Mensch, der seinesgleichen nicht einfach abschlachtet, sondern respektiert. Dieser Prozess „das ‚Hervordenken', die Bestimmung und Erkenntnis Gottes"[270], bringt die Wirklichkeit Gottes sittlich zur Geltung. Auf diese Weise offenbart sich nach Thomas Mann Gott. Jan Assmann hat diesen Gedanken nicht nur vielfältig kommentiert, sondern auf eigene Weise produktiv gemacht.[271]

2.5. „Gott ist nicht, sondern ereignet sich": Performative Offenbarungstheologie nach Jan Assmann

> „Gott ist nicht, sondern ereignet sich, wo immer an ihn geglaubt und nach seinen Geboten gelebt wird. Dasselbe meint Jesus, wenn er sagt, ‚wo zwei oder drei versammelt sind in meinem Namen, da bin ich mitten unter ihnen' (Mt 18,20). Die wahre Religion gibt es nicht, aber die heilende, Frieden, Gerechtigkeit und Schönheit stiftende Kraft der Religion, jeder Religion, ereignet sich, wo immer sich Menschen von ihr in diesem Sinne inspirieren lassen."[272]

Die Schlusspassage aus Assmanns „Totale Religion" entspricht dem, was Thomas Mann mit Bezug auf Roosevelt unter „Religion" versteht: „sozialen Fortschritt im Zeichen der Gottesfurcht, Achtung vor dem Individuum und was man hier

---

267 Vgl. Th. Mann, Joseph und seine Brüder, in: Rede und Antwort, 115.
268 Assmann, Thomas Mann und Ägypten, 144. Herv. des Originals.
269 Mann, Joseph und seine Brüder. Ein Vortrag, 116.
270 Ebd. Herv. des Originals.
271 In diesem Zusammenhang ist es wichtig, dass Assmann ausdrücklich von „Thomas Manns theologischer Zusammenschau" spricht, und zwar gerade unter dem Gesichtspunkt einer Zusammenführung von Dionysos und Christus, also einer theologischen Transformationsgeschichte „Gottes". Vgl. Assmann, Thomas Mann und Ägypten, 206.
272 J. Assmann, Totale Religion. Ursprünge und Formen puritanischer Verschärfung. Wien [2]2017, 174. Herv. des Originals.

‚mercy' nennt, Erbarmen, Güte."[273] Die Wirklichkeit „Gottes" offenbart sich, indem man Gottes Willen erfüllt. Der Zugriff auf diesen Willen erfolgt bei Thomas Mann sehr unvermittelt, indem er das Zeichen „Gott" an einen Prozess der Humanisierung der Menschheit koppelt. In ihn ist eingetragen, was sich zeigen muss: Respekt vor der Würde des Individuums. Aus theologischer Sicht wäre dies schöpfungstheologisch zu begründen und im Zuge einer philosophischen Evaluierung des Gottesmotivs auszutarieren. In der Josephs-Erzählung Thomas Manns übernimmt die narrative Durchführung, die poetische Performanz „Gottes" diese Funktion. Sie macht auf eine wichtige Herausforderung theologischer Reflexionsarbeit aufmerksam: der performativen Dimension des Gotteszeichens nachzugehen. Es zeigt seine Wirklichkeit, wo man lebt, was es besagt. Anders lässt sich nach Thomas Mann die Offenbarung Gottes nicht vorstellen und erreichen.

Auf dieser Linie ist auch das offenbarungstheologische Gespräch mit Jan Assmann zu führen. Es macht an dieser Stelle wenig Sinn, das religionspluralistische Drehmoment des (lessingartigen) Schlusssatzes der „Totalen Religion" christologisch aufzulösen, ohne die unterschiedlichen erkenntnistheologischen Voraussetzungen umfassend zu rekonstruieren. Dass Christ:innen gerade unter den von Assmann eingeführten kriteriologischen Bedingungen „wahrer Religion" diese in Jesus Christus deuten, kann daher nur als theologischer Differenzmarker benannt werden. Der Hinweis schließt die Frage danach ein, wie sich der Assmann'sche Grundsatz einholen lässt, ohne eine Wahrheit der ‚wahren Religion, die es nicht gibt' zu beanspruchen. Hier zeichnet sich ein prekärer Übergang der methodischen Perspektive in einen zumindest implizit theologischen Geltungsanspruch ab.[274] Assmann setzt bei der kulturellen Evolution des Monotheismus an, um über seine genealogische Rekonstruktion seine Funktion zu bestimmen. Sie zeigt sich in den Erinnerungsspuren des biblischen Monotheismus, die er im kulturellen Gedächtnis hinterlässt und als Weg zu einer vernünftigen und humanisierenden Überschreitung jener Gewaltpotenziale anlegt, in denen sich die Offenbarungsgeschichten des Monotheismus formieren. Theologisch wird genau dies als Prozess einer fortlaufenden Offenbarung Gottes in und als Geschichte bestimmt. An diesem Punkt schlägt die historische Analyse um. Sie legt die Entwicklung zur Normativität frei, lädt sie aber auch normativ auf. Dieser Diskurs ist geschichtlich mit dem Gottesmotiv so verbunden, wie Thomas Mann von ihm erzählerischen Gebrauch machte. Die Genealogie des Monotheismus führt demnach eine Religion der Humanität herauf.

Offenbarung wird insofern als evolutionärer Prozess bestimmt:

---

273 Brief vom 12.9.1942 an Kuno Fiedler, zitiert nach: J. Assmann u. a. (Hrsg.), Thomas Mann: Joseph und seine Brüder I. Text und Kommentar, 85. Herv. des Originals.

274 Ob sich zur Lösung der Vorschlag von Hans Joas zu einer affirmativen Genealogie eignet, wäre eigens zu diskutieren. Vgl. H. Joas, Die Sakralität der Person. Eine neue Genealogie der Menschenrechte. Berlin 2011, 147–203.

- im Spiegel der genealogischen Rekonstruktion des Monotheismus;
- im Zuge der normativen Erwartung an die humanisierende Dynamik von Religionen;
- im Horizont einer geschichtsphilosophischen Frage, die Jan Assmann im Blick auf die monotheistische Wende der Antike aufwirft:

> „wer weiß, ob wir, die wir heute über den Monotheismus nachdenken, nicht mitten in einer Wende stehen, die sich in der kulturellen Selbstwahrnehmung und Erinnerung vielleicht einmal als ein Sprung vergleichbarer Größenordnung konstituieren wird."[275]

Befinden wir uns also *heute* in einem revolutionären Prozess der Evolution von Religion? Dann hat die monotheismustheoretische Forschung Jan Assmanns mit ihren offenbarungstheologischen Implikationen und ihrer interpretativen Perspektivierung eben darin ihren Ort. Sie gehört nicht nur genealogisch, sondern geltungstheoretisch *in den Offenbarungsdiskurs der Schriften und Traditionen der Bibel.* Damit verschiebt sich der wissenschaftstheoretische Ort der Analyse. Sie ist als Teil des Diskurses Aspekt einer analytischen Transformation, die mit den eigenen Mitteln sogar für eine sehr weitreichende Frage Raum lässt. Ist Assmanns Diskurs implizit als Movens und Durchsetzungsfaktor einer „Offenbarungstheologie" zu betrachten? Anders gefragt: Wie verhält sich die eigene Theorie-Rekonstruktion erkenntnistheoretisch zum Geltungsanspruch, in den die Genealogie einmündet? Im methodischen Zuschnitt wie in der problemorientierten Perspektivierung des Offenbarungsdenkens im Monotheismus setzt sich zumindest eine implizit offenbarungstheologische Disposition durch, die dem offenbarungstheologischen Narrativ Thomas Manns entspricht:

- in der diskursiven Anlage einer humanisierenden Fortentwicklung des Religionsmotivs,
- das zugleich damit als *Offenbarung* modelliert wird
- und theoriekonstitutiv (im Zuge der eigenen Darstellung) eine Interpretationsfigur von Offenbarung einführt, die *offenbarungsanalog* eine humanisierende Evolution von Religion analysiert, interpretativ einsetzt und prospektiv anzeigt.

Jan Assmanns implizite Offenbarungstheologie markiert und betreibt die Evolution von Religion als Humanisierungsprojekt. Die *Umfunktionierung des Mythos ins Humane*[276], die Thomas Mann unternahm, stellt sich bei Jan Assmann als Umbildung eines Monotheismus der *Sprache der Gewalt* in seine religiöse Zivilisierung

275 J. Assmann, Totale Religion, 75f.

276 Vgl. Y. Ehrenspeck, ‚Den Mythos ins Humane umfunktionieren'. Frühe Rehabilitierung des Mythos angesichts des Faschismus bei Thomas Mann, in: Neue Sammlung 35, Hft. 3 (1995) 129–142.

im Zeichen einer Religionsform des Gottes aller Menschen dar.[277] Denkt man diesen evolutionären Ansatz konsequent zu Ende, handelt es sich um eine *inverse Offenbarungstheologie in der Form ihrer genealogischen Diskursivierung.*

3. *Performance und Ereignis. Fundamentaltheologische Theoriebildung im Raum einer „Gesellschaft der Singularitäten"*

Für Überlegungen zu einer soziologisch fundierten Theorie der Performativität, aber auch für die theologische Rezeption bietet die Theorie der „Gesellschaft der Singularitäten" von Andreas Reckwitz ein breites Register: Fundamentalismus, Pluralisierung von religiösen Erfahrungswelten und Glaubensräumen, Eventreligion, Authentizität, Spiritualität, Sub- und Gegenkulturen, Hybridisierung von Religionstraditionen und -formaten, religiöse Identitätsprofilierungen.[278] Nicht zuletzt die religionsproduktiven Tendenzen der *späten Moderne* (oder auch Postmoderne) lassen sich mit Reckwitz Ansatz abbilden:

> „Die religiösen Communities zirkulieren so auf globaler Ebene gewissermaßen als kulturelle Singularitätsgüter eigener Art und stehen miteinander im Wettbewerb ... Die neuen Religionen erschöpfen sich nicht in privatem Glauben und routinisierter Kirche, sie konstituieren sich in kollektiven, außeralltäglich und singulär erlebten Performanzen und Ereignissen". (410)[279]

Damit werden religionssoziologische, pastoraltheologische und im weitesten Sinn ekklesiologische Kontaktzonen bezeichnet. Dass sich die fundamentaltheologische Rezeption auf eine *offenbarungstheologische* Perspektivbildung verlegt, erscheint weniger naheliegend und bedarf einer eigenen Problemexposition. Sie hängt zum einen mit der Motivführung dieses Kapitels zusammen, wie sie im Ausgang von Jürgen Habermas über Jan Assmann entwickelt wurde. Sie orientiert sich zum anderen an den gesellschaftlichen Konstitutionsbedingungen religiöser Wahrnehmung und ihrer Sinnbildung, weil damit sowohl die Plausibilitätsvoraussetzungen religiöser Weltzugänge als auch die Formatierung der entsprechenden Erfahrungen in den Blick kommen. Insofern dient die „Gesellschaft

---

277 Vgl. zu dieser Formulierung P. Strasser, Der Gott aller Menschen. Eine philosophische Grenzüberschreitung, Graz 2002.

278 A. Reckwitz, Die Gesellschaft der Singularitäten. Zum Strukturwandel der Moderne, Berlin ^{4}2017; vgl. exemplarisch 409–413. – Im Folgenden mit Seitenzahlen im Text zitiert.

279 Auf dieser Linie wären Formen einer „Religion ohne Gott" (mit dem gleichnamigen Buchtitel von R. Dworkin, Berlin 2014) oder eines spirituellen Atheismus im Rahmen der Theorie der „Gesellschaft der Singularitäten" zu analysieren. Vgl. G. M. Hoff, Ein anderer Atheismus. Spiritualität ohne Gott?, Kevelaer 2015.

der Singularitäten" als eine *soziologische* Metatheorie fundamentaltheologischer Theoriebildung, die ihre Glaubensverantwortung aus dem gesellschaftlichen Material ihrer eigenen Zeit entwickelt. Insofern ist sie auf die prinzipientheoretische Bedeutung der „Zeichen der Zeit" (GS 4) verwiesen, die im Sinne der Pastoralkonstitution des 2. Vatikanischen Konzils eine epistemisch-offenbarungstheologische Funktion besitzen, weil sie in der Wechselwirkung mit dem Evangelium seine Bedeutung erschließen und insofern selbst eine offenbarende Kraft besitzen.[280]

3.1. Zwischen Beobachtung und Konstruktion gesellschaftlicher Sinnbildungen: Zum epistemischen Ort der Theorie einer „Gesellschaft der Singularitäten"

In einem ersten Schritt macht sich die fundamentaltheologische Rezeption der „Gesellschaft der Singularitäten" an der Funktion soziologischer Narrative fest. Sie haben rekonstruktiv-analytischen Vermittlungssinn und treten im Modus gesellschaftlicher Deutungserfordernisse sinnstiftend auf. Damit übernimmt die Soziologie wissenschaftsgeschichtlich die Bedeutung der historischen Wissenschaften im 19. Jh., die in der Form geschichtlicher Narrative vier Aspekte verbanden:

- Sie sättigten ein gesellschaftliches Bedürfnis nach Tradition in traditionstransformativen Zeiten.
- Sie etablierten ein historisches Zeitregime im kulturellen Transfer von Geschichtskonstruktionen.[281]

---

280 Vgl. zu diesem Interpretationsansatz H.-J. Sander, Theologischer Kommentar zur Pastoralkonstitution über die Kirche in der Welt von heute *Gaudium et spes*, in: HThKVatII, Bd. 4, Freiburg 2005, 581–886; vgl. G. M. Hoff, Offenbarungen Gottes? Eine theologische Problemgeschichte, Regensburg 2007.

281 Vgl. Chr. Clark, Von Zeit und Macht. Herrschaft und Geschichtsbild vom Großen Kurfürsten bis zu den Nationalsozialisten, München 2018, 9–27. – Clark weist mit der „Modernisierung der Zeit" (14) im 19. Jh. auf die Bedeutung der Erfahrung eines „Momentum(s) des historischen Wandels" (15) hin, der sich wiederum in einer Philosophie der Geschichte (Hegel) wie in der Bedeutungszunahme der sich historisch verstehenden Geisteswissenschaften umsetzt. „Die Folge war eine tiefgreifende Veränderung in der empfundenen Struktur und Gestalt der Zeit. Die rekursiven Zeitstrukturen der vormodernen Gesellschaften wichen einem Konstrukt namens Geschichte, das bislang als eine Abfolge transformativer und unumkehrbarer Ereignisse aufgefasst worden war und künftig als ‚die unablässige Wiederholung des Neuen' verstanden werden sollte." (15) Hier wird die historisch begründete Sinnbildungsdynamik der Geschichts*wissenschaft* greifbar.

- Sie spielten nationalen Innovationskarrieren eine historische Bedeutungsgrundlage zu.
- Sie füllten religiös entleerte gesellschaftliche Sinnzonen mit historischen Sakralisierungsmodellen (in der Form von großen Erzählungen, mit heroischen Implikationen und Anschlussmöglichkeiten politischen Handelns).

Diese Funktion kann im Zeichen einer „Gesellschaft der Singularitäten" nicht mehr umfassend erfüllt werden. Lediglich in der Fassung von kulturellen Essentialisierungen treten sie noch auf – allerdings im Rahmen jener Singularisierungs-Dynamiken, die von der entsprechenden Theorie erfasst und eingeschlossen werden. Indem sie Bruchstellen gesellschaftlicher Prozesse wiederum in der eigenen Modellierung aufnimmt, wird sie in der Form einer *offenen Theorieperformance* zu einer *tendenziell geschlossenen Hintergrundtheorie*, in die sich gesellschaftliche Selbstverständigungsanforderungen zu einem Ensemble umfassender Selbstkartierung verfugt.[282] Damit wird ein hermeneutisches Grundbedürfnis über die formale Rekonstruktion von gesellschaftlichem Sinn – als Sinninitativen, als Performance von Sinnavancen, als *Kreativität* – so modelliert, dass er wiederum instantan auftritt.[283]

Diese Form theoretischer Sinnerschließung macht auf eine wissenschaftsgeschichtliche, selbst wiederum modernisierungstheoretisch relevante Transformation *innerhalb* der „Gesellschaft der Singularitäten" aufmerksam: auf die Funktionsüberlagerungen und die differentielle Funktionsübernahme jener Sinnstiftungen, für die dem Anspruch nach, aber wiederum nur im Modus singularisierender Performances bzw. im Rückgriffsmodus von „Neo-Gemeinschaften" religiöse Traditionsbestände aktiviert werden.

Methodologisch bedeutet dies, dass für eine *fundamentaltheologische* Reflexion auf die Theorie der „Gesellschaft der Singularitäten" ihr epistemischer Ort nicht jenseits dieser eigenen performativen Sättigung zu erfassen ist.[284] Damit verschiebt sich der erkenntnistheoretische Aufmerksamkeitshorizont. Die Disposition der Theorie der „Gesellschaft der Singularitäten" betrifft hinsichtlich der Wahrnehmung und der Einordnung religiöser Sinnkomplexe zugleich deren

282 Dem widerspricht nicht, dass Andreas Reckwitz immer wieder auf die Grenzen soziologischer Theoriebildung angesichts nicht prognostizierbarer Ereignisse und exemplarisch der Dynamiken von Valorisierungsprozessen mit positiver wie negativer Attraktionsbildung sowie ihren Übergängen hinweist. Vgl. etwa den prognostischen Abschluss seines Bandes: 442.

283 Vgl. zur soziologischen Bedeutung kreativer Prozesse A. Reckwitz, Die Erfindung der Kreativität. Zum Prozess gesellschaftlicher Ästhetisierung, Berlin [6]2019. Dort vor allem zum "Kreativitätsdispositiv" und zum "gesellschaftliche(n) Regime des ästhetisch Neuen": 20–53.

284 Das verhält sich analog zur säkularisierenden bzw. säkularisierungsüberschreitenden Funktion von Säkularisierungstheorien.- Vgl. nochmals G. M. Hoff, Charles Taylors Konzept des säkularen Rahmens und Glaube als Option.

Diskursivierung. An dieser Stelle kommt das Thema „Offenbarung" fundamentaltheologisch ins Spiel:

1. am Übergang von sinnformativen Diskursen, die sich in gesellschaftlichen Prozessen zeigen
2. und die wiederum in der Theorie der „Gesellschaft der Singularitäten" sinnbestimmend formatiert (kartiert, markiert) werden.

Das zeigt sich in der Konstellierung der „sozialen Logik des Allgemeinen und einer des Besonderen als *das* zentrale Problem der modernen Gesellschaft." (430) Performativ wird hier die Position einer *Zentralisierung* bezogen, die zur Theorie für das Ganze wird. *Formale*, nämlich analytische Sinnerschließungsmuster verbinden sich mit der Explorationsfähigkeit der soziologischen Theoriebildung.[285] Sie macht sich an einer einschlägigen Problemstellung fest, die wiederum singularisierungstheoretisch formatiert wird. Denn

> „(i)n der spätmodernen Kultur der Selbstverwirklichung verwandelt sich das System der Kultur ... in ein Ensemble kultureller Ressourcen, das von den Individuen zum Zwecke ihrer eigenen Besonderung flexibel herangezogen wird. Die beruhigende (aber auch einschränkende) Verbindlichkeit der allgemeingültigen Singularitäten der Kultur wird durch die mobile und daher unberechenbare Kuratierung der Hyperkultur durch das Individuum ersetzt." (436)

Selbstverständlich ist die „Gesellschaft der Singularitäten" auf technische, nicht zuletzt digitalisierte Standardisierung angewiesen. Aber die *formale Allgemeinheit*, die sich technologisch als universell anschlussfähig erweist, trägt (und verstärkt) in ihren Nutzerformaten den Ausfall einer gesellschaftlichen *Allgemeinheit* im Sinne ihrer sinnbezogenen Verbindlichkeit:

> „In der Krise des Allgemeinen auf den Ebenen der sozialen Anerkennung, der Allgemeinheit der Kultur und des Politischen geht es ... nicht um Infrastrukturen, sondern um das sozial, kulturell und politisch *gemeinsam Geteilte*: um gemeinsame, reziproke Anerkennungsformen, gemeinsame Systeme des kulturell Wertvollen sowie gesamtgesellschaftliche Kommunikationsformen und normative Rahmungen." (437)[286]

---

285 Das zeigt sich im Übergang von Analyse und Ausblick, wenn Reckwitz – kritisch mit Blick auf die Planbarkeit von gesellschaftlichen Abläufen und die entsprechende Umsetzungsfähigkeit von soziologischen Aspirationen – das „neue Paradigma" eines „*regulativen Liberalismus*" als Format einer Verbindung von „politische(m) *doing universality*" und „allgegenwärtige(m) *doing singularity*" (441) annonciert.

286 Reckwitz weist darauf hin, dass es sich möglicherweise bei der Wahrnehmung dieser Krise „um eine Art kulturellen Phantomschmerz handelt: Die normativen Kriterien der klassischen Moderne wirken rudimentär weiter, obwohl die gesellschaftliche Realität längst über sie hinweggegangen ist." (437) Die Frage ist, ob sich eine Gesellschaft den Ausfall der Verbindlichkeitsmotive und -momente des Allgemeinen gerade in Krisen leisten kann – und was es bedeutet, auf die damit verbundenen Gerechtigkeitsambitionen zu verzichten, insofern die normative Aushöhlung von universalisierungsfähigen ethischen Obligationen jedes Mitglied der Gesellschaft betrifft und erreicht – wie sich in globalen Zusammenhängen in der Pandemie der Jahre 2020ff. zeigt.

Signifikant ist der Ausfall des religiösen Bezugssystems in diesem Zusammenhang, signifikanter aber die Funktion, die der Theorie einer „Gesellschaft der Singularitäten" performativ zukommt. Sie verschiebt mit ihrer Problemanzeige einer material garantierbaren Allgemeinheit die Bearbeitung auf die Ebene einer *formalen* Problemanzeige. Diese stellt nur in dieser Form eine Problembearbeitungsstrategie in Aussicht. Es braucht das *„gemeinsam Geteilte"*, aber es tritt nur in diesem Anspruch auf. Ihn kann man teilen, nicht Inhalte. Auf diese Weise zeigt sich die Funktion des soziologischen Narrativs, die es nicht im Sinne einer Überreizung des eigenen Theorieblatts ausspielt. Ihr kommt in den Diskursen gesellschaftlicher Verständigung wie im eigenen Theoriemodell eine Sinnexplorationskompetenz im Modus kritischer Gesellschaftstheorie zu.[287]

3.2. Plausibilitäten: Zur offenbarungstheologischen Theoriebildung im Raum einer „Gesellschaft der Singularitäten"

Die fundamentaltheologische Perspektive auf die „Gesellschaft der Singularitäten" verlagert sich damit auf die *Formen* gesellschaftlicher Sinnbildung. Wie lässt sich das, was Theologie als eine *Offenbarung Gottes* ausweist, (1.) in singularitätstheoretischen Erfahrungsmustern fassen und (2.) eine solche Offenbarung in singularitätsbezogenen Termen codieren? Diese Fragestellung setzt voraus, dass sich das Konzept *Offenbarung* nur gebunden an geschichtlichen Zeichengebrauch bestimmen lässt. Zeichen erhalten Bedeutung in gesellschaftlicher Kommunikation. Sie sind an die epistemischen Frames gebunden, die sich mit gesellschaftlichen Prozessen von Sinnbildung verschränken. Eine geschichtsbezogene Theologie der Offenbarung muss jene Codierungs-Praktiken berücksichtigen, die dem Zeichen „Gott" eine offenbarende Bedeutung zuzusprechen erlauben.

Das wird an der entscheidenden Gelenkstelle theologischer Theoriearbeit deutlich – an der Koordination von Transzendenz und Immanenz, christlich in der Zuordnung von Gott und Mensch. Wenn christliche Theologie von der *Menschwerdung Gottes* spricht, fungiert der Term *Mensch* als Bestimmungsterm *Gottes*, insofern der Mensch den Ort der theologischen Erreichbarkeit Gottes *in seiner Transzendenz* verkörpert. Damit wird ein theologischer Singularitätsvermerk gesetzt, der ein Zweifaches leistet: den Ausweis eines singulären Ereignisses als den Bestimmungspunkt „Gottes" sowie die Koppelung dieses singulären

287 Dass sich hier Übergänge zur Kritischen Theorie vor allem in ihrer Transformation durch die *Theorie kommunikativen Handelns* bei Jürgen Habermas zeigen (dessen Projekt im Literaturverzeichnis fehlt), sei hier in *theoriefunktionaler* Perspektive angemerkt. – Zur Problemstellung vgl. W. Jäger / Th. Matys, Sinnstiftung durch Soziologen?, in: M. N. Ebertz / R. Schützeichel (Hrsg.), Sinnstiftung als Beruf, Wiesbaden 2010, 265–274.

Offenbarungsmoments an die allgemeine Größe *des Menschen*. In christologischer Hinsicht bilden sich die Lebenswirklichkeit des Jesus von Nazareth und seine theologische (messianische) Bedeutung aufeinander ab. Im singularitätssoziologischen Zusammenhang ist die Codierung des *Humanen* von Interesse, weil es selbst eine Wissensform darstellt – gebunden an spezifische Merkmale seines Ausweises und seiner Diskursivierung. Der anthropologische Rahmen verschiebt sich geschichtlich. Das zeigen die verschiedenen Modelle christologischer Theoriebildung wie die Plausibilitätsmuster, in denen sich die Bedeutung der *Rede von einer Offenbarung Gottes im Menschen* über die Relevanz des theologisch konfigurierten Ereignisses der *Inkarnation* erschließt.

Dieser Zusammenhang bringt die Bedeutung jener *Episteme* zur Geltung, die sich in der „Gesellschaft der Singularitäten" mit dem Bestimmungsterm *Mensch* für die Wirklichkeit des Zeichens *Gott* verbindet. Dabei geht es nicht vorschnell um das Andocken des christologischen Motivs des *universale concretum* an seine singularitätstheoretische Dimension. Vielmehr richtet sich das Interesse auf die Wahrnehmungsbedingungen, unter denen sich der Code *Offenbarung* anthropologisch erschließen und einsetzen lässt. Nach Reckwitz sind dafür die singularisierenden Produktionsdynamiken zu berücksichtigen, mit denen sowohl die Auffassung vom Menschen als auch seine Weise, Erfahrungen *zu machen*, überhaupt erst in den Blick kommen.

Das wird an einem semiotischen Umschlagpunkt der Selbsterfahrung von Subjekten in der „Gesellschaft der Singularitäten" greifbar: an ihrem Interesse an *Authentizität*. Mit Erfahrungen von Authentizität versichern sich Subjekte ihrer selbst – in Gestalt von Praktiken, die wiederum gesellschaftlich generiert und vermittelt werden.

> „Das Authentische bezeichnet so ein extrem ausdeutungsfähiges Phänomen der Echtheit, das in der Kultur der Spätmoderne eine Art ‚leeren Signifikanten' bildet, das heißt eine nahezu entleerte Zeichenform, die für sie insgesamt prägend wirkt." (138)

Damit wird zum einen das Subjekt in den Prozessen seiner Authentifizierung an eine Arbeit der singulären Identifizierung gebunden. Es entsteht damit förmlich – und zwar im epistemischen Modus jener Erwartungen, die im gesellschaftlichen Produktionsmodus von Singularitäten *als authenisch* performt und bewertet werden.

Dem entspricht ein zweiter Übergang in der „Gesellschaft der Singularitäten": der einer Entgrenzung des Menschen in seinen Singularisierungsdynamiken. Sie befähigen ihn zum einen zu einer Erfahrung *authentischen Lebens*, drohen ihn zum anderen aber auch in seiner begrenzten Lebenszeit mit schier unbegrenzten Wahloptionen seiner Singularisierung zu überfordern und zu erschöpfen.[288] Im Paradox der begrenzten Zeitentgrenzung bleibt jede Bestimmung von

288 Vgl. A. Ehrenberg, Das erschöpfte Selbst. Depression und Gesellschaft in der Gegenwart, Frankfurt a. M. – New York 2004. – Wo religiöse Traditionen, die entsprechende Probleme

der Auflösung der bestimmenden Signifikanten authentischer, singulärer Existenz unterwandert.

Hier könnte man nun einen offenbarungstheologischen Übergang vermuten. Wenn nämlich der christologische Bestimmungsmodus umgekehrt wird, also die – chalkedonensische – Wechselwirkung der Terme „Gott" und „Mensch" in Gang kommt, scheint sich die Wirklichkeit „Gottes" als eigentlich authentische Bestimmung des Menschen anzubieten. Dem korrespondieren soteriologische Motive der Erlösung oder eschatologische Modelle der Vollendung des Menschen in Gott. Allerdings tritt an beiden Polen ein Moment der konstitutiven Unbestimmtheit auf: die Leerstelle einer zureichenden Bestimmung Gottes wie des Menschen *von sich her*. Beide Terme sind nur im Modus einer Überschreitung des jeweils anderen erreichbar – je nach Beobachterstandpunkt als *immanent* oder *transzendent*, gekoppelt an jeweils unterschiedliche Konfigurationen von Endlichem und Unendlichem.

Diese Leerstelle ist für die fundamentaltheologische Reflexion signifikant – als Bestimmungsform des Bezugsfelds, in dem die Terme „Gott" und „Mensch" verwendet werden. Das zeigt sich exemplarisch in Praktiken einer *unendlichen Produktion des Menschen*.[289] Hier öffnet sich ein neues anthropologisches Feld für die offenbarungstheologische *Theoriebildung* im Rahmen einer „Gesellschaft der Singularitäten".

3.3. Offenbarungstheologischer Zwischenschritt: Zur formativen Bedeutung der Zeichen der Zeit

Damit lässt sich die Bedeutung der zeitlichen Disposition in der Konstellierung der „Gesellschaft der Singularitäten" und der theologischen Rede von den „Zeichen der Zeit" präzisieren. Mit ihnen wird die Bedeutung des Evangeliums unter einem doppelten Gesichtspunkt ermittelt:

---

bearbeiten konnten, an Plausibilität verloren haben, tut sich eine gesellschaftliche Leerstelle auf, die andere Sinnbearbeitungen verlangt – mit Überforderungseffekten für Individuum wie Gesellschaft. – Zur Bedeutung von Hirnforschung und Individualisierungsprogrammen vgl. ders., Die Mechanik der Leidenschaften. Gehirn, Verhalten, Gesellschaft, Berlin 2019, 91–340. – Die Frage nach der Identifizierung von Subjekten, die sich angesichts von psychischen oder neurologischen Störungen als *selbstentfremdet* erleben und die Zuschreibung von Handlungen nicht auf *sich selbst* zurückführen können, nimmt der dilemmatische, förmlich schizoidierende Druck zu, sich selbst zu identifizieren (vgl. ebd., 345–353). Dieser Druck besitzt auch eine gesellschaftliche Dimension – die von Singularisierungszwängen in den „Handlungsregimen" (393) einer „Gesellschaft der Singularitäten".

289 Vgl. dazu *trans/posthumanistische* Ansätze oder die Entgrenzungs-Ambitionen des Humanen im Zuge *Künstlicher Intelligenz*.

- Zum einen charakterisieren sie die Zeit: Es geht also um ihre Signifikanz für die Bestimmung *dieser Zeit* in ihren spezifischen Prozessen.
- Zum anderen stellen sie den Rahmen, in dem das Evangelium den Menschen der jeweiligen Zeit kommuniziert werden kann. Damit geht es letztlich darum, die schöpferische Lebensmacht Gottes in ihrer Bedeutung für die jeweilige Gegenwart zu ermitteln und zu erschließen.

Genau das hat offenbarenden Charakter, denn die Selbstmitteilung Gottes kommt als Selbstoffenbarung nur *in ihrer Wahrnehmung* geschichtlich an. Der offenbarungstheologische Doppelterm *Seipsum revelare* (DV 2) und *Seipsum communicare* (DV 6) zeigt die zeittheologische Verschränkung dieser beiden Dimensionen an.[290]

Die formative Bedeutung der Zeichen der Zeit für die Theologie der Offenbarung verschiebt sich im gegebenen Zusammenhang insofern in die Frage, nicht nur was als Zeichen der Zeit gelten kann, sondern wie sie formatiert werden. Beide Fragen sind in der „Gesellschaft der Singularitäten" an *Prozesse der Singularisierung* gekoppelt:

1. Das gilt für „die soziale Logik des Besonderen" (12), die sich in Konfigurationen eines „religiösen Exzeptionalismus" (10) und politisch-identitärer Bewegungen, mit individualisierten Authentizitätserweisen und alltäglichen Lebensweisen wie Essenskulturen, Freizeitgestaltung, Reisen und Bildungsprogrammen durchsetzen.
2. Das gilt aber ebenso für die systemische Formatierung der *Akzeptabilität* von singularisierten Lebensformen und Einstellungen (vgl. 265–271) – also die Produktionsform der „Singularisierung und Valorisierung von Gütern" (179):

> „Die Singularitäten sind nicht kurzerhand objektiv oder subjektiv vorhanden, sondern durch und durch *sozial fabriziert*. Was als Einzigartigkeit gilt und als solche erlebt wird, ergibt sich ... ausschließlich in und durch soziale Praktiken der Wahrnehmung, des Bewertens, der Produktion und der Aneignung, in denen Menschen, Güter, Gemeinschaften, Bilder, Bücher, Städte, Events und dergleichen *singularisiert* werden." (13)

Diesen Prozessen liegt eine paradoxale Struktur zugrunde:

- In digital formatierten, epistemisch wirksamen soziale Frames vollziehen sich Prozesse einer gebundenen Singularisierung.[291]

290 Vgl. dazu grundlegend Th. P. Fößel, Offenbare Auferstehung. Eine Studie zur Auferstehung Jesu Christi in offenbarungstheologischer Perspektive, Paderborn 2017, 422–440.

291 Vgl. A. Nassehi, Muster. Theorie der digitalen Gesellschaft, München 2019, besonders 67–187.

- Sie erzeugen gesellschaftliche Widersprüche, die sich zwischen gesellschaftlichen Schichten aufbauen und wiederum Singularitätseffekte in Form von Adaptionen, aber auch Abstoßungen erzeugen.

In diesen Prozessen zeigen sich nicht nur die *Zeichen der Zeit* einer „Gesellschaft der Singularitäten". Diese paradoxale Widerspruchsform stellt vielmehr ihr spezifisches Zeichen der Zeit dar, indem sie es systemisch produziert. Über diese formale Bestimmung hinaus wird dieses Zeichen der Zeit in gesellschaftlichen Spannungen virulent, die wiederum *singularitätspragmatisch* produziert und codiert werden – exemplarisch mit dem „Aufstieg des Kulturessenzialismus" (394–428) im Horizont einer differenzbezogenen, strukturell pluralitätsaffinen „Gesellschaft der Singularitäten". Insofern sich *in diesen konfliktiven Zonen und Milieus* aus theologischer Sicht die Bedeutung des Evangeliums von der unbegrenzten schöpferischen Lebensmacht Gottes für jeden Menschen erweisen muss, nimmt dieses systemische Zeichen der Zeit die Bedeutung eines offenbarungstheologischen Programms an.[292]

3.4. Der offenbarende Charakter der Zeichen der Zeit in einer „Gesellschaft der Singularitäten"

Der christliche Begriff der Offenbarung bezieht sich auf die Erfahrbarkeit und Erschließung der unbegrenzten schöpferischen Lebensmacht Gottes, die im Leben und in der Botschaft, im Tod und in der bezeugten Auferweckung Jesu Christi geschichtlich erfahren und glaubend bestimmt wird. Die Offenbarung dieser Lebensmacht Gottes bezieht sich auf die schöpferische Dynamik dieser Welt, die auf Gott als ihren Ursprung bezogen wird. Die schöpferische Lebensmacht Gottes bildet den Anfang von allem und in allem. Sie ereignet sich damit einerseits in der Form einer schöpferischen Singularität, die sich andererseits in kreativen Aufnahmen dieser Lebensmacht Gottes jeweils neu ereignet – wo Tod und Vernichtung auf Leben umgestellt werden.

---

292 Das gilt nicht zuletzt für die Form der Codierung und Anwendung dieses Programms: Es wird in der „Gesellschaft der Singularitäten" digital-differenziert aufgespielt, setzt also seine Nutzung in der Form einer *offenen Kommunikation* auf der Grundlage einer *offenen Gesellschaft* voraus – während sich Abstoßungseffekte auf eine Reprogrammierung mit den Mitteln *geschlossener Zeichen- und Betriebssysteme* zurückgreifen. Es geht insofern mit diesem Zeichen der Zeit um mehr als die bloße Benutzeroberfläche des Programms, sondern darum, mit welcher Tiefengrammatik es funktioniert. Das betrifft wiederum alle Bereiche – von der Ökonomie (Einspruchsrecht der konkreten Arbeitswelt) über die Ökologie (Einspruchsrecht aller Lebensformen in der „natürlichen" Umwelt) bis hin zu politischen und religiösen Sphären (Logiken der Ein- oder Ausschließung von Menschen).

In den Zeichen der Zeit werden diese Umschlagpunkte insofern greifbar, als sie sich von GS her mit Krisenerfahrungen verbinden. Die Zeichen der Zeit weisen eine eigene „Dramatik" auf, indem sie die gesellschaftlichen, politischen, kulturellen Widerspruchsmomente der Gegenwart markieren. Sie besitzen eine anthropologische Bedeutung, weil sie den Menschen existenziell betreffen und in einen grundlegenden Widerspruch treiben: zwischen „Neuem" und „Ewigem" (GS 4). Das wiederum wird von der Pastoralkonstitution noch einmal in ein metatheoretisches Zeichen der Zeit eingetragen:

> „Der Gang der Geschichte selbst erfährt eine so rasche Beschleunigung, daß der Einzelne ihm schon kaum mehr zu folgen vermag. Das Schicksal der menschlichen Gemeinschaft wird eines und ist schon nicht mehr aufgespalten in verschiedene geschichtliche Abläufe. So vollzieht die Menschheit einen Übergang von einem mehr statischen Verständnis der Ordnung der Gesamtwirklichkeit zu einem mehr dynamischen und evolutiven Verständnis. Die Folge davon ist eine neue, denkbar große Komplexheit der Probleme, die wiederum nach neuen Analysen und Synthesen ruft." (GS 5)

Der Theorieansatz der „Gesellschaft der Singularitäten" liefert das methodische Repertoire für eine solche Analyse – und zwar gerade mit dem Blick auf die epistemische Bedeutung des markierten „Übergangs". Sie betrifft die *Erfassung* der gesellschaftlichen Dynamiken, damit aber auch einen *konstitutiven Übergang* innerhalb einer „Gesellschaft der Singularitäten". Er vollzieht sich mit den Praktiken einer Be- und Entwertung von Singularitätsgütern. Die ent/ valorisierende Zuschreibung stellt die *Performance* von „positiven" wie „negativen Singularitäten" dar (81), mit denen nicht nur eine Ästhetisierung der individuellen Existenzform, sondern auch eine Festlegung von sozialen Zugehörigkeiten manifestiert wird. Es handelt sich dabei nicht nur um die Feindistinktionen von kulturellen Sphären, sondern um Klassenunterschiede, die mit ökonomischen, medizinischen und bildungssozialen Markern Grenzen der Durchlässigkeit bilden. Diese Grenzen lassen zwar Auf- und Abstiege auf beiden Seiten zu, verfestigen sich aber in einer „Gesellschaft der Singularitäten" mit der Akkumulation oder dem Verlust von kulturellem Kapital.[293]

Insofern markieren die *kulturökonomischen* Singularisierungsprozesse (148) prekäre Übergänge von gesellschaftlichen Lebensformen und -chancen. Sie ziehen Grenzlinien von Leben und Tod gerade dort, wo sich Zugänge zu „kulturelle(n) Singularitätsmärkten" über Utopien eines wertvollen Lebens vollziehen – exemplarisch mit der Projektionsfläche von „Kreativstars" oder den „Fantasien eines ‚märchenhaften' Aufstiegs in Sachen Ruhm und Vermögen" (370). Diese Formate gehen nicht selten mit Abgrenzungen und Ressentiments gegenüber anderen Gruppen einher und etablieren Identitätsmuster im Zuge sozialer Ausschließungen. Sie rekombinieren in einer „Gesellschaft der Singularitäten"

---

293 Reckwitz spricht von einer „Kulturali*sierung* des Sozialen" (85) im spätmodernen „Kulturkapitalismus" (105; vgl.111–179).

Erfahrungen von Entgrenzungen mit Begrenzungen. In religionsaffinen Zusammenhängen geschieht dies u. a. in der Form von „Selbstkulturalisierungen" und einem „*Exzeptionalismus* des Eigenen" (409).

> „Das Religiöse hat hier eine neue Form: Es bewegt sich auf einem globalen Markt der Religionen, auf dem besonders fundamentalistische Spielarten mit ihrem Anspruch radikaler religiöser Authentizität Attraktivität entfalten." (409)

Die religiöse Wahrheitsform des Fundamentalismus setzt auf einen direkten Zugang zum Willen Gottes, mit dem Unterscheidungen nicht nur bezüglich religiöser Zugehörigkeit gesetzt, sondern auch Urteile über das Recht auf Leben exekutiert werden. Die Inszenierungen religiöser „Gewalt als Gottesdienst"[294] sind selbst Aspekte von Singularisierungs-Performances auf dem Markt der öffentlichen Aufmerksamkeit und globaler Politik.

Dass sich diese religiösen Performanzen an konfliktiven gesellschaftlichen Sphärenübergängen symbolisch festmachen (9/11 als Fanal),

- setzt *erstens* religionspolitische Offenbarungsformate frei, die ent/valorisierend fabriziert und rezipiert werden (z. B. im Film, aber auch in politischen Anschlusskriegen),
- verweist *zweitens* auf die Grenzziehungen von Leben und Tod in den systemischen Logiken der „Gesellschaft der Singularitäten", die in der Form ihrer Valorisierungen *Sakralisierungen* von Leben betreiben,
- und legt die Umprogrammierungen von religiösen Codes unter säkularen Bedingungen wiederum singularisierungsästhetisch offen (z. B. in den bereits angesprochenen Entgrenzungsdynamiken, die ästhetisch-biographisch aufgenommen werden und den Sinn von Transzendenzcodes aus ihrem religiösen Bezugsrahmen lösen).

Diese Prozesse lassen sich theologisch sowohl

1. *formal* mit der ästhetischen Formatierung von Erfahrungen als auch
2. *material* mit Bestimmungen der Grenzen von Leben und Tod in einer „Gesellschaft der Singularitäten" wie
3. in der *kreativen Produktion* religiöser wie religionsanaloger Codes als *offenbarend* bestimmen.[295]

Auf dieser Linie zeichnet das offenbarungstheologisch relevante Profil der „Gesellschaft der Singularitäten ab:

---

294 Vgl. H. G. Kippenberg, Gewalt als Gottesdienst. Religionskriege im Zeitalter der Globalisierung, München 2008.

295 Fundamentaltheologisch ist damit nicht eine Offenbarung Gottes bezeichnet, sondern im Sinn der vorhergehenden Ausführung ein offenbarungstheologisches Programm. In einem performanztheoretischen Rahmen stellt sich die Frage, wie sich die Form der Erfassung und der Bestimmung einer göttlichen Offenbarung zu ihr verhält. Hier bildet sich ein Zusammenhang der Erfahrung, Bestimmung und Deutung aus: vgl. die Überlegungen im vorigen Kapitel zu Jan Assmanns Thomas Mann-Rezeption.

1. **Ästhetisch** mit der Formatierung von Aufmerksamkeiten von Exzeptionalität, die sich an der Logik eines singulären Ereignisses bemessen.
2. **Methodologisch** mit der Aufmerksamkeit für die Bruchstellen einer „Gesellschaft der Singularitäten“, weil hier das bereits markierte Problem entgrenzter gesellschaftlicher und biographischer Projekte in begrenzter Zeit sichtbar und virulent wird (348f.).
3. **Epistemologisch** mit der Perspektive auf die Bedeutung von Nicht-Orten[296], die eine „Gesellschaft der Singularitäten“ produziert.

Wenn in der „Gesellschaft der Singularitäten“ der „*Imperativ der Selbstentgrenzung*“ (343) eine formative Rolle spielt, dann ebenso die daraus resultierenden Zwänge und Spannungen: das „Ungenügen an der Selbstverwirklichung“ (342), die „Krise der Selbstverwirklichung“ (434). Sie spiegeln sich gesellschaftlich in einer „Krise der Anerkennung“ (432), die Singularisierungsverlierer betrifft. Sie markieren einen systemischen Widerspruch in der „Gesellschaft der Singularitäten“ – zwischen ihren Schichten und Klassen. Sie reproduziert *kulturkapitalistisch* eine von universalen ethischen Verpflichtungen entleerte Form gesellschaftlicher Kommunikation, deren Sinn in singularisierenden Valorisierungen entsteht. Als Produktionswissen ist es hoch dynamisch, als Sinnstiftung labil. Dem korrespondiert der Mangel an systemischen Lösungen für dieses Problem in der Funktionsweise der „Gesellschaft der Singularitäten“ (343). Und so stehen nicht zufällig die entsprechenden Krisenmomente am Ende der Theoriebildung[297].

Diese Krisen und Übergänge haben – auf der Linie von Gaudium et spes – offenbarenden Charakter, weil sie Auskunft über den Ort des Menschen in seiner Zeit geben: im Zeichen seiner Verletzbarkeit. Hier macht sich die Bestimmung Gottes als einer unbegrenzten schöpferischen Lebensmacht fest. Hier erschließt sich die Bedeutung des Evangeliums. Insofern ereignet sich hier Offenbarung – im Prozess der Deutung des Evangeliums und dem Versuch, der schöpferischen Lebensmacht Gottes Raum zu geben.

Der theoretische Ansatz und die Analyseformate der „Gesellschaft der Singularitäten“ stellen insofern jenes Material, das in und als „Zeichen der Zeit“ offenbarungstheologisch zu qualifizieren ist. Das geschieht mit besonderem Augenmerk für die Räume, in denen sich das Leben in der „Gesellschaft der Singularitäten“ abspielt und formiert. Die Gestaltung dieser Räume unterliegt für die „*akademische* Mittelklasse“ (274) Prozessen einer ästhetischen Selbstverwirklichung und einer „*Kulturalisierung der Alltagspraxis*“ (292). Während hier „*Lebensführung* als *Kultur*“ (293) entworfen wird und singularisierte Lebensräume entworfen werden (299), entstehen im Gegenzug *forbidden areas*. Es handelt sich um Orte in der Gesellschaft, die ihren marginalisierten exterritorialen Raum symbolisch markieren: Nicht-Orte.

296 M. Augé, Nicht-Orte, München 2010.
297 Vgl. das Kapitel „Krise des Allgemeinen?“, 429–442.

> „So wie ein Ort durch Identität, Relation und Geschichte gekennzeichnet ist, so definiert ein Raum, der keine Identität besitzt und sich weder als relational noch als historisch bezeichnen lässt, einen Nicht-Ort ... Ort und Nicht-Ort sind fliehende Pole; der Ort verschwindet niemals vollständig, und der Nicht-Ort stellt sich niemals vollständig her – es sind Palimpseste, auf denen das verworrene Spiel von Identität und Relation ständig aufs Neue seine Spiegelung findet."[298]

Die Bedeutung von Nicht-Orten in einer „Gesellschaft der Singularitäten" zeigt sich darin, dass sie die wiederum übergängige, die förmlich gespenstische Existenzform von Menschen in der späten Moderne freilegen: das Leben als überflüssiges, verworfenes Leben.[299] Es spielt an Orten, an denen man sich nicht aufhalten, nicht verweilen, nicht leben kann, weil sie Beziehungen ausschließen: Flüchtlingsrouten, Transitzonen, Lager. Im Kulturkapitalismus zeigt sich Leben im „Aufschub": „Transaktionen treten an die Stelle von Beziehungen".[300] Es handelt sich in seiner *theologischen* Qualifizierung um einen negativen Offenbarungsmodus: Er zeigt den tödlichen Ausgang des Lebens *im Leben*. Und er lässt nach der Option gesellschaftlich gespaltenen Lebens fragen, das seine Sinnressourcen nur auf Abruf einzuspielen vermag.

Diese Fassung singulären Lebens leidet an einem Widerspruch, der für die Bestimmung religiöser Existenz aufschlussreich erscheint: an einem Bedarf an Einzigartigkeit, für den der Mensch selbst aufkommen muss, den er aber nicht garantieren kann, weil das Bedürfnis gesellschaftlich verfugt ist und in eine Spirale der Selbstökonomisierung verwickelt. In ihr stellt sich die Endlichkeit des Menschen nicht mehr als Raum der Erfahrung, sondern als Handicap der Entfaltung dar. Die Aussicht auf unendliches Leben aber steht nicht nur utopisch aus, sondern erscheint bedrohlich angesichts seiner Produktion, für die die technologische Singularität das Fanal ist. Denn es stellt sich die Frage, wer sich damit zum Herrn der Geschichte aufschwingt – d. h. wer die Definitionsmacht des Lebens an sich zieht und sie ausspielt. In dieser Form handelt es sich um *schlechte Unendlichkeit*, die vom Tod her justiert ist, den sie zu vermeiden sucht, statt vom Leben her zu bestimmen, was der Tod angesichts der kreativen Disposition der Welt bedeutet.[301]

298 Ebd., 83f.

299 Vgl. Z. Bauman, Verworfenes Leben. Die Ausgegrenzten der Moderne, Hamburg 2005.

300 R. Sennett, Die Kultur des neuen Kapitalismus, Berlin ^{3}2008, 30.

301 Diese Schlusspassage ist übernommen aus: G. M. Hoff, Glaubensräume I/2: Fundamentaltheologische Topologie, Ostfildern 2021, 231.

Kapitel 5: Terrain: Der kirchliche Bestimmungsraum performativer Theologie

Die Studien des 4. Kapitels hatten Modellcharakter. Als performanztheoretische Tiefenbohrungen angelegt, sollten sie den Raum vermessen, in dem sich Fundamentaltheologie unter Bedingungen des *Performative Turn* bewegen kann. Dieser Raum ist aus erkenntnistheologischen Gründen immer ein kirchlich bestimmter Glaubensraum. Theologie bezieht sich grundlegend auf Schrift und Tradition, die nur in ihren kirchlichen Konstitutionsbezügen historisch wie epistemologisch zu verstehen sind.

Insofern richtet sich der performanztheoretische Blick auch auf die Produktionsformen kirchlichen Wissens sowie auf die fundamentaltheologische Bedeutung kirchlicher *Performances*. Das 5. Kapitel weist insofern – erneut in Form von Modellstudien – den kirchlichen Bestimmungsraum performativer Theologie aus:

- In Form einer Hinführung wird die performative Umstellung der kirchlichen Wissensformen in der konziliaren Beratungs- und Entscheidungspraxis am Beispiel des 2. Vatikanischen Konzils skizziert.
- Die epistemisch-performative Dimension des Konzils stellt 60 Jahre nach seiner Eröffnung die Frage, ob und inwiefern sich die konziliaren Beratungsformate weltkirchlich in einer synodalen Praxis vertiefen lassen, wie sie Papst Franziskus vorschlägt. Der Synodale Weg der katholischen Kirche in Deutschland dient dafür als ein Modell, an dem sich die performative Macht synodaler Praxis aufzeigen lässt.
- Der Synodale Weg ist in einer konkreten Situation entstanden: im Zuge der Beratungen der Deutschen Bischofskonferenz auf ihrer Frühjahrsvollversammlung 2019 in Lingen. Dort wurden die Ergebnisse der MHG-Studie[302] analysiert und diskutiert – und als Reaktion auf die systemischen Dimensionen des katholischen Missbrauchskomplexes der Synodale Weg beschlossen. Im Fokus stand dabei nicht zuletzt die Frage nach der Disposition und Funktionsweise kirchlicher Sakralmacht, die im Kapitel 5.3. exemplarisch analysiert wird. Dabei wird durch den Bezug auf den liturgisch-kirchlichen Raum die besondere Bedeutung performativ wirksamen kirchlichen Handelns markiert.

302 https://www.dbk.de/fileadmin/redaktion/diverse_downloads/dossiers_2018/MHG-Studie-gesamt.pdf.

1. *Hinführung: Das 2. Vatikanische Konzil als eine Performance kirchlicher Wissensproduktion*

Das 2. Vatikanische Konzil stellt in mehrfacher Hinsicht eine eigene Performance kirchlicher Beratungs- und Entscheidungspraxis dar. Während das 1. Vatikanische Konzil mit seiner Geschäftsordnung ein klares Übergewicht der Konzilsmehrheit festschrieb, legte sich das 2. Vatikanische Konzil auf ein verständigungsorientiertes Format von Beratungen und Abstimmungen fest.[303] Von besonderer Bedeutung war dabei die Wahl der Konzilskommissionen. Kardinal Liénart, unterstützt von der Mehrheit der Konzilsväter, wies darauf hin,

> „man kenne sich noch zu wenig; man möge deshalb den Konzilsvätern Zeit lassen, miteinander Fühlung aufzunehmen, insbesondere über die Bischofskonferenzen ..., bevor man die Kommissionen wähle."[304]

Dieser Schritt bestimmte den Ausgangspunkt aller folgenden Debatten:

- statt vorab formulierte Entwürfe der vorbereitenden Kommissionen aufzunehmen, organisierten sich die Konzilsväter in Sprachgruppen;
- es bildeten sich kommunikative Netzwerke, die im Umfeld der Konzilsdebatten wie in der Konzilsaula wirksam waren;
- das Konzil entwickelte ein Modell gelebter *communio*, das wiederum als ekklesiologische Bestimmungsform eingesetzt wurde.

Auf dieser Basis bildeten die offenen Auseinandersetzungen den Raum, in dem die ekklesiologischen und theologischen Koordinaten des Konzils festgelegt wurden. Die kommunikative *Performance* erwies sich dabei als paradigmatisch wirksam: Spannungen wurden diskursiv bestimmt und ausgetragen. Die verabschiedeten Dokumente brachten auch Minoritätspositionen zur Geltung, sodass die abschließenden Abstimmungen eine moralische Einstimmigkeit artikulierten. Das schloss Kompromisse ein, die sich differenzhermeneutisch als Ausdruck von bleibenden Spannungen interpretieren und produktiv machen lassen.[305] Sie gehören zur ekklesiologischen *Vollzugsform* des Konzils.[306]

---

303 Vgl. Kl. Schatz, Allgemeine Konzilien – Brennpunkte der Kirchengeschichte, Paderborn u. a. 1997, 282f.

304 Ebd., 294.

305 Zur theologischen Bedeutung dieser Kompromisse vgl. M. Seckler, Über den Kompromiss in Sachen der Lehre, in: ders. / O. H. Pesch / K. Brosseder / W. Pannenberg (Hrsg.), Begegnung. Beiträge zu einer Hermeneutik des theologischen Gesprächs (FS H. Fries), Graz u.a. 1972, 45-57.

306 Vgl. G. M. Hoff, Die prekäre Identität des Christlichen. Die Herausforderung postModernen Differenzdenkens für eine theologische Hermeneutik, Paderborn u. a. 2001, 314–338; besonders 321.

Dem entspricht die Wahrnehmung einer Leitdifferenz, an der entlang sich die maßgeblichen ekklesiologischen Dokumente des Konzils bewegen: die dogmatische Konstitution *Lumen Gentium* sowie die Pastoralkonstitution *Gaudium et spes*. Sie arbeiten mit einer fortlaufenden Doppelperspektive: Kirche spricht *ad intra et ad extra*, wobei der Außenbezug nicht nur kommunikativ adressiert, sondern zugleich aufgenommen wird. Die gesellschaftlichen Realitäten und wissenschaftlichen Erkenntnisse der „Welt von heute", die Stimmen aus der christlichen Ökumene und die Traditionen der anderen Religionen erhalten in den Konzilsdokumenten epistemisches Gewicht. Indem sie eingespielt, eingeordnet und theologisch reflektiert werden, sprechen sie zwar nicht als Dialogpartner mit eigenem Stimmrecht; sie werden dargestellt. Aber auf diese Weise bilden ihre Positionen das Bezugsfeld, in dem das Konzil die kirchliche Lehre entwickelt.

Damit verändert sich die kirchliche Wissensproduktion auf dem Konzil:

- mit der Anerkennung der Religionsfreiheit (DH);
- mit der theologischen Wertschätzung anderer christlicher Kirchen und kirchlicher Gemeinschaften (UR);
- mit dem theologisch begründeten Respekt vor anderen religiösen Traditionen (NA);
- mit der Aufnahme des Judentums in die eigene Lehrdarstellung als ein konstitutives Moment kirchlicher Identität – historisch wie theologisch und heilsgeschichtlich (NA 4).

Mit diesen Entscheidungen des Konzils verändert sich die katholische Kirche *performativ*:

- vielleicht am deutlichsten spürbar und also performativ wirksam in der liturgischen Praxis (SC);
- markant in der pastoralen Lehrform – mit der Zuordnung zu den Zeichen der Zeit (GS 4);
- systemisch in der kollegialen Koordination von Bischofskollegium und Papst (LG 19)[307] sowie in der profilierten Bestimmung des Ortes der Laien in der Kirche (LG 30–38);
- partizipationstheologisch im Anteil aller Getauften an den drei Dienstämtern Jesu Christi (LG 31), mit der Betonung des allgemeinen Priestertums aller Getauften (LG 10) sowie der Bestimmung des *sensus fidei* (LG 35), der wiederum mit der Unfehlbarkeit der gesamten Kirche verbunden wird (LG 12).

Das *vollzog* sich performativ in einer Lehrpraxis, die nicht nur Debatten in der Konzilsaula Raum gab, sondern sie positional in den Texten verankerte, also den Prozess der theologischen Urteilsbildung in die lehramtlichen Dokumente der

307 Lumen Gentium: Dogmatische Konstitution über die Kirche, Zweites Vatikanisches Konzil.

Urteilsfindung integrierte. Das bedeutet: Der Diskurs ist *Aspekt* konziliarer Lehrpraxis, und genau dies verändert die epistemische Macht der Kirche im Modus ihrer konziliaren Wissensproduktion *performativ*. Denn in communialer Praxis verwaltet Kirche nicht nur Tradition. Vielmehr entwickelt sich im Kontakt mit dem Außen des Glaubens, den *loci theologici alieni*, das Wissen der Kirche.

2. *Eine Performance kirchlicher Gewaltenteilung: Der Synodale Weg*

Im Zuge der Überlegungen zu einer performativen Fundamentaltheologie kommt neben der ekklesiologischen Grammatik, die im vorigen Unterkapitel diskutiert wurde, der kirchlichen *Performance* eine entscheidende Bedeutung zu. Sie besitzt selbst *theoriekonstitutiven* Charakter, wie die Ausführungen zum 2. Vatikanischen Konzil zeigen sollten.

Die folgenden Überlegungen haben von daher eine förmlich *fundamentaltheologische* Funktion. Sie sollen den Blick (1.) auf die ekklesiologische Bedeutung des Synodalen Wegs sowie (2.) auf die spezifische Form richten, mit der der Synodale Weg seine theologischen Perspektiven einbringt. Dabei wird die kirchliche *Performance* im Fokus stehen: die performative Macht des Synodalen Wegs, der in seiner besonderen Form – jenseits einer von Bischöfen dominierten Synode, mit einer Beratung von gewählten Repräsentat:innen des Volkes Gottes – mit seinen offenen Diskussionen, den vorgelegten Texten sowie seinen Beschlussfassungen eine eigene Dynamik kirchlicher Gewaltenteilung in Gang gesetzt hat.

Damit sind zwei Thesen verbunden:

1. dass es beim Synodalen Weg entscheidend um die synodale Performance geht, die als solche ekklesiologisch relevant ist – als praktizierte Gewaltenteilung;
2. dass sie sich in der Praxis der Beratungen sowie in der argumentativen Form zugleich als eine epistemische Gewaltenteilung darstellt.

2.1. Zur ekklesiologischen Bedeutung der Entscheidung für den Synodalen Weg

In diesem Zusammenhang ist die Tatsache, dass der Synodale Weg beschlossen wurde, als solche von Bedeutung. Die Entscheidung für den Synodalen Weg fiel auf der Frühjahrsversammlung der Deutschen Bischofskonferenz 2019 in Lingen. Vorausgegangen war ein Studientag, der die systemische Bedeutung der

MHG-Studie diskutierte.[308] Bereits der Titel des Studientags markierte den Einschnitt, den die Ergebnisse der Studie für die katholische Kirche in Deutschland darstellte. Unter dem Leitmotiv der „Zäsur“ wurden „übergreifende Fragen“ adressiert.[309] Sie betrafen die Disposition kirchlicher Macht und ihre Sakralisierung[310], den Zusammenhang des Missbrauchsskandals mit der katholischen Sexualethik[311] sowie Herausforderungen für die Priesterausbildung.[312] Die Moderatorin des Studientags, Julia Knop, bestimmte in ihrer Einleitung das Problemfeld, in dem sich die Diskussion der Bischöfe bewegte:

> „was mit der DNA der Kirche zu tun hat, was tief in ihren ekklesialen Code eingeschrieben ist, ist die religiöse Aufladung von Macht, die Immunisierung kirchlicher Deutungshoheit, die Sakralisierung des Weiheamtes, die Auratisierung des Amtsträgers, die Stilisierung von Gehorsam und Hingabe, die geistliche Überhöhung der priesterlichen Lebensform, die Dämonisierung von Sexualität, die Tabuisierung von Homosexualität, die Paradoxie asexueller Männlichkeit.“[313]

Neun Jahre nach der Aufdeckung des Missbrauchsskandals am Canisius-Kolleg in Berlin und der Einleitung verschiedener Maßnahmen der DBK[314] zeigte sich die Notwendigkeit, eine neue, durchschlagender Bearbeitungsform des katholischen Missbrauchskomplexes in seiner systemischen Disposition zu finden. Dass und wie sich die Bischöfe auf dem Studientag auch auf die Expertisen von externen Beobachter:innen einließen, bestimmte nicht nur die Entscheidung für den Synodalen Weg am Ende dieser Tagung maßgeblich mit, sondern stellte vom ekklesialen Stil her selbst eine Zäsur dar.

Bis zum Schluss der Lingener Vollversammlung rangen die Bischöfe um eine Strategie. Dass der Synodale Weg beschlossen wurde, stellt insofern das Resultat einer praktizierten Gewaltenteilung dar, als diese Entscheidung *erstens* den Erwartungen und dem Druck der gesellschaftlichen wie der kirchlichen Öffentlichkeit Rechnung trug und *zweitens* mit dem *Zentralkomitee der deutschen Katholiken*

---

308 https://www.dbk.de/fileadmin/redaktion/diverse_downloads/dossiers_2018/MHG-Studie-gesamt.pdf.

309 https://www.dbk.de/presse/aktuelles/meldung/studientag-zum-thema-die-frage-nach-der-zaesur-zu-uebergreifenden-fragen-die-sich-gegenwaertig-stel

310 G. M. Hoff, Sakralisierung der Macht. Theologische Reflexionen zum katholischen Missbrauch-Komplex, abrufbar unter: https://www.dbk.de/fileadmin/redaktion/diverse_downloads/presse_2019/2019-038c-FVV-Lingen-Studientag-Vortrag-Prof.-Hoff.pdf

311 Der Vortrag von E. Schockenhoff ist abrufbar unter: https://www.dbk.de/fileadmin/redaktion/diverse_downloads/presse_2019/2019-038d-FVV-Lingen-Studientag-Vortrag-Prof.-Schockenhoff.pdf

312 Ph. Müller, Zur Zukunft der priesterlichen Lebensform, abrufbar unter: https://www.dbk.de/fileadmin/redaktion/diverse_downloads/presse_2019/2019-038b-FVV-Lingen-Studientag-Vortrag-Prof.-Mueller.pdf

313 Die Einführung von J. Knop ist abrufbar unter: https://www.dbk.de/fileadmin/redaktion/diverse_downloads/presse_2019/2019-038a-FVV-Lingen-Studientag-Einfuehrung-Prof.-Knop.pdf

314 Vgl. https://www.dbk.de/themen/sexueller-missbrauch

initiiert wurde. Der Synodale Weg bildet das Ergebnis eines Ringens der Bischöfe um eine Lösung, die nicht nur zwischen Mehrheit und Minderheit von Bischöfen erzielt wurde, sondern von Anfang an die Beteiligung des *Zentralkomitees der deutschen Katholiken* konstitutiv vorsah. Die Auseinandersetzung als solche, dann die fast einstimmige Entscheidung für den Synodalen Weg in der DBK ermöglichte ein neues Format kirchlicher Beratungen.

Dieses Format ist früh auf Skepsis gestoßen. Papst Franziskus hat mehrfach seine Sorgen um die geistliche Grundlage des Synodalen Wegs artikuliert.[315] Der kirchenrechtliche Status erschien mindestens ungeklärt, eher problematisch oder – etwa aus der Sicht des Präfekten der vatikanischen Bischofskongregation, Kardinal Ouellet, – als unhaltbar.[316] Von „Partizipations-Avatare(n)" war die Rede.[317] Ist ein kirchliches Beratungs- und Entscheidungsinstrument, das in dieser Form vom CIC nicht vorgesehen ist, überhaupt relevant? Welche Konsequenzen ergeben sich aus den Beratungen des Synodalen Wegs? Können Bischöfe von Laien überstimmt werden? Dürfen sich Bischöfe in der Ausübung ihrer Leitungsmacht an Entscheidungen binden, die vom Synodalen Weg getroffen oder vorgeschlagen werden – etwa auf dem Wege von Selbstverpflichtungen? Löst der Synodale Weg nicht sowohl in seiner Form wie in seinen Agenden falsche Erwartungen aus? Führt er nicht zwangsläufig zu Enttäuschungen – schon weil sich Fragen wie die nach der Frauenordination nur auf weltkirchlicher Ebene klären lassen?[318]

In diesem Zusammenhang ist die Entscheidung für den Synodalen Weg als solche von Bedeutung, denn er geht bewusst über gegebene kirchenrechtliche Formate hinaus und setzt ein eigenes Modell kirchlicher Beratungen in Gang. Er erweitert in der Form eines Experiments die synodalen Optionen in der katholischen Kirche. Dieses Experiment muss sich bewähren.[319] Es kann scheitern. Aber

---

315 Papst Franziskus, Schreiben an das pilgernde Volk Gottes in Deutschland (29.6.2019), in: https://www.vatican.va/content/francesco/de/letters/2019/documents/papa-francesco_20190629_lettera-fedeligermania.html: „Ich erinnere daran, was ich anlässlich der Begegnung mit euren Oberhirten im Jahre 2015 sagte, dass nämlich eine der ersten und größten Versuchungen im kirchlichen Bereich darin bestehe zu glauben, dass die Lösungen der derzeitigen und zukünftigen Probleme ausschließlich auf dem Wege der Reform von Strukturen, Organisationen und Verwaltung zu erreichen sei, dass diese aber schlussendlich in keiner Weise die vitalen Punkte berühren, die eigentlich der Aufmerksamkeit bedürfen."

316 Vgl. das Schreiben von Kardinal Ouellet mit kirchenrechtlichem Gutachten: https://www.dbk.de/fileadmin/redaktion/diverse_downloads/dossiers_2019/2019-09-04-Schreiben-Rom-mit-Anlage-dt-Uebersetzung.pdf

317 Vgl. N. Lüdecke, Die Freiheit des Herrn Woelki, in: https://www.feinschwarz.net/die-freiheit-des-herrn-woelki/

318 Vgl. N. Lüdecke, Die Täuschung. Haben Katholiken die Kirche, die sie verdienen? Darmstadt 2021.

319 Auf der 3. Plenarversammlung des Synodalen Wegs vom 3.–5.2.2022 wurden die ersten Texte verabschiedet: der Orientierungstext, der Grundtext des Forums „Macht und Ge-

jenseits dieses Experiments war die DBK in Lingen 2019 nicht handlungsfähig. Diese Tatsache unterstreicht die Bedeutung des Synodalen Wegs – weil sie Ausdruck einer kirchlichen Gewaltenteilung war, ohne die es in Lingen 2019 und angesichts der Ergebnisse der MHG-Studie nicht einfach weitergegangen wäre. Das heißt: ohne dieses Experiment, aber auch ohne die damit gegebenen Risiken konnten sich Bischöfe nicht der durchgreifenden Krise stellen, in der sich die katholische Kirche in Deutschland (und weit darüber hinaus) befindet.

Damit verbindet sich ein weiterer Aspekt, der ekklesiologisch relevant erscheint. Nicht nur die Entscheidung für den Synodalen Weg ist Ausdruck einer praktizierten kirchlichen Gewaltenteilung, sondern auch das Format, in dem sich der Synodale Weg an Mehrheitsentscheidungen sowohl der Deutschen Bischofskonferenz als auch des Zentralkomitees der deutschen Katholiken gebunden hat.[320] Die Geschäftsordnung wurde vorab zwischen den beiden institutionellen Hauptakteuren verhandelt – mit Abstimmungen in der DBK wie im ZdK – und durch Beschluss der Synodalversammlung des Synodalen Weges am 31. Januar 2020 angenommen. Der deliberative Prozess als solcher setzte auf diese Weise ein Modell kirchlicher Entscheidungsfindung in Kraft, das den beteiligten Partnern nicht nur Rechte einräumt, sondern das Recht, solche Rechte wahrzunehmen. Dies wurde von Anfang an in einem partizipativen Rahmen ausgearbeitet und festgelegt. Das wäre im Modus einer bischöflichen Synode so nicht möglich gewesen, wird aber mit dem Synodalen Weg in einem neuen Format praktiziert. Das performative Moment des ortskirchlichen *decision taking and making*, auch wenn es in universalkirchlich relevanten Fragen immer an die gesamte Kirche und den Papst zu vermitteln ist, wird an einem Punkt bereits für die Universalkirche wirksam: wenn Beschlussvorlagen zur Weiterentwicklung der kirchlichen Lehre (Sexualmoral, Frauenordination) aus gemeinsamen kirchlichen Beratungsprozessen vor Ort hervorgehen und in die Weltkirche als Vorschläge bzw. als Vorlagen für weitere Beratungen eingespeist werden.

Damit stehen wiederum kritische Rückfragen im Raum: Handelt es sich nicht um eine Demokratisierung von Kirche, die ihr Maß am säkularen Staat statt an der apostolischen Dignität der bischöflichen Entscheidungsträger nimmt? Betreibt man damit nicht unter der Hand eine Protestantisierung der katholischen Kirche? Und was bedeuten mögliche Entscheidungen, die aus einer spezifisch deutschen Perspektive getroffen werden? Ist man unterwegs zu einer Nationalkirche, die zudem „typisch deutsch" auf strukturelle Reformen statt einer spiri-

---

waltenteilung" und der Handlungstext zur Bischofsbestellung. Vgl. https://www.synodalerweg. de/dokumente-reden-und-beitraege#c6472. Der Handlungstext hat inzwischen zu ersten Umsetzungsschritten in einzelnen Diözesen geführt (Stand Manuskriptschluss 31.7.2022).

320 Vgl. die Geschäftsordnung des Synodalen Wegs: https://www.synodalerweg.de/fileadmin/Synodalerweg/Dokumente_Reden_Beitraege/Geschaeftsordnung-des-Synodalen-Weges.pdf

tuellen Erneuerung setzt?[321] Werden nicht Agenden verhandelt, die schon lange die katholischen Reform-Drehbücher – folgenlos – bestimmen? Erlebt man nicht eine „Instrumentalisierung des Missbrauchs“[322], wenn er für reformkatholische Interessen genutzt wird?

Diese Fragen aus sehr unterschiedlichen kirchlichen Horizonten und Interessenlagen sind ernst zu nehmen – und werden gerade auf dem Synodalen Weg prozessiert. Er bietet das Diskussions- und Beratungsforum, um sie offen zu markieren und die Belastbarkeit der Argumente zu prüfen, die den Fragen zugrunde liegen. Dabei hat wiederum entscheidendes Gewicht, dass die Mehrheit der Bischöfe diesem synodalen Format zugestimmt hat. Die kritische Masse an Fragen muss zwischen den verschiedenen Gruppen und ihren Perspektiven diskutiert werden. Hier zählt das Argument, die theologische Überzeugungskraft – und nicht die pure Tatsache, wer sich äußert. Anders gesagt: Die Performance der Bischöfe, die ihre apostolische Macht einsetzten, um den Weg für synodale Beratungen auch mit Laien frei zu machen, beschränkt sich nun auch gegenüber den bischöflichen Kritikern des Synodalen Wegs nicht darauf, bloß auf *apostolisch qualifizierte* Mehrheitsverhältnisse in der DBK hinzuweisen. Apostolische Autorität steht nicht einfach per Weihe fest, sondern sie muss sich zugleich wie beim Apostel Paulus in seinem Ringen um die Möglichkeit einer Heidenmission ohne Beschneidung über das theologische Argument erweisen. Dafür braucht es ein Forum – für Paulus die Auseinandersetzung mit Petrus und den Jerusalemer Autoritäten (Gal 2,1–10). Das kann zum Konflikt führen, wie der *Antiochenische Zwischenfall* belegt (Gal 2,11–16).[323] Nicht anders kamen und kommen konziliare Entscheidungen zustande. Theologische Argumente zu entwickeln und zu prüfen – genau das erlaubt der *Synodale Weg*, indem er sowohl der Minderheit als auch der Mehrheit unter den Bischöfen wie den Laien diskursiven Raum gibt. Es handelt sich um eine kirchlich praktizierte Gewaltenteilung, die auf diese Weise das Machtproblem bearbeitet, das mit dem Missbrauchsskandal in vielfältiger Weise verbunden ist und deshalb auch das Forum 1 „Macht und Gewaltenteilung“ des Synodalen Wegs anleitet.[324]

Diese ekklesiologische Gewaltenteilung ist mit einer starken spirituellen Perspektive verbunden: als eine synodale Unterscheidung der Geister im Inte-

---

321 Vgl. G. Gnauck / Th. Jansen / T. Schröers, Wohin geht ihr? Reformprozess der Katholiken, in: https://www.faz.net/aktuell/politik/inland/synodaler-weg-und-die-furcht-vor-einer-nationalkirche-16612283.html?printPagedArticle=true#pageIndex_2

322 So der Regensburger Bischof R. Voderholzer; vgl. https://www.katholisch.de/artikel/32847-voderholzer-gutachten-akt-der-instrumentalisierung-des-missbrauchs.

323 Vgl. zur Einordnung Th. Söding, Apostel gegen Apostel. Ein Unfall im antiochenischen Großstadtverkehr (Gal 2,11–16), in: http://www.kath.ruhr-uni-bochum.de/imperia/md/content/nt/nt/forschungsprojekte/forschungsberichte/ntr/papostel_gegen_apostel.pdf

324 Synodalforum 1: „Macht und Gewaltenteilung in der Kirche – Gemeinsame Teilnahme und Teilhabe am Sendungsauftrag“ Vgl. https://www.synodalerweg.de/struktur-und-organisation/synodalforen

resse an der Aufarbeitung des Missbrauchsproblems wie an der Kommunikation des Evangeliums. Die kirchlichen Reformagenden, die sich damit verbinden, sind dann aber nicht nur Gegenstand von Verhandlungen, sondern bereits der Modus operandi des Synodalen Wegs.

2.2. Zur ekklesiologischen Koordination des Synodalen Wegs

Der Zusammenhang von Missbrauchsskandal und synodalen Reform-Agenden betrifft insofern die *Form*, in welcher der Synodale Weg ekklesiologisch funktioniert. Zum einen reagiert er auf innerkirchliche Problem und Konflikte, zum anderen adressiert er in der Bearbeitung des systemischen Missbrauchskomplexes eine ekklesiologisch relevante Grundfrage: Ist die katholische Kirche von sich her imstande, das Missbrauchsproblem angemessen zu bearbeiten? Das betrifft – wie die Vorgänge in der Erzdiözese Köln seit 2020 mit dem Zurückhalten eines ersten und der Beauftragung eines zweiten Gutachtens sowie massiven Irritationen im Nachgang exemplarisch zeigen[325] – Fragen nach der Rechtskultur. Das berührt wiederum die Zuordnung von Kirche und Gesellschaft, Kirche und Welt.

In diesem Zusammenhang ist nochmals an die bereits dargelegte Wechselwirkung von Innen- und Außenperspektiven zu erinnern, mit der das 2. Vatikanische Konzil arbeitet. Kirche adressiert sich mit dem Evangelium nicht nur an die Welt, sondern kann und *muss* auch von ihr lernen. Die beiden Kirchenkonstitutionen greifen diese Zuordnung nicht in getrennten Dokumenten auf, auch wenn der Doppelblick einer Kirche, die *ad intra* (Lumen gentium) und *ad extra* (Gaudium et spes) spricht, dies nahezulegen scheint. Aber in dem Maße, in dem das Konzil das Vorwort von GS ernst nimmt, dass sich die Kirche „mit der Menschheit und ihrer Geschichte wirklich engstens verbunden“ weiß (GS 1), kann sie sich „als Zeichen und Werkzeug für die innigste Vereinigung mit Gott wie für die Einheit der ganzen Menschheit“ (LG 1) begreifen. Der sakramentalen Identität der Kirche entspricht dabei ihre kommunikative Wirklichkeit: die Fähigkeit, nicht nur Zeichen des Heils zu setzen, sondern die Möglichkeit, selbst als ein solches Zeichen wahrgenommen zu werden. Zeichen entstehen nicht aus sich selbst. Zeichen werden in ihrem Gebrauch und in ihrem Wirklichkeitsbezug generiert, aber auch verändert. Eine Kirche, die in ihrem Zeichengebrauch nicht mehr verstanden werden kann, weil sie für die Lebenswirklichkeiten und also auch die Glaubenswelten der Menschen keine Bedeutung mehr hat, verliert mit

---

[325] Vgl. J. Frank, Kölner Missbrauchsskandal Geheime Papiere belegen PR-Strategie für Woelkis „Überleben“, in: Kölner Stadtanzeiger, 5.8.2022, abrufbar auf: https://www.ksta.de/koeln/koelner-missbrauchsskandal-geheime-papiere-belegen-pr-strategie-fuer-woelkis--ueberleben--39856900?cb=1661256734304&

dem sich auflösenden Wirklichkeitsgehalt ihrer Zeichen auch ihre eigene sakramentale Zeichenidentität, nämlich die Referenz der Zeichen, die sie sakramental setzt und die sie verkörpert. Das gilt in besonderem Maße, wenn Kirche als sichtbarer Leib Christi in ihrer institutionellen Gestalt das Vertrauen verspielt, das es braucht, um den Glaubenssinn zu erfahren, der sich mit ihrer Zeichensetzung verbindet. Das heißt: Gerade weil die katholische Kirche die systemischen Gründe ihres Missbrauchskomplexes bislang weder in aller Schärfe *systemisch* begreift noch entsprechende *systemische* Konsequenzen daraus zieht, büßt sie in der apostolischen Grundlegung des Glaubens entscheidenden epistemischen Kredit ein.

Vor diesem Hintergrund steht die katholische Kirche zum einen vor der Herausforderung, von modernen Rechtskulturen mit der Unabhängigkeit von Legislative und Judikative im Blick auf eine systemische Differenzierung bei der Aufarbeitung des Missbrauchsproblems zu lernen. Zum anderen gilt es, diesen Lerneffekt erkenntnistheologisch und ekklesiologisch aufzunehmen. Dafür hat das 2. Vatikanische Konzil Weichen gestellt, paradigmatisch mit der Anerkennung der Religionsfreiheit *(Dignitatis humanae)*. Diese ekklesiologisch einschneidende Umstellung gegenüber der bisherigen kirchlichen Lehrpraxis setzte einen weiteren Lernschritt frei: das Wissen um die Entwicklungsfähigkeit kirchlicher Lehre im Kontakt mit abgelehnten, gar verworfenen Positionen, die unter veränderten Bedingungen einen kirchlichen Wahrheitswert gewinnen können.

Diese komplexe Traditions- und Transformationsarbeit hängt an einer ekklesiologischen Umstellung: am Abschied vom Modell der Kirche als einer *societas perfecta*, die alle Ressourcen für die Erfüllung ihres Auftrags aus sich bezieht, nicht zuletzt ihre Wahrheitsfähigkeit ganz aus sich heraus garantieren kann. Das geschieht vor allem in der letztgültigen Evaluierung von Schrift und Tradition durch das apostolische Lehramt und den Papst. Dass das 2. Vatikanische Konzil in diesem Zusammenhang eine Differenzierung vorgenommen und die diskursiv-geschichtliche Form theologischer Erkenntnis profiliert hat, ist an dieser Stelle von entscheidender Bedeutung. Denn *Dei Verbum* lehrt,

> „daß die Heilige Überlieferung, die Heilige Schrift und das Lehramt der Kirche gemäß dem weisen Ratschluß Gottes so miteinander verknüpft und einander zugesellt sind, daß keines ohne die anderen besteht und daß alle zusammen, jedes auf seine Art, durch das Tun des einen Heiligen Geistes wirksam dem Heil der Seelen dienen." (DV 10)

Die Bedeutung des Evangeliums ist nur in diesem Zusammenhang zu erschließen – im dynamischen Bezug dieser drei grundlegenden Referenzorte christlichen Glaubens. Was als Offenbarung gilt, kann nur in diesem Zueinander erfasst werden. Mit dieser erkenntnistheologischen Achse überschneidet sich eine weitere: dass sich Offenbarung „in Tat und Wort ereignet, die innerlich miteinander verknüpft sind" (DV 2). Damit wird die Selbstmitteilung Gottes als ein kommunikativer Prozess bestimmt, der einen komplexen Zeichenbegriff zu seiner Darstellung verlangt: jenen Konnex von „Tat und Wort", der sich in der performativen

Erschließung der Wirklichkeit Gottes zeigt, d.h. wenn in den Taten, die mit Gott verbunden werden, das „Wort" seiner Selbstoffenbarung zur Geltung kommt, und wenn umgekehrt die „Worte Gottes" Tatcharakter annehmen, also in ihrer lebenserschließenden Bedeutung anerkannt werden. Es ist dieser *komplexe Offenbarungsbegriff*, der die Theologie und die Ekklesiologie anleitet. Das bedeutet: eine erkenntnistheologisch wie ekklesiologisch differenzierte Grammatik liefert mit dem 2. Vatikanischen Konzil die Grundlage dafür, dass sich die Kirche *ad intra* und *ad extra* darstellt und kommuniziert.

Dass dieser Zusammenhang nicht konsequent in die kirchliche Lehrpraxis wie in die Organisation kirchlicher Verwaltung eingegangen ist, kommt für die systemisch bedingte Verschleierung kirchlichen Missbrauchs als ein entscheidender theologischer Grund in Betracht. Denn die Aufklärung lag bislang in den Händen derer, die den Missbrauch geduldet, verschwiegen und nicht selten begangen haben: in der Verantwortung von Bischöfen. Dass die Glaubenskongregation im Vatikan die Regie für die Aufarbeitung von Missbrauchsfällen an sich zog, entspricht dieser Logik einer Problemlösung innerhalb des Systems, und zwar auf der Basis der Glaubenslehre: also ganz vom eigenen Regulativ, von der eigenen kirchlichen Macht als einer sakralisierten Wahrheitsmacht her, die der Sünde gegenüber steht und sie beurteilen kann, weil sie immer in der Wahrheit steht und sie nicht verlieren kann.[326]

Dieser Logik folgt eine exemplarische Stellungnahme eines der externen Beobachter des Synodalen Wegs. Bischof Kozon von Kopenhagen, der Vorsitzende der Nordischen Bischofskonferenz, hielt im Nachgang zur Onlinekonferenz am 4.–5.2.2021 angesichts der Spannungen im synodalen Reformprozess fest:

> „Ich spreche nicht von einem Schisma. Aber ich meine, es ist schwer genug, wenn man innerhalb derselben Kirche bei wichtigen Themen so tiefgreifende Veränderungen anstrebt, die zum Teil das Fundament der Kirche betreffen. Da wird es schwierig zu sehen, wie solche Unterschiede in der Praxis ausgelegt und bewältigt werden könnten. Deswegen meine ich, dass man den Ausgangspunkt in der Lehre und Tradition der Kirche sehen sollte, wie man den unbedingt relevanten Herausforderungen entgegentreten kann und zudem heute den Menschen nahe bringen kann, was die Kirche will."[327]

Der entscheidende Akzent dieser Stellungnahme liegt *fundamentaltheologisch* auf dem „Ausgangspunkt in der Lehre und Tradition der Kirche". Was aber bedeutet

---

326 Vgl. zur Analyse kirchlicher Sakralmacht: G. M. Hoff, Kirche zu, Problem tot! Theologische Reflexionen zum Missbrauchsproblem in der katholischen Kirche, in: Religion, zum Teufel!, in: Kursbuch 196 (2018) 26–41; ders., Die Sakralisierungsfalle. Zur Ästhetik der Macht in der katholischen Kirche, in: G. M. Hoff / J. Knop / B. Kranemann (Hrsg.), Amt – Macht – Liturgie. Theologische Zwischenrufe für eine Kirche auf dem Synodalen Weg (Quaestiones Disputatae 308), Herder-Verlag Freiburg-Basel -Wien 2020, 267–284.

327 Interview Domradio mit Bischof Kozon vom 10.2.2021: https://www.domradio.de/themen/reformen/2021-02-10/nicht-ganz-so-radikal-angehen-kopenhagener-bischof-sieht-synodalen-weg-kritisch

das systemische Moment des Missbrauchs, der die Disposition des kirchlichen Amtes betrifft, für die *Feststellung* der Lehre der Kirche – etwa mit Blick auf Sexualmoral und Frauenordination, aber auch auf die Festlegungen kirchlicher Macht? Wer den „Ausgangspunkt in der Lehre und Tradition der Kirche" für selbstverständlich hält, muss sich nach der Aushandlung von Lehre und der Bedeutung der Veränderbarkeit *lebendiger Traditionsbildung* fragen lassen. Im gegebenen Zusammenhang heißt das: Was bedeuten wissenschaftliche Expertisen für die kirchliche Urteilsbildung? Was die Rechtskulturen offener demokratischer Gesellschaften?

Erneut sind es diese Fragen, die einer Auseinandersetzung bedürfen, für die der Synodale Weg ein Forum darstellt – und zwar gerade deshalb, weil angesichts von erheblichen Plausibilitätsproblemen der Ausgangspunkt in der Lehre und Tradition der Kirche auch innerkirchlich nicht einfach feststeht.

Das zeigt sich noch einmal am Ausgangspunkt des Synodalen Wegs: Die Frage nach der systemischen Logik des Missbrauchs in der katholischen Kirche ist eine offene Frage *in der Kirche*. Ihr Klärungsbedarf wird durch gesellschaftlichen Druck forciert. Dieser Druck hat wiederum eine theologische Bedeutung, denn an der Klärung des katholischen Missbrauchskomplexes hängt die Fähigkeit der Kirche, den Glauben an das Evangelium heute zu kommunizieren. Insofern setzt die Frage nach den spezifischen Lebensformen kirchlicher Macht, die den Synodalen Weg ausgelöst hat und die auf ihm bearbeitet wird, wiederum eine *Performance kirchlicher Gewaltenteilung* frei – und zwar am Ausgangspunkt wie in der Form der Beratungen des Synodalen Wegs. Diese Beratungen durchbrechen den Schutzmechanismus einer sakralisierten kirchlichen Wahrheitsmacht, der sowohl bei der Aufklärung als auch bei der Bearbeitung des Missbrauchsdispositivs greift. Ekklesiologisch gesprochen: Es bedarf der diskursiven Beratungen, der synodalen Auseinandersetzungen schon deshalb, weil es den Bischöfen und den Päpsten in den vergangenen Jahrzehnten nicht gelungen ist, das Missbrauchsproblem (1.) angemessen zu analysieren und (2.) durchgreifend zu bearbeiten. Die Immunisierungstendenz einer kirchlichen Wahrheitsform, die sich selbst absichert (im apostolischen Amt und der Lehre), erweist sich angesichts des katholischen Missbrauchsproblems als eine bleibende Gefahr.

2.3. Ein neues Dispositiv kirchlicher Macht: Epistemische Gewaltenteilung

Demgegenüber etabliert der Synodale Weg ein Dispositiv differenzierter kirchlicher Wahrheitsfindung und Machtausübung. Es läuft über Beratungen, die eine Beteiligung mit verbrieften Rechten im ganzen Volk Gottes vorsehen. Das liegt auf der ekklesiologischen Linie von Papst Franziskus, synodale Strukturen sowohl in kirchlichen Beratungen als auch Entscheidungen einzurichten. Hier zeigt sich die ekklesiologische Bedeutung des synodalen Prinzips im Gesamtgefüge der Kirche: Es ist an das apostolische Amt gekoppelt, aber es setzt sich in seiner Verbindung mit dem Stimmrecht der Getauften und Gefirmten durch – was sich in rechtlicher Hinsicht darin zeigt, dass erstmals eine Theologin zur Untersekretärin einer Synode berufen werden konnte.[328] Damit, aber auch mit der zunehmenden Einbeziehung von Laien auf Synoden zeigt sich, dass Synoden und kirchliche Formate wie der Synodale Weg in Deutschland einen Ort für die Wahrnehmung der unterschiedlichen Charismen im Volk Gottes darstellen.

Hier setzt sich eine epistemische Gewaltenteilung durch. Den Expertisen aus den unterschiedlichsten Bereichen der Kirche – zwischen Wissenschaft und pastoraler, caritativer, spiritueller wie verwaltungsbezogener Praxis – wird Raum gegeben. Die Bedeutung eines wirklich *partizipativen* Stimmrechts von kirchlichen Akteur:innen hat sich auf dem Synodalen Weg exemplarisch an zwei Punkten gezeigt:

- in der ersten Plenarversammlung durch ein Statement von Mara Klein mit Blick auf die Situation von Menschen in ihrer je eigenen sexuellen Identitätsbestimmung;[329]
- auf der zweiten Plenarversammlung mit den Stellungnahmen des Betroffenenbeirats.[330]

Beide Male hat sich erwiesen, welchen Unterschied es macht, in der Kirche *über Menschen und Agenden* zu diskutieren oder den Akteur:innen ein kirchliches Stimmrecht zu geben. Mit dem Synodalen Weg zeichnet sich unter dieser Rücksicht ein neues Dispositiv kirchlicher Wahrheitsfindung und -bestimmung ab. Es trägt in seiner partizipativen Form dem Umbruch von gesellschaftlichen und religiösen Plausibilitäten Rechnung. Kirchlicher und kirchenbezogener Glaube vollzieht sich in diversifizierten Lebenswelten und etabliert sehr unterschiedliche Glaubensformen mit eigenen Pluralisierungseffekten.[331] In ekklesiologischer Hinsicht gilt es, dieser Realität Rechnung zu tragen, weil daran die Kommunikabilität des Evangeliums hängt. Es geht beim Synodalen Weg insofern nicht um Reformagenden im Sinne einer Zeitgeistanpassung, sondern darum, dieser

---

328 Vgl. https://www.katholisch.de/artikel/28636-erstmals-erhaelt-eine-frau-stimmrecht-bei-der-bischofssynode

329 Abrufbar auf: https://www.domradio.de/video/synodaler-weg-mara-klein-bistum-magdeburg.

330 Vgl. die Stellungnahme des Betroffenenbeirats zum Synodalen Weg vom 5.3.2021, abrufbar auf: https://www.dbk.de/fileadmin/redaktion/diverse_downloads/presse_2021/Stellungnahme-zum-Synodalen-Weg-Betroffenenbeirat.pdf

331 Vgl. dazu die Kirchenbindungsstudie der Erzdiözese München und Freising, die dafür das entsprechende empirische Material bereitstellt: Katholiken im Erzbistum München und Freising. Ergebnisse einer repräsentativen Umfrage, Berlin-Heidelberg 2018. – Hier werden Kirchenbindungen über verschiedene Sphären gefasst. Sie laufen zunehmend über operative Bindungen auf Zeit nach Lebensphase, Projektattraktivität, Milieubezügen, Ortsbindungen etc.

Wirklichkeit selbst ein Stimmrecht zu geben und Handlungsräume *im* Prozess der Evangelisierung zu öffnen. Das führt zu einer veränderten kirchlichen Performance: zu einer epistemischen Gewaltenteilung auf der Suche nach der Bedeutung des Evangeliums, weil die unterschiedlichen Wahrnehmungen, Erfahrungen und Deutungen des Glaubens *in der Kirche* gehört, in ihrer Autorität geprüft und gegebenenfalls zur Geltung gebracht werden.

Diese kirchliche Performance setzt der Synodale Weg in Kraft. Er stellt sich der theologischen Bedeutung eines Plausibilitätswandels, der im Horizont des Missbrauchsskandals mit einem eminenten kirchlichen Glaubwürdigkeitsverlust einhergeht. Thematisch bildet sich diese Transformation in den vier Foren des Synodalen Wegs ab. Dass offen über Macht, Sexualität, die Bedeutung priesterlicher Existenz (Zölibat) und Frauen (Ordination) diskutiert werden *kann*, stellt bereits gegenüber vorherigen Denk- und Diskussionseinschränkungen einen weiteren Schritt performativer Gewaltenteilung dar, weil es nicht länger allein das bischöfliche und päpstliche Lehramt in der Kirche ist, das über die Diskutabilität von offenen Fragen entscheidet.

In diesem Zusammenhang ist es aufschlussreich, dass der Verweis auf die normative Bedeutung des kirchlichen Lehramts „Rom" zu einer mehrfachen Projektionsfläche des Synodalen Wegs macht: als Anlaufstelle für Beschwerden (Minderheit) wie als Gegenüber von Reformagenden. Allerdings lässt sich bei Papst Franziskus selbst eine Mehrstimmigkeit beobachten. Er bedient nicht einfach „kirchliche Lager". Er eröffnet exemplarisch bei der Frage nach der Zulassung von nichtkatholischen Partnern in konfessionsverbindenden Ehen Spielräume für Entscheidungen und Praktiken vor Ort.[332] Diese pontifikale Performance lässt sich auch als Ausdruck kirchlich wachsender Polyphonie deuten. Das wiederum bedarf kirchlicher Bestimmung. Insofern sind in dem, was als kuriale Störfeuer wahrgenommen wird, Bedenken ernst zu nehmen, die es aber gerade wieder auf den Foren einer Synodalen Kirche zu diskutieren gilt. Papst Franziskus verhindert bislang die Diskussion offener Fragen nicht – auch nicht um den Preis von Ambiguitäten, die er selbst gelegentlich produziert.[333]

Ambiguitäten weisen auf die Schwierigkeiten hin, theologisch-kirchliche Fragen immer eindeutig zu klären. Sie markieren Aushandlungsnotwendigkeiten, gerade wenn ein Entweder-Oder in Klärungsprozessen nicht funktioniert. Franziskus bindet die Macht von päpstlichen Entscheidungen damit an zwei Aspekte zurück: Offene Fragen lassen sich in ihrem Problemdruck theologisch-kirchlich nicht autoritär lösen. Und die Wahrheit des Evangeliums erweist sich im Leben mit solchen Problemen. Dem entspricht die theologische Grundperspektive des Synodalen Wegs:

---

332 Vgl. G. M. Hoff, „Roma locuta" mit viel Luft nach oben. Rom hat in Sachen Kommunion für konfessionsverschiedene Ehen gesprochen, aber die Sache ist keineswegs entschieden. Versuch einer Deutung der päpstlichen Agenda, in: Die Furche Nr. 24, 14. Juni 2018, 15.

333 Vgl. G. M. Hoff, Anschwellende Ratlosigkeit, in: Die Furche 8, 20. Februar 2020, 9.

> „Wir wollen Macht und Verantwortung in der Kirche so verstehen, verändern und ausüben, dass die „Güte und Menschenfreundlichkeit Gottes“ (Titusbrief 3,4) neu entdeckt werden kann.“[334]

Dabei setzt der Synodale Weg auf Impulse des 2. Vatikanischen Konzils – mit Blick auf die Stärkung des gesamten Volkes Gottes, auf die Tria-Munera-Lehre (LG 31), also den Anteil aller Getauften an den drei Dienstämtern Jesu Christi (König: Leitung; Priester: Heiligung; Prophet: Verkündigung). Der Synodale Weg setzt damit eine neue Performance kirchlicher Gewaltenteilung in Gang: im Rede- und Stimmrecht, in der Sitzordnung, in der geteilten Leitung der Foren, in der Diskursivität der kirchlichen Glaubensbestimmung. Damit eröffnet er Spielräume für eine Ekklesiologie, die sich auf die Herausforderungen des eigenen Missbrauchsproblems einstellt und zugleich dem Komplexitätsniveau offener, pluraler Gesellschaften mit dem Anspruch auf Partizipation aller Bürger:innen entspricht – und zwar gerade als Volk Gottes, das sich der „Würde und Freiheit der Kinder Gottes, in deren Herzen der Heilige Geist wie in einem Tempel wohnt“ (LG 9), bewusst ist.

3. *Sakramentale Disposition: Zur Performativität kirchlicher Sakralmacht*

Zu den bleibenden Bildern der Vollversammlung der Deutschen Bischofskonferenz im März 2019, auf der die Weichen für den „Synodalen Weg“ der katholischen Kirche in Deutschland gestellt wurden, gehört der Gottesdienst in Lingen. Während die Bischöfe in der Kirche Eucharistie feierten, forderten draußen engagierte Katholikinnen und Katholiken die Aufklärung des katholischen Missbrauchssystems und Reformen in der Kirche.[335] Nach der Messfeier zogen die versammelten Bischöfe durch die Menge der Protestierenden ab. Die Momentaufnahme legte eine eigene Ästhetik der kirchlichen Gegenwart fest: Die Bischöfe in ihrem Ornat, das Gegenüber von innen und außen, von Männern und Frauen in ihren kirchlichen Positionen, von Macht und Ohnmacht im Volk Gottes. Bei ihrer Abfahrt winkten einzelne Bischöfe den Menschen von oben aus dem Bus zu. Die freundliche Geste wirkte verlegen, beinahe hilflos in einer konfrontativen Situation, der sich lediglich drei Bischöfe im Gespräch stellten. Die

---

334 Grundtext des Synodalforums 1, Z. 148–150, auf: https://www.synodalerweg.de/dokumente-reden-und-beitraege#c6472

335 Vgl. den Bericht von Ch. Strack, Zwischen Protest und Resignation – Die katholische Kirche und die Frauen, in: https://www.dw.com/de/zwischen-protesten-und-resignation-die-katholische-kirche-und-die-frauen/a-47879088.

Kameras fingen diese Situation perspektivisch konsequent ein: Das hierarchische Gefälle erhielt mit der Abfahrt der Bischöfe im Bus unfreiwillig, aber nicht zufällig eine symbolische Qualität.

Die Inszenierung des Gottesdienstes, seine Rituale und Positionsbestimmungen sehen Rollenfestigkeit vor und gewähren sie. Das Selbstverständnis von Bischöfen ist gerade liturgisch zu jedem Zeitpunkt gesichert. Diese Sicherheit lässt sich aber nicht ungebrochen kommunizieren, sobald die Glaubwürdigkeit der handelnden Personen in Frage steht. Angesichts der protestierenden Menge vor der Lingener Kirche wirkten die Prozession der Bischöfe aus dem Kirchenraum sowie der anschließende Bustransfer verstörend. Der Vorgang hatte etwas von einem Rückzug, in dem sich die Rollensicherheit der Bischöfe zumindest optisch verlor. Angesichts des Missbrauchs und der Anfragen von außen erweist sich das episkopale Standesbewusstsein als porös.

Im Zuge der Vorstellung der MHG-Studie „Sexueller Missbrauch an Minderjährigen durch katholische Priester, Diakone und männliche Ordensangehörige im Bereich der Deutschen Bischofskonferenz“[336] auf der Herbstversammlung 2018 hatten Kardinal Marx und Bischof Ackermann bereits die Fassungslosigkeit der Bischöfe angesichts des Missbrauchsskandals artikuliert. Er betrifft die Verfassung der Kirche grundsätzlich – nicht nur weil vor allem Priester unter den Missbrauchstätern waren, sondern weil die Kirchenleitungen die Täter allzu oft auf Kosten der Opfer schützten. Im Blick auf die Glaubwürdigkeit der Kirche handelt es sich um einen Systemabsturz. In Lingen wurde er zur Performance eines Machtverlusts, der im Auszug der Bischöfe aus der Kirche nachzuvollziehen war.

Während sich in der Eucharistiefeier „das Werk unserer Erlösung" (SC 1) vollzieht, steht mit dem Schritt vor die Tür die Autorität der Bischöfe angesichts des Missbrauchsskandals schon deshalb zur Disposition, weil das Volk Gottes aufgefordert ist, „im Bischof den Hohenpriester seiner Herde, von dem das Leben seiner Gläubigen in Christus gewissermaßen ausgeht und abhängt“ (SC 41), zu sehen. Die liturgische Ordnung bildet sich in der rechtlichen Disposition ab, die sie umfasst. Sie legt ein Machtgefüge frei, das in der Realität der Gemeinden und Diözesen vor Ort an lebensweltlicher Haftung verliert. Das Modell des *Pastoralen* trägt immer weniger, weil es auf den *Pastor* konzentrierte Machtverhältnisse voraussetzt und stabilisiert.[337] Damit die „Pastoralmacht“[338] funktionieren kann, braucht sie den umfassenden Zugriff auf die Menschen, deren Seelenheil sie sichern soll. Die organisatorische Form dieser Macht zerbricht in dem Mo-

336 Vgl. https://www.dbk.de/fileadmin/redaktion/diverse_downloads/dossiers_2018/MHG-Studie-gesamt.pdf

337 Dieser Umstand hat auch wissenschaftsorganisatorische Konsequenzen: Das theologische Fach „Pastoraltheologie“ muss sich auch in seiner Namensgebung neu orientieren.

338 Vgl. M. Foucault, Subjekt und Macht, in: ders., Dits et Ecrits. Schriften Band 4, Frankfurt a. M. 2005, 269–280; besonders 277–279.

ment, wo der soteriologische Druck nachlässt, sprich: die persönliche Erlösungsangst, und sich die Glaubensformen individualisieren.[339] Der reale Machtverlust unterläuft den symbolischen und sorgt für Rollenunsicherheit im Klerus, der gerade in der Liturgie selbstverständliche Leitungsvollmachten besitzt.[340] Das gilt ebenso für den Bischof. Sein Verständnis als *Hoherpriester* ist von einer entscheidenden Verschiebung im bildgebenden Verfahren betroffen. Im Missbrauch von Macht profanisiert sich nicht nur der einzelne, sondern die Ordnung, auf der sein Stand beruht. Die Empörung über die Bischöfe, die weggesehen haben oder Täter von einer in die andere Diözese verschoben, kostet nicht nur den einzelnen Bischof, sondern den Stand zunehmend jede Autorität.[341] Es ist diese Brechung in der Wahrnehmung des Amtes, für die Lingen ein Fanal darstellt – im Zerbrechen machtvoller Bilder, im Scheitern einer Ästhetik, die sich nicht zuletzt in der liturgischen Inszenierung von Priestern etabliert.[342]

3.1. Zur analogen Ästhetik repräsentativer Macht

Die Bilder von Lingen haben mehr als bloß episodischen Charakter. Sie legen die Funktionsweise jener kirchlichen Macht frei, die für die Konstitution der katholischen Kirche entscheidend ist. Es handelt sich um die sakramentale Vollmacht der Kirche, die mit rechtlichen Kompetenzen und Konsequenzen ausgestattet ist (CIC can 840–848). Nicht jeder kann jedes Sakrament spenden, nicht jede kann

339 Vgl. zum empirischen Befund nochmals die angesprochene Kirchenbindungsstudie der Erzdiözese München-Freising: Katholiken im Erzbistum München und Freising. Ergebnisse einer repräsentativen Befragung. Eine Sinus-Studie im Auftrag des Erzbistum München und Freising, Berlin-Heidelberg 2018.

340 Von daher ist es nur konsequent, dass sich im Bistum Trier die Priestergruppe *Unio apostolica* bei der Kleruskongregation Beschwerde gegen die Bildung von Großgemeinden einlegte, in denen aus ihrer Sicht die Priester ihre Leitungsrolle verlören. Vgl. https://www.katholisch.de/artikel/23734-trierer-priestergruppe-nennt-gruende-fuer-klage-gegen-pfarreienreform (letzter Abruf: 29.11.2019).

341 Julia Knop hat dies den deutschen Bischöfen als Moderatorin eines Studientags der DBK am 13.3.2019 in Lingen zur „Frage der Zäsur – zu übergreifenden Fragen, die sich gegenwärtig stellen" in aller Deutlichkeit gesagt: „Sie repräsentieren eine Kirche, deren systemische Defekte offenkundig geworden sind. Sie repräsentieren eine Kirche, in der unzählige Biographien von jungen Leuten, von Eltern, von Ordensschwestern, von Hauptamtlichen, von Theologinnen und Theologen durch klerikalen Missbrauch von Amtsgewalt, durch sexuelle Übergriffe und geistliche Manipulation durch Priester, beschädigt, manchmal zerstört worden sind." https://www.dbk.de/fileadmin/redaktion/diverse_downloads/presse_2019/2019-038a-FVV-Lingen-Studientag-Einfuehrung-Prof.-Knop.pdf

342 Dazu zählt die Inszenierung des priesterlichen Standes bei der Konzelebration, von Primizen und des Primizsegens, die liturgische Ausstattung, der Aufwand von Preziosen, die jeweils eine Funktion haben, aber von der *Performance* klerikaler Aneignung immer wieder, also nicht zufällig, sondern konsequent überlagert werden.

jedes empfangen. Die sakramentalen Einschließungs- und Ausschließungsmuster definieren die Grenzen der Kirche als einer Glaubensgemeinschaft, in der als „Leib Christi" das „Leben Christi auf die Gläubigen überströmt" (LG 7). Die Kirche wird durch Jesus Christus geheiligt, indem er als „Hoherpriester ... das neue Volk ‚zum Königreich und zu Priestern für Gott und seinen Vater gemacht' (vgl. Apk 1,6; 5,9–10)" (LG 10) hat. Auf diese Weise sakralisiert sich allerdings auch die Kirche selbst: in der Form ihrer lehramtlichen Darstellung und mit ihrer ekklesiologischen Bestimmung als *communio sanctorum*.[343] Das geschieht textperformativ – vor allem mit dem priesterlichen Code, der die Funktionsweise der Kirche und ihren institutionellen Aufbau anleitet. Er konstituiert die Gemeinschaft der Kirche über den Anteil aller am „priesterlichen, prophetischen und königlichen Amt Christi" (LG 31), differenziert sie aber *hierarchisch* über die Rolle, die Priester und Laien zumal in der Eucharistie zugewiesen wird.

> „Der Amtspriester nämlich bildet kraft seiner heiligen Gewalt, die er innehat, das priesterliche Volk heran und leitet es; er vollzieht in der Person Christi das eucharistische Opfer und bringt es im Namen des ganzen Volkes Gott dar; die Gläubigen hingegen wirken kraft ihres königlichen Priestertums an der eucharistischen Darbringung mit und üben ihr Priestertum aus im Empfang der Sakramente, im Gebet, in der Danksagung, im Zeugnis eines heiligen Lebens, durch Selbstverleugnung und tätige Liebe." (LG 10)

Dem „Amtspriester" kommt eine „heilige Gewalt", die *potestas sacra* zu (LG 10). Sie hängt an der *repraesentatio Christi*, also an der Vergegenwärtigung der Person Jesu Christi in der Aufnahme jener Zeichen, mit denen Jesus die Wirklichkeit des Reiches Gottes erfahrbar gemacht hat. Die Darstellungslogik kirchlicher Lebensvollzüge ist auf diese sakramentale Verweisungsform festgelegt. Kirche ist insofern ein bildgebender Vollzug dessen, was sie repräsentiert. In ihr performiert sich das Heil, das Jesus Christus in seinem Leben und seiner Botschaft, in seinem Tod und in der Selbstbezeugung des auferweckten Gekreuzigten wiederum *darstellt*: als der Ort, an dem sich die unbegrenzte schöpferische Lebensmacht Gottes menschlich vollzieht. Mit der metaphorischen Qualität der Reich Gottes-Botschaft Jesu, von den Gleichnissen über die Zeichenhandlungen Jesu bis hin zu seiner Rede von Gott als Vater, legen die Evangelien – mit jeweils unterschiedlichen Bildprogrammen – Jesus als Offenbarungsfigur an. In ihm wird der unsichtbare Gott sichtbar (Joh 1,18). Die johanneische Bildtheologie setzt dies konsequent um, wenn sie Jesus sagen lässt, dass wer ihn sehe, den Vater sehe (Joh 14,9).

Das christologische Bild-Dispositiv nimmt in der Rezeption der Schrifttexte, in der liturgischen Vergegenwärtigung der Zeichensetzungen Jesu, in der Überlieferung des Evangeliums eine direkte Übertragungsqualität an. Es wird förmlich *aktualisiert*. So setzt sich die Lebensgeschichte Jesu in der *imitatio Christi* fort

343 Das *Apostolische Glaubensbekenntnis* bestimmt die Kirche als *communio sanctorum*; vgl. die Nummern 946–962 des Katechismus der Katholischen Kirche.

– sie wird biographisch visualisiert. Exakt dies ist Kirche: das bildgebende Verfahren Christi. Es handelt sich um einen streng *repräsentativen* Vorgang, der sich in den kirchlichen Prozessen einer rezeptiven Zeichenproduktion weiter vollzieht. Daran hängt das sakramentale Verständnis der Kirche in der katholischen Tradition.[344]

Es ist damit an eine *repräsentationslogische* Form gebunden, in der – mit dem Horos von Chalkedon – die menschliche und göttliche Wirklichkeit Jesu Christi *ungetrennt und unvermischt* aneinander gekoppelt sind (DH 302)[345]. In der zeichenhaften Vergegenwärtigung Jesu Christi wird die personale Dimension seines Handelns zur Geltung gebracht – in den Menschen, namentlich im Priester, der „in der Person Christi das eucharistische Opfer vollzieht" (LG 10). Ein komplexes bildgebendes Verfahren hat sich auf dieser Basis entwickelt – die Rekombination von *abstrakten Zeichen*, deren Bedeutung sich in der Performanz von Handlungen erschließt, und von *konkreten Zeichen*, die in der personalen Repräsentanz des Zeichengebers und des Bezeichneten (Jesu Christi) anschaulich werden.

In dieser Konstellation besteht die sakramentale Verweisungsform der Kirche. Sie beansprucht die repräsentative Macht (potestas) der sakramentalen Vermittlung und nimmt auf diese Weise selbst eine sakramentale Dimension an. Ohne die *potestas sacra* würde die kirchliche Zeichensetzung christologisch referenzlos. Sie besäße nicht die Autorität einer *wirklichen*, d. h. wirksamen *repraesentatio Christi.* Genau dies erweist sich bildtheoretisch als ambivalent. Zum einen handelt es sich um die Darstellungsmacht einer *verdankten Herstellung* heiliger Gegenwart. Die Kirche setzt Zeichen, über die sie nicht verfügt, weil sie auf den verweisen, in dessen Namen sie handelt und der sie dazu erst befähigt. Sie agiert *im Zeichen des Geistes Jesu Christi.* Zum anderen vollzieht die Kirche in ihrer sakramentalen Repräsentationsform etwas, was sich in der Eucharistie je neu erfahren und aneignen lassen muss. Es handelt sich um die metaphorische Form eines *permanenten Verschwindens* real präsenter Gegenwart, des Heiligen selbst, das wiederum *im sakramentalen Dauervollzug* der Eucharistie fortlaufend vergegenwärtigt wird. Aus ihr „fließt uns wie aus einer Quelle die Gnade zu; in höchstem Maß werden in Christus die Heiligung der Menschen und die Verherrlichung Gottes verwirklicht, auf die alles Tun der Kirche als auf sein Ziel hinstrebt" (SC 10). Die präsentische Form, die die Liturgiekonstitution des 2. Vatikanischen Konzils eucharistietheologisch wählt, entspricht nicht nur dem theologischen Vermerk der *realen Gegenwart*, sondern bindet sie im liturgischen Geschehen auch an das prozesshafte Moment zurück, das das „Tun der Kirche"

---

344 Vgl. O. Semmelroth, Die Kirche als Ursakrament, Frankfurt 1955. – Charakteristisch ist die Pathosformel des ekklesiologischen Entwurfs von K.-H. Menke, Sakramentalität. Wesen und Wunde des Katholizismus, Regensburg 2012.

345 Hünermann, Peter/Denzinger, Heinrich (Hg.): Kompendium der Glaubensbekenntnisse und kirchlichen Lehrentscheidungen. Enchiridion symbolorum definitionum et declarationum de rebus fidei et morum, lat.-dt., Freiburg i. Br.

nicht in sich selbst abschließt, sondern auf das „Ziel" einer ausstehenden eschatologischen Vollendung hin orientiert.

Das Gegebene *ist* das Entzogene – und nur in dieser Form von Unverfügbarkeit kann es, muss es aber auch *repräsentiert* werden. Dieser Code bestimmt die Organisation repräsentativer Macht im Raum der Kirche. Er ermächtigt den Priester, *in persona Christi* zu handeln – allerdings nicht auf eigene Rechnung hin, sondern in einer existenziellen Verweisform. Der Priester besetzt in der Eucharistiefeier und auf dieser Linie in seinen amtlichen Funktionen den Ort, der einerseits mit Blick auf den entzogenen und kommenden Herrn offen bleibt, der andererseits aber in der Aufnahme der Zeichenhandlungen Jesu Christi aktualisiert werden muss. Diese komplexe Zuordnung von Gegebenem und Entzogenem, von Sichtbarem und Unsichtbarem organisiert das semiotische System jener christologischen Darstellung, die sich liturgisch verdichtet. Denn sowohl in der Lesung des Wortes Gottes wie in der Eucharistie wird die Gegenwartsform der Selbstvermittlung Jesu Christi an die Zeichen, damit aber auch an denjenigen gebunden, der diese Zeichen *repräsentierend* vermittelt.

Aus diesem semiotischen Verweiszusammenhang entwickelt sich die Ästhetik repräsentativer Macht im kirchlichen Raum. Die *potestas sacra* besteht in einer performativen Darstellungsqualität, nämlich in der Vergegenwärtigung eines Geschehens, das sakramental verwirklicht wird. Die Kirche bestimmt den bildgebenden Zusammenhang in diesem Darstellungsvorgang, indem sie den Code einführt, der den Wirklichkeitsbezug des sakramentalen Vorgangs garantiert:

- im Sinne der Beauftragung der Priester durch die Kirche;
- in der Form ihrer Einschreibung in die sakramentale Zeichensetzung durch die *Sakramentalisierung* ihrer Funktion (mit der Weihe als Code);
- in der institutionellen Absicherung ihrer Rolle, die vor unberechtigtem Zugriff schützt (Ordo als Stand),
- aber auch die Gültigkeit der sakramentalen Zeichensetzung (*ex opere operato*) angesichts der Unheiligkeit der Amtsträger gewährleistet.

Was die Legitimität und Legalität sakramentaler Heilsvermittlung sichert, damit zugleich den Authentizitätsvermerk einer fortlaufenden *traditio Christi* institutionell festlegt, lässt sich aus der Innensicht des kirchlichen Zeichensystems als Selbstvermittlung des Geistes Jesu Christi deuten. Aus der Außensicht einer funktionslogischen Beschreibung stellt diese sakramentale Codierung eine systemische Selbstorganisation dar. Die systemtheoretische Interpretation unterläuft damit die kirchliche Selbstdeutung an ihrem prekärsten Punkt, nämlich in Bezug auf die beanspruchte Beauftragung durch Jesus Christus selbst. Handelt es sich um eine bloße Selbstermächtigung der Kirche? Um diesen Einwand auszuräumen, muss die Kirche nachvollziehbar machen, was sie behauptet: dass sie sich in allem, was sie tut, vom Evangelium leiten, also auch relativieren lässt.

Macht verselbständigt sich, wo sie sowohl Legalität als auch Legitimität aus Ressourcen ableitet, über die sie selbst verfügt. Das betrifft für die katholische Kirche die Form ihrer theologischen Begründungen, wenn sie den Anschluss an wissenschaftliche Expertisen verliert, aber auch wenn sie den *sensus fidelium* als lebensweltliche Kontaktzone des Glaubens nachrangig behandelt. Fundamentaltheologisch formalisiert, heißt das: Wenn sich die Plausibilitäten allein aus der kirchlichen Evaluierung der *loci theologici proprii* ergeben, kann die Kirche von sich her den Bedeutungsgehalt des Evangeliums bestimmen und dogmatisch organisieren. Sie *verfügt*. Über die Verbundenheit von Priestern im klerikalen Milieu hinaus ist es die Theologie einer in sich geschlossenen Gesellschaft, die aus der Logik der *societas perfecta* heraus alles ins Normalbewusstsein der Kirche reintegrieren kann – auch Missbrauchstäter.

Diese Logik lässt sich im Zuge des Schuldeingeständnisses von Werner Tissen, des emeritierten Erzbischofs von Hamburg verdeutlichen. Tissen hatte in seiner Zeit als Personalchef im Bistum Münster mehrfach wegen Missbrauchs verurteilte oder beschuldigte Priester an andere Stellen versetzt.

> „Bei den Beschuldigten habe es sich ja um Priester gehandelt, die er und seine Kollegen gut kannten, so der emeritierte Erzbischof. ‚Da kommt sehr schnell der Mitleidseffekt auf. In einer Personalkonferenz fragte mal jemand: Muss der Täter denn nicht bestraft werden? Die übereinstimmende Meinung war: Der hat sich durch sein Vergehen am meisten schon selbst bestraft.‘ Nach dieser Logik brauchte dann auch die Staatsanwaltschaft gar nicht erst eingeschaltet zu werden.“[346]

Um den Verdacht einer systemischen Selbsterhaltung auflösen zu können, muss die Kirche gerade im *Gottesdienst* ihre Machtperformanzen durchbrechen. Denn hier feiert sie sich nicht selbst. Das verlangt, ihre sakramentale Repräsentationsmacht als solche zu benennen. Es geht in der Eucharistiefeier um Macht – um die Macht des Lebens gegenüber dem Tod, um die Ermächtigung von Menschen im Zeichen des Gekreuzigten. Der semantische Austausch von Macht und Ohnmacht, der über die Theologie des Kreuzes und eine Spiritualität des Opfers reguliert wird, verschränkt wiederum die Rolle des Priesters mit seiner Existenz. Seine Macht wird von Jesus Christus hergeleitet und als eigentliche Ohnmacht behauptet. Diese Logik besitzt einen guten Sinn, hat sich aber auch geschichtlich als ideologieanfällig erwiesen. Das theologische Nullsummenspiel der Ohnmacht verschleiert allzu leicht, dass sich dahinter reale Macht verbirgt.

Umso mehr muss die Kirche den Verweischarakter ihrer Zeichensetzungen ernst nehmen – ihn operativ nachvollziehbar machen.[347] Es reicht nicht, die eigene Ohnmacht im Zeichen des Gekreuzigten theologisch zu behaupten. Die Theorie kommt gegenüber der Praxis nämlich gerade dann zu spät, wenn sich

---

346 R. Bingener, Schwer erträgliche Entschuldigungen. Im Bistum Münster schlägt die Aufklärung sexueller Missbrauchsfälle hohe Wellen, in: FAZ v. 29.11.2019, 3.

347 Zur Durchbrechung eines liturgischen Klerikalismus hat B. Kranemann Vorschläge gemacht. Vgl. ders., Probleme hinter Weihrauchschwaden, in: HerKorr 5/2019, 13–16.

das sakramentale Bildensemble und der priesterliche Code bereits verselbständigt haben, wenn also die Machtseite der kirchlichen Zeichensetzungen in ihrer *repräsentativen Form* auf Kosten der Ohnmachtsseite des *reinen Verweises* auf den abwesend-anwesenden Herrn geht. Das ist beim Klerikalismus[348] der Fall, der Standesbewusstsein mit Privilegien und Lizenzen verbindet, die wiederum im System den Schutz des einzelnen als Schutz einer heiligen Ordnung (Hierarchie) betreiben.[349]

Dieser Zusammenhang führt tief in das katholische Missbrauchsproblem hinein. Es manifestiert sich nicht zufällig, sondern konsequent in der ästhetischen Organisation einer sakralen und zugleich sakralisierten Repräsentationsmacht. Das zeigt sich in der semiotischen Disposition kirchlicher Liturgie, vor allem der Eucharistiefeier, wenn der Priester *in persona Christi* handelt. Zu den Begründungen, warum nur Männer und nicht Frauen diese Funktion übernehmen können, gehört nach der jüngeren Tradition des kirchlichen Lehramts der Verweis auf die geschlechtsanaloge Darstellung Jesu durch einen Mann.

> „Das christliche Priesteramt ist also sakramentaler Natur: der Priester ist ein Zeichen, dessen übernatürliche Wirksamkeit sich aus der empfangenen Weihe herleitet, ein Zeichen aber, das wahrnehmbar sein muß[18] und von den Gläubigen auch leicht verstanden werden soll. Die Ökonomie der Sakramente ist in der Tat auf natürlichen Zeichen begründet, auf Symbolen, die in die menschliche Psychologie eingeschrieben sind: ‚Die sakramentalen Zeichen', sagt der hl. Thomas, ‚repräsentieren das, was sie bezeichnen, durch eine natürliche Ähnlichkeit'.[19] Dasselbe Gesetz der Ähnlichkeit gilt ebenso für die Personen wie für die Dinge: wenn die Stellung und Funktion Christi in der Eucharistie sakramental dargestellt werden soll, so liegt diese ‚natürliche Ähnlichkeit', die zwischen Christus und seinem Diener bestehen muß, nicht vor, wenn die Stelle Christi dabei nicht von einem Mann vertreten wird: andernfalls würde man in ihm nur schwerlich das Abbild Christi erblicken. Christus selbst war und bleibt nämlich ein Mann."[350]

Die Erklärung *Inter insignores* wählt für ihre Begründung einen zeichentheoretischen Zugang. Es bietet sich daher an, ihn mit semiotischen Mitteln zu rekonstruieren. Der biologische Ähnlichkeitsvermerk spricht dem Priesterkörper eine *ikonische* Qualität zu. Er vertritt die Person Jesu Christi auf der Zeichenebene ei-

---

348 Vgl. F.-X. Kaufmann, Die drohende Entfremdung der Kirche von ihren Gläubigen. Kritik des Klerikalismus, in: FAZ v. 3.7.2019. – Vgl. R. Bucher, Priester des Volkes Gottes. Gefährdungen, Grundlagen, Perspektiven, Würzburg 2010; besonders 29–51.

349 Das belegen die Eingeständnisse von Bischöfen wie jüngst von Werner Thissen, aber auch klar benannte Vorwürfe, wie sie Weihbischof Stefan Zekorn mit Blick auf die Verschleierung sexuellen Missbrauchs durch Priester und Bischöfe erhebt (vgl. https://www.kirche-und-leben.de/artikel/muensters-weihbischof-zekorn-fruehere-bistumsleitung-hat-vertuscht).

350 Kongregation für die Glaubenslehre, Erklärung zur Frage nach der Zulassung der Frauen zum Priesteramt (15.10.1976): http://www.vatican.va/roman_curia/congregations/cfaith/documents/rc_con_cfaith_doc_19761015_inter-insigniores_ge.html

ner natürlichen Entsprechung. Unabhängig vom Problem, dass sich die vorausgesetzte Ähnlichkeit des Geschlechts auf ein *als* (und nicht nur *im*) *Bild* erreichbares Original beziehen muss, dieses aber mit dem historischen Jesus wiederum nur zeichenhaft vermittelt vorliegt (nämlich in und als Schrift bzw. *traditio Christi)*, wird damit die Rolle des Priesters auf eine neue Ebene gehoben. Der Verweis, der sakramententheologisch im Hinweis auf Jesus Christus festgelegt ist, nimmt in der liturgischen Inszenierung die Qualität einer repräsentativen Rollenüberschreibung an. Sie erhält mit der ikonischen Ausdeutung des männlichen Priesterkörpers eine essentielle Gestalt. Auf dieser Stufe wird der Übergang von Rolle und Person, von Funktion und ontologischer Überhöhung schon deshalb problematisch, weil damit liturgische, aber auch pastorale Sonderrechte verbunden sind.

Im Anschluss an Charles Sanders Peirce[351] wäre der ekklesiologische Zeichengebrauch an dieser Stelle um seine indexikalische Qualität zu erweitern. Mit ihr verschiebt sich die Bezeichnung Jesu Christi auf die Ebene einer repräsentativen Darstellungsform. Nicht die Ähnlichkeit der agierenden Personen steht damit im Fokus, sondern die – zwar nicht unabhängig von ihnen bestimmbare, aber sie überschreitende – Handlungswirklichkeit. Die *Zeichensetzung* Jesu, die das Reich Gottes vermittelt, rückt in den Fokus. Damit verschiebt sich die Repräsentation Jesu Christi auf die Ebene des gesamten Volkes Gottes, insofern es den Glaubensraum bildet, in dem sich diese Zeichen gebend und nehmend vollziehen. In der Kirche als sakramentalem Lebensraum wird der fortlebende Christus gegenwärtig.

Damit rückt die dritte Dimension in der semiotischen *repraesentatio Christi* in den Blick. Der symbolische Leib Christi, der die Kirche kennzeichnet und den sie eucharistisch kommuniziert. Er wird auf der Ebene des *metaphorischen Vollzugs* erfahren und bestimmt. Er koppelt die Rolle des Priesters in seiner ikonischen Darstellungsfunktion über die indexikalische Qualität des Volkes Gottes, das Jesus Christus im Vollzug der Zeichensetzung repräsentiert, an den symbolischen Raum des sakramentalen Vorgangs. Erst hier gewinnt der sakramentale Zeichengebrauch in der Liturgie seine *theologische Form*. Denn er überführt die Konkretion der körperlichen Repräsentation Christi über die Abstraktion dieses Geschehens *als ein* Bezeichnungsvorgang in eine reflexive Bestimmung der Symbolizität des sakramentalen Prozesses. Er lässt sich auf dieser Ebene wiederum *im metaphorischen Akt* als sakramentale *Performance* rekonstruieren und erfahren.

Die semiotische Komplizierung in der Darstellungslogik der repräsentativen Sakralmacht der Kirche unterbricht jeden Versuch, sie nur auf einer Ebene zu identifizieren. Alle drei Zeichendimensionen sind im sakramentalen Geschehen aufeinander bezogen. Die Emanzipation einer einzelnen Ebene führt entweder zum Klerikalismus, zur Selbstideologisierung der Gemeinschaft (wie sie in

351 Vgl. Ch. S. Peirce, Semiotische Schriften. 3 Bde., hrsg. v. Chr. Kloesel / H. Pape, Frankfurt am Main 2000.

pentekostal-evangelikalen Gruppierungen auch innerhalb der katholischen Kirche zu finden sind) oder zu einer idealisierten Symbolisierungsform in der Auffassung des Sakramentalen (wie sie die liberale Theologie des 19./20. Jh. bevorzugte). Der Zusammenhang der drei Zeichendimensionen spiegelt sich in der Zuordnung der organisatorisch-institutionellen Ebenen, auf denen die Zeichensetzung kirchlich spielt. Sie legen die Ästhetik repräsentativer Sakralmacht in der katholischen Kirche auf jene wechselseitigen Relativierungen fest, die sich im Gefüge und im Ablauf der drei Zeichenebenen zeigen.

3.2. Kirche – im Zeichen sakramentaler Fülle

In der Eigendynamik liturgischer Performanzen liegt die Stärke repräsentativer Sakralmacht. Sie vermittelt nicht nur, worauf sie verweist, sondern *aktualisiert*, was sie im Bezeichnungsvorgang anzeigt. Die performative Aufladung des sakramentalen Geschehens ermöglicht es, im Glauben das zu erfahren, was das Sakrament bedeutet. Im Anschluss an Zeichenhandlungen Jesu erschließt das Sakrament die schöpferische Lebensmacht Gottes:

- In der Taufe wird das Leben des Menschen ganz auf diese Lebensmacht gegründet.
- Sie erweist sich als Lebensperspektive, wo der Mensch seine Existenz auf den Geist Jesu Christi stellt, der ihm im Zeichen der Firmung lebenslang zugesprochen ist.
- Diese schöpferische Lebensmacht setzt sich auch angesichts von Schuld (Buße) und Krankheit (Krankensalbung) in der tödlichen Endlichkeit menschlicher Existenz durch, indem der Mensch radikal auf diese Lebensmacht Gottes vertraut.
- Sie umschließt seine Existenz in der Entscheidung, das eigene Leben zu teilen: in der Ehe als Lebensraum partnerschaftlicher Beziehung, die für die Weitergabe und das Wachstum von Leben offen ist.
- Die Eucharistie vollzieht diese sakramentale Existenzform, indem sie den Übergang von Tod und Leben markiert: In den Sakramenten wird, was im Leben vom Tod bedroht ist, auf eine definitive Lebensperspektive umgestellt. Sie realisiert sich, wo man im Glauben diese Perspektive existenzbestimmend übernimmt.

In diesem Zusammenhang kommt dem priesterlichen Weihesakrament (in seinen drei Stufen) eine formative Bedeutung zu, insofern es der Sakramentalität des Lebens Raum gibt. Die sakramentale Grunddimension der Kirche setzt sich in den Zeichen des Lebens durch, die Kirche setzt. Sie werden als *authentische* Zeichensetzungen im Namen Jesu Christi bestimmt. Damit nimmt die *Funktion* des priesterlichen Amtes eine sakramentale Eigenwirklichkeit an, die mit der

Rolle des Priesters eine dominante *Position* in Gottesdienst und Gemeinde verbindet. Sie wird in der liturgischen Rollenfestlegung sakramentaler Vollzüge sichtbar, die an eine Ordnung ungebrochener Präsenz gekoppelt ist. Sie löst den Abstand zur Rolle auf: Selbstironisierung im liturgischen Vollzug ist ausgeschlossen. Ebenso durchbricht die Selbstkommentierung im sakramentalen Vorgang die sakrale Präsenzerfahrung. Die liturgische Rolle beansprucht demgegenüber eine Eigenwirklichkeit in der Inszenierung des *heiligen Spiels*, indem sie es *als sakralen Eingriff* präpariert. Die Realitätsgewähr des Verweisungszusammenhangs hängt daran, dass sich die *Rolle* im Gottesdienst und zumal in der Eucharistiefeier nicht vom liturgischen Ereignis trennen lässt – jedenfalls nicht auf der Ebene des Erlebens, demgegenüber die theologische Reflexion auf die Momente des sakramentalen Geschehens und auf theologische Rollenunterscheidungen immer zu spät kommt. Die Ästhetik repräsentativer Sakralmacht erweist sich im liturgischen Vollzug als formativ. Die reflexive Unterbrechung kann nur nachträglich funktionieren, nicht aber im sakramentalen Moment selbst, der von seiner performativen Dynamik zehrt. Das gilt gerade für die Erinnerungsform der Eucharistiefeier. Sie greift jeweils akut in die Gegenwart ein. Die Einsetzungsworte des Abendmahls haben nicht nur eine memoriale Funktion, sondern stellen im sakramentalen Zeichen diese Gegenwart her. Es handelt sich nicht um die bloße Aura einer Vergegenwärtigung, sondern um reale Präsenz. Sie tritt mit der Konsekration in Kraft, die nur ein Priester sprechen und vollziehen kann.

Diese Form priesterlich gebundener Sakralmacht entspricht der ekklesiologischen Disposition, an der sie hängt. Sie ist mit dem Anspruch auf eine Wahrheit verschränkt, deren offenbarungstheologische Geltung an Auslegungsvollmachten hängt. Priesterliche, letztlich bischöfliche Leitungskompetenzen haften an der personalen Verbürgung der kirchlichen Wahrheitsmacht. Sie wird wiederum im Zeichen einer Ekklesiologie der Fülle kommuniziert. In der katholischen Kirche als dem Raum, in dem sich nach eigenem Verständnis die apostolische Tradition authentisch bis in jede Gegenwart hinein vermittelt, findet sich die *plenitudo gratiae et veritatis*. Und

> „nur durch die katholische Kirche Christi, die das allgemeine Hilfsmittel des Heiles ist, kann man Zutritt zu der ganzen Fülle der Heilsmittel haben. Denn einzig dem Apostelkollegium, an dessen Spitze Petrus steht, hat der Herr, so glauben wir, alle Güter des Neuen Bundes anvertraut, um den einen Leib Christi auf Erden zu konstituieren, welchem alle völlig eingegliedert werden müssen, die schon auf irgendeine Weise zum Volke Gottes gehören." (UR 3)

Das Bild der kirchlichen Fülle wird zwar von den Dokumenten des 2. Vatikanischen Konzils ekklesiologisch nicht absolut gesetzt, stellt aber auch in seinen relativierenden Bezügen – zum Beispiel hinsichtlich der Bedeutung anderer Kirchen und kirchlicher Gemeinschaften – ein Leitmotiv dar.[352] Dabei wäre das Bild-

---

352 Vgl. LG 13, UR 3. – Vgl. zur Logik der Plenitudo-Ekklesiologie: G. M. Hoff, Gegen den Uhrzeigersinn. Ekklesiologie kirchlicher Gegenwarten, Paderborn 2018, 138–141.

motiv der Fülle mit dem eines unaufhebbaren Mangels, einer Leere in der *repraesentatio Christi* zu konfrontieren – vor allem mit Blick auf den abwesenden, nicht darstellbaren Herrn, der *noch im Kommen ist.*[353] Die eschatologische Brechung, die sich damit jedem repräsentativen kirchlichen Akt einschreibt, gilt zwar theologisch grundsätzlich, wird aber liturgisch von einer Ästhetik der Präsenz und der sakramentalen Fülle überlagert.

Sie wird in der Dispositionsform bischöflicher Macht greifbar. Nach der Lehre des 2. Vatikanischen Konzils, mit der die Sakramentalität der Bischofsweihe festgeschrieben wurde (LG 21), kommt den Bischöfen die eigentliche *potestas sacra* zu.[354]

> „Bei der Erfüllung ihrer Aufgabe zu heiligen sollen die Bischöfe bedenken, daß sie aus den Menschen genommen und für die Menschen bestellt sind in ihren Angelegenheiten bei Gott, um Gaben und Opfer für die Sünden darzubringen. Die Bischöfe erfreuen sich nämlich der Fülle des Weihesakramentes. Von ihnen hängen bei der Ausübung ihrer Gewalt sowohl die Priester ab, die ja, um sorgsame Mitarbeiter des Bischofsstandes zu sein, selbst zu wahren Priestern des Neuen Bundes geweiht sind, als auch die Diakone, die, zum Dienst geweiht, dem Gottesvolk in der Gemeinschaft mit dem Bischof und seinem Presbyterium dienen. Die Bischöfe selbst sind also die hauptsächlichen Ausspender der Geheimnisse Gottes, wie sie auch die Leitung, Förderung und Aufsicht des gesamten liturgischen Lebens in der ihnen anvertrauten Kirche innehaben." (CD 15)

Die Aufgabe des Bischofs wird damit als Heiligungsdienst codiert, der über eine klare Machtzuschreibung läuft. Während die theologische Idee *diakonal* ausgerichtet wird, bestimmt die Perspektive einer „Ausübung ihrer Gewalt" den Blick auf ihre Umsetzung. Der hierarchische Aufbau des Gottesvolkes setzt auf diese Weise die Vorstellung einer Gemeinschaft in Kraft, die in ihrer gottesdienstlichen Versammlung auf das bischöfliche Machtdispositiv der „Leitung, Förderung und Aufsicht des gesamten liturgischen Geschehens" festgelegt wird.

Dieses Machtdispositiv hat im Missbrauchsskandal der katholischen Kirche nicht nur an Plausibilität verloren. Es hat auch nicht funktioniert. Die Kirchenleitungen haben den Schutz eines hierarchischen Systems so konsequent dem Opferschutz vorordnen können, in der gegebenen Logik förmlich *müssen*, weil sich das Unheilige im System nur als Einzelfall ausnimmt. Auf dieser Linie scheinen Umstellungen in der Priesterausbildung Abhilfe zu versprechen. Solange aber der kirchliche Sakralcode die Ausbildung eines eigenen priesterlichen Standes mit Vollmachten und nicht zuletzt liturgischen Insignien vorsieht, baut sich dieses System aus seinen eigenen Mitteln immer wieder neu auf. Darin zeigt sich die Stärke des sakramentalen Codes. Er zielt auf eine umfassende Heiligung des Lebens. Der Code der Sakralisierung greift permanent. Er umfasst die gesamte

353 Vgl. G. M. Hoff, Ekklesiologie, Paderborn 2011, 84–86.

354 Zur Problematik der „leitende(n) Kategorie der ‚potestas' in CD vgl. G. Bausenhart, Theologischer Kommentar zum Dekret über das Hirtenamt der Bischöfe in der Kirche *Christus Dominus*, in: HThK Vat II, Bd.3, 225–313; 297–299.

Existenz des Menschen und eben auch jede Sünde. Darin offenbart sich aber zugleich die Schwäche des Codes, wenn er die Funktionsweise sakramentaler Handlungen so weit ausdehnt, dass das System Kirche selbst immer schon als heilig vorausgesetzt wird. Der sakramentale Code macht es, solange er funktioniert, schier unmöglich, den Bruch der *communio sanctorum* in der Disposition der Kirche zu fassen. Schließlich bildet sie den Lebensraum des Heiligen Geistes, der sich in ihr als lebendig erweist. Der Bruch im System droht von daher das System selbst aufzulösen: den Glaubensraum des Heiligen Geistes.

Um dieses Problem theologisch zu bearbeiten, bedarf es zunächst der Anerkennung eines Bruchs, der im Zeichen von *Schuld* einen förmlichen *Systemfehler* markiert. Wenn die Kirche sowohl in ihren Amtsträgern als auch in den Funktionsweisen hierarchischer Leitung Schuld auf sich geladen hat, fordert dies zur Revision der Prozesse heraus, die den Rahmen von Missbrauch und Missbrauchsvertuschung stellten. Hier droht erneut die Sakralisierungsfalle der katholischen Kirche zu greifen. Denn nur wenn sich die Kirche als sakramental versteht, kann sie sakramentale Zeichen des Lebens setzen. Das gilt im gegebenen Zusammenhang gerade auch für die die Möglichkeit zur Vergebung. Dass sie jedem offensteht, erlaubt es, die Geschichte nicht als abgeschlossen zu betrachten. Sonst bliebe die Welt auf jenen katastrophalen Verlauf festgelegt, den schier unendliche Schuld auslöst. Vergebung muss die Kirche für jeden Menschen erhoffen können, weil sie auf die unbegrenzte schöpferische Lebensmacht Gottes setzt.

An diesem Punkt verschiebt sich allerdings die kirchliche Sakralisierungsform. Denn die Kirche kann sich die Vergebung ihrer eigenen Schuld nicht selbst zusprechen. Deshalb haben Bischöfe und auch Päpste immer wieder Vergebungsbitten geäußert. Nur auf dieser Grundlage kann sich die Kirche heiligen lassen – in der Form einer Bitte und als Hoffnung auf Vergebung. Sie steht ihr nicht zu, obwohl ihr die sakramentalen Mittel der Vergebung als Kirche der Sünder und als sündige Kirche zur Verfügung stehen. Würde die Kirche dies angesichts ihres systemischen Missbrauchsproblems tun, erwiese sich ihr Sakralcode als tödlich, denn er würde von der Seite der Macht aus die Ohnmacht der kirchlichen Opfer auflösen. Dieser Punkt ist entscheidend: Es sind die Betroffenen, es ist also das (mitunter auch *kirchliche*) Außen der kirchlichen Macht, von dem her die Kirche als eine unheilige Größe eine Heiligung erhoffen muss. Das stellt die kirchlichen Machtverhältnisse um. Denn die souveräne Macht der Kirche, die sie in der „Fülle der Heilsmittel" kommuniziert, zeigt sich in der Anerkennung derer, die kirchlich entmächtigt wurden. Ihnen wird eine neue Form von Macht zugesprochen, die heilen soll, was kirchlich verwundet wurde.

Die Kirche kann gerade vor diesem Hintergrund nicht von ihrer sakramentalen Disposition absehen. Sie muss für die Menschen in ihren Nöten, in existenzbedrohenden Situationen, in „Trauer und Angst" (GS 1) dasein. Indem Kirche diese Nöte teilt, nimmt sie eine Existenzform an, die mit der Partizipation am Leben der Menschen diesen zugleich eine Autorität für die Kommunikation des Evangeliums einräumt. Das heißt im gegebenen Kontext: Die Ohnmacht der

Missbrauchsopfer stellt die Funktionsweise kirchlicher Macht um, indem sie die Souveränitätsverhältnisse invertiert. Die Kirche muss ihren Standpunkt einnehmen, um das Evangelium *wirklich* kommunizieren zu können. Und das durchbricht die systemische Eigenlogik einer Sakralmacht, die auf dieser veränderten Basis der Heiligung des Lebens einen neuen Ort gibt, die aber auch eine andere Kommunikationsform annimmt.

Im Heiligungsdienst, liturgisch wie pastoral, besteht die Identität und Funktion der Kirche. Aber aus der Sakralisierungsfalle ihres Code-Gebrauchs findet die Kirche nur heraus, wenn sie die repräsentative Logik jener Sakralmacht durchbricht, die das katholische Missbrauchsproblem ermöglichte und trug. Wenn die Bischöfe ihre Aufgabe ernst nehmen, müssen sie in der „Ausübung ihrer Gewalt" wie als Liturgen „Opfer für die Sünden darbringen" (CD 15), die sowohl die (priesterlichen) Täter wie auch die Kirchenleitungen auf sich und damit auf die Kirche geladen haben. Der Preis, den der katholische Missbrauchskomplex kirchlich fordert, besteht darin, die Haltung konsequent umzusetzen, die mit der Bitte um die Annahme der Gaben liturgisch vorgesehen ist. Wer radikal bitten *muss*, ist auf eine Größe verwiesen, von der er alles erwartet.

Insofern macht die Vergebungsbitte dramatisch deutlich, wie sich das Gefüge kirchlicher Sakralmacht angesichts des Missbrauchs durch Kleriker verschiebt. Die *repraesentatio Christi* gelingt nicht länger von der Seite repräsentativer Bevollmächtigung her, einfach insofern sie kirchenrechtlich gesetzt und verbürgt ist. Die Logik des kirchlichen Zeichengebrauchs verändert sich entscheidend mit seiner Rezeption im Volk Gottes. *Repraesentatio Christi* vollzieht sich von daher im Modus einer Entmächtigung *im Amt*, das angesichts seines Glaubwürdigkeitsverlustes um seine Autorität ringen muss. Diese lässt sich nicht einfach voraussetzen, indem der priesterliche Stand sie verbürgt. Vielmehr wird der sakramentale Ordo nun in der Krise einer machtbezogenen Disposition in seiner konstitutiven Bedeutung sichtbar – als eine Eigenschaft und Funktion der gesamten Kirche, des Volkes Gottes, den die Amtsträger nur stellvertretend vollziehen. Diese Logik bestimmt die sakramentale Idee der katholischen Kirche. Aber sie ist überformt von den Insignien der Macht. Sie wirken leer, sobald ihre Glaubwürdigkeit verspielt ist. Und das ist der Fall, wo kirchliche Macht im systemischen Kreislauf ihrer Selbsterhaltung wahrgenommen wird. Es handelt sich um den durchschlagenden Kontrollverlust einer sakralen und sakralisierten Wahrheitsmacht, die nicht länger imstande ist, die Bedingungen zu garantieren, unter denen sich die Plausibilität ihrer Ansprüche herstellen ließe.

Der katholische Missbrauchskomplex hat diese Bedingungen entscheidend verändert. Die katholische Kirche steht nämlich vor dem Problem, dass sich – verbürgt durch ihre liturgischen Vollzüge – ihre *traditio Christi* an eine Traditions*form* gebunden hat, die mit ihren *Repräsentanten* diese Tradition beschädigt hat. Die Kirche steht vor der Herausforderung, die Auflösung ihrer (in der Form wie dem Inhalt nach) *traditionalen Wahrheit* durch ihr systemisches Scheitern als sakramentale Repräsentationsmacht zu bearbeiten. Das wird nur gelingen, wenn sich der Code der Sakralmacht von dem Problemniveau bestimmen lässt, vor dem sie steht. Der Missbrauch verlangt den in einem theologisch präzisen Sinn *repräsentierenden* Akteuren eine Bitte um Vergebung und einen förmlichen Opfergang ab. Er muss sich in einer neuen *Performance* der eigenen Machtposition und einer veränderten Glaubensform umsetzen.[355] Eine Kirche, die nur noch bitten und nicht dekretieren kann, muss sich nicht nur mit ethischen Forderungen an andere zurückhalten, sondern die Ausübung ihrer Macht daran binden, was sie für die Menschen in der Kirche und für die Welt bedeutet, in die sie gesandt ist.

355 Vgl. dazu H.-J. Sander, Anders glauben, nicht trotzdem. Sexueller Missbrauch der katholischen Kirche und die theologischen Folgen, Ostfildern 2021.

Kapitel 6: Expeditionen: Zur Relevanz performativer Theologie

Das abschließende Kapitel fragt nach Konsequenzen einer performativ argumentierenden Fundamentaltheologie. Dafür werden zwei Expeditionen vorgeschlagenen, die sich auf die performative Bedeutung von Dialogsituationen einlassen. Was verändert der theologische Dialog, wenn er sich auf eine andere religiöse und konfessionelle Glaubensposition einstellt? Was bedeutet dieser Dialog vor Gott?

Das 2. Vatikanische Konzil hat, wie bereits ausgeführt, mit zwei Perspektiven gearbeitet, um den Ort der katholischen Kirche zu bestimmen: *ad intra* sollte geklärt werden, wie die Kirche sich sieht; *ad extra* adressierte sie sich, indem sie im Bezug auf die religiösen und gesellschaftlichen Realitäten ihrer Gegenwart die Mission und die Bedeutung der Kirche bestimmte. Diese Wechselwirkung setzte Dialog- und Lernbereitschaft voraus, die zu veränderten Positionen in der Glaubensdarstellung führte.

An zwei Diskursen lässt sich die theologische Bedeutung dieser epistemischen Positionsbestimmung der Kirche besonders gut verdeutlichen: mit dem Bezug auf das Judentum als der Religionsgemeinschaft, aus der sich das Christentum entwickelt hat, sowie mit Referenz auf die innerchristliche Ökumene, mit der sich die Identität der wahren Kirche Jesu Christi nur im Modus getrennter Kirchen erreichen lässt. Dabei beschädigt die Geschichte der Gewalt gegen das Judentum und der innerchristlichen Trennungen das Zeugnis der Kirche. Sie steht in ihrer geschichtlichen Bestimmungsform unter dem Vorzeichen einer zerrissenen Identität – während sie zugleich in ihrer sakramentalen Gestalt den Raum der Selbstvergegenwärtigung Jesu Christi darstellt. Was bedeutet diese ambige Kirchenperformance für den Glauben der Kirche? Und was tragen Prozesse der dialogischen Verständigung aus?

1. *Ansatz: Die performative Macht des Dialogs*

Diese Frage lässt sich mit Blick auf den jüdisch-katholischen Dialog seit dem 2. Vatikanischen Konzil präzisieren. In ihm geht es um die offenbarungsgeschichtlichen Grundlagen, auf denen die (katholische) Kirche beruht. Die Erklärung *Nostra aetate* hat mit ihren Ausführungen zur bleibenden Bedeutung des Judentums einen Paradigmenwechsel vollzogen, der die gesamte Lehrpraxis der katholischen Kirche bestimmt. Das betrifft zunächst die Haltung, mit der die Kirche andere Religionen, besonders aber das Judentum wahrnimmt – mit einer

Wertschätzung, die auch theologische Konsequenzen hat. Das zeigt sich unter verschiedenen Gesichtspunkten:

- NA 1 wählt als Ausgangspunkt die Verbundenheit der Menschheit, die sich in religiöser Hinsicht in ihren unterschiedlichen Gottesbezügen zeigt: sie unterscheiden sich religionsgemeinschaftlich, sie verbinden die Menschen in der Suche nach einer

  „Antwort auf die ungelösten Rätsel des menschlichen Daseins, die heute wie von je die Herzen der Menschen im tiefsten bewegen: Was ist der Mensch? Was ist Sinn und Ziel unseres Lebens? Was ist das Gute, was die Sünde? Woher kommt das Leid, und welchen Sinn hat es? Was ist der Weg zum wahren Glück? Was ist der Tod, das Gericht und die Vergeltung nach dem Tode? Und schließlich: Was ist jenes letzte und unsagbare Geheimnis unserer Existenz, aus dem wir kommen und wohin wir gehen?“

- Das Konzil geht vom eigenen Christusglauben aus. Aber es verbindet ihn in *Nostra aetate* mit diesen Fragen, die sich auch *im Glauben* nicht einfach auflösen. Damit ergibt sich eine Gesprächsbasis, die zum einen eine entscheidende existenzielle Erfahrung teilt, die zum anderen die Offenheit für die Antworten voraussetzt, mit denen andere Religionen das interreligiöse Gespräch führen.
- Der Bezug auf Gott als letztes „Geheimnis unserer Existenz“ wird auf dieser Linie mit einem Moment negativer Theologie („unsagbar“) verbunden und eschatologisch ausgerichtet. Religionsdialoge haben hier ihren Ort: Sie teilen Erfahrungen, die das eigene religiöse Leben und Bekenntnis bestimmen, *indem* sie darum wissen, dass Gott Geheimnis bleibt und dass seine „letzte“ Wirklichkeit uns im „Tod“, im „Gericht“ und mit der „Vergeltung nach dem Tod“ erst noch entgegentritt.
- Diese epistemische Haltung gibt Religionsdialogen eine eigene performative Dynamik: Sie handeln von „Gott“, indem sie vor Gott die Bedeutung des Zeichens „Gott“ gemeinsam bestimmen. Genau das besitzt eine theologische Dimension. Denn

  „wir können ... Gott, den Vater aller, nicht anrufen, wenn wir irgendwelchen Menschen, die ja nach dem Ebenbild Gottes geschaffen sind, die brüderliche Haltung verweigern. Das Verhalten des Menschen zu Gott dem Vater und sein Verhalten zu den Menschenbrüdern stehen in so engem Zusammenhang, daß die Schrift sagt: ‚Wer nicht liebt, kennt Gott nicht‘ (1 *Joh* 4,8).“

- Im Dialog nimmt die Rede von Gott über die Haltung der Liebe zum anderen Menschen ihre humane Bedeutung an. Die Praxis der Liebe und der Glaube sind untrennbar aneinander gebunden. Deshalb veranlassen Religionsdialoge die Gläubigen dazu, dass wir als „Menschenbrüder“ „einen guten Wandel unter den Völkern führen" (1 *Petr* 2,12) und womöglich ... mit allen Menschen Frieden halten, so daß sie in Wahrheit Söhne des Vaters sind, der im Himmel ist.“ (NA 5)

Bezogen auf das Judentum ergibt sich dabei ein weitergehender Bezug:

- In theologischer Hinsicht ist die Kirche als „Volk des Neuen Bundes mit dem Stamme Abrahams geistlich verbunden“ (NA 4). Diese Aussage trifft die Kirche, indem sie über sich nachdenkt. Mit anderen Worten: diese Reflexion gehört in die kirchliche Selbstbestimmung und besitzt insofern epistemisch grundlegende Bedeutung.
- Deshalb „kann die Kirche auch nicht vergessen, daß sie durch jenes Volk, mit dem Gott aus unsagbarem Erbarmen den Alten Bund geschlossen hat, die Offenbarung des Alten Testamentes empfing und genährt wird von der Wurzel des guten Ölbaums, in den die Heiden als wilde Schößlinge eingepfropft sind.“ (NA 4) Dieser Satz besitzt eine performative Qualität. Er funktioniert nicht als geschichtliche Vergewisserung oder als ein Versprechen, sondern als ein Sprechakt, mit dem die Kirche ein Urteil über ihre eigene ekklesiologische Bestimmungsform spricht. *Dass sie nicht vergessen kann*, legt sie darauf fest, dass sie mit Israel in den Bund mit Gott eingeschlossen ist. In diesem Bezug vollzieht sich die Offenbarung, die von der Kirche in Jesus Christus *christologisch* erschlossen wird.

Damit erhält aber auch der Bezug auf das Judentum eine eigene theologische Bedeutung – zumal in einem Dialog, in dem gemeinsam und zugleich unterschieden die Rede von „Gott“ auf dieser Grundlage geführt wird.

Das gilt in analoger Weise auch für die innerchristliche Ökumene. Im Dekret über den Ökumenismus *Unitatis redintegratio* des 2. Vatikanischen Konzils wird einführend festgehalten:

> „Die Einheit aller Christen wiederherstellen zu helfen ist eine der Hauptaufgaben des Heiligen Ökumenischen Zweiten Vatikanischen Konzils. Denn Christus der Herr hat eine einige und einzige Kirche gegründet, und doch erheben mehrere christliche Gemeinschaften vor den Menschen den Anspruch, das wahre Erbe Jesu Christi darzustellen“ (UR 1).

Indem sich das Konzil diese Aufgabe stellt, nimmt es sie bereits in Angriff. Die performative Dimension der ökumenischen Agenden, deren Bedeutung mit diesem Dokument erstmals seitens des kirchlichen Lehramts anerkannt wird, zeigt sich nicht zuletzt darin, dass sich die katholische Kirche damit in die ökumenische Bewegung einschreibt. Mit UR wird sie ihr Teil. Das bestätigt sich erkenntnistheologisch, wenn als Ausgangspunkt die unterschiedlichen kirchlichen Ansprüche benannt werden, „das wahre Erbe Jesu Christi darzustellen“ (UR 1). Die katholische Kirche besteht darauf, dass sich in ihr die wahre Kirche Jesu Christi geschichtlich verwirklicht (LG 8).

> „Nur durch die katholische Kirche Christi, die das allgemeine Hilfsmittel des Heiles ist, kann man Zutritt zu der ganzen Fülle der Heilsmittel haben. Denn einzig dem Apostelkollegium, an dessen Spitze Petrus steht, hat der Herr, so glauben wir, alle Güter des Neuen Bundes anvertraut, um den einen Leib Christi auf Erden zu konstituieren, welchem alle völlig eingegliedert werden müssen, die schon auf irgendeine

Weise zum Volke Gottes gehören. Dieses Volk Gottes bleibt zwar während seiner irdischen Pilgerschaft in seinen Gliedern der Sünde ausgesetzt, aber es wächst in Christus und wird von Gott nach seinem geheimnisvollen Ratschluß sanft geleitet, bis es zur ganzen Fülle der ewigen Herrlichkeit im himmlischen Jerusalem freudig gelangt." (UR 3)

Die katholische Kirche wird als der Ort beschrieben, an dem man die „Fülle der Heilsmittel" erfahren kann. Zugleich gibt es ein Moment des Wachstums, also einer geschichtlichen Dynamik, die sich nicht zuletzt in der Bedeutung der ökumenischen Bewegung zeigt. Die Identität der wahren Kirche Christi ist geschichtlich bestimmt, nämlich im Bezug auf die apostolisch-petrinische Signatur der katholischen Kirche. Sie ist zugleich eschatologisch gerichtet, weil die „ganze Fülle" erst „im himmlischen Jerusalem" erreicht wird. Der israeltheologische Bezug verweist im Übrigen auf die komplexe Disposition des „geheimnisvollen Ratschlusses", mit dem Gott sein Volk führt. Dieses Volk besteht *im Bund* nicht nur aus Christen, sondern auch aus Juden. Der Text vermittelt damit Momente differentieller Bestimmung, ohne die sich die Rede von der Kirche als „Fülle der Heilsmittel" nicht erschließen lässt. Der Bezug auf andere Bestimmungsorte und -formen, christlich wie jüdisch, gehört zum Ausweis der katholischen Kirche in ihrem Anspruch, die wahre Kirche Jesu Christi zu verkörpern – allerdings nicht absolut.

Genau diese Haltung und dieser Bestimmungsmodus erweisen sich als Voraussetzung eines Dialogs, in dem die genannten Aspekte theologisch auszuhandeln sind. Dass dieser Dialog wiederum eine spezifisch theologische Bedeutung besitzt, wird in UR 1 pneumatologisch begründet:

„Der Herr der Geschichte aber, der seinen Gnadenplan mit uns Sündern in Weisheit und Langmut verfolgt, hat in jüngster Zeit begonnen, über die gespaltene Christenheit ernste Reue und Sehnsucht nach Einheit reichlicher auszugießen."

Gott wird zum Akteur im ökumenischen Prozess. Diese Einsicht des Konzils entspricht einem Glaubensbekenntnis, das UR ablegt, indem das Dekret sowohl Ergebnisse der ökumenischen Bewegung aufnimmt und akzeptiert als auch den Weg in den Dialog damit freigibt. Es handelt sich insofern um einen performativen Sprechakt ökumenischer Theologie. Die performative Macht des Dialogs wird damit lehramtlich anerkannt, zugleich aber auch als Option wahrgenommen, die Spaltung der Christenheit aufzuheben. Diese stellt einen performativen kirchlichen Selbstwiderspruch dar, denn

„(e)ine solche Spaltung widerspricht ... ganz offenbar dem Willen Christi, sie ist ein Ärgernis für die Welt und ein Schaden für die heilige Sache der Verkündigung des Evangeliums vor allen Geschöpfen." (UR 1)

Was also bedeuten theologisch die Differenzen zwischen christlichen Konfessionen und anderen Religionsgemeinschaften, namentlich zum Judentum? Was tragen Prozesse der dialogischen Verständigung aus? Worin besteht die performative Macht des Dialogs im strengen Sinn *theologisch*, also *vor Gott*?

2. *Konkretion: Jüdisch-christlicher Dialog*

Diesem Fragesetting ist eine performanztheologisch wichtige Frage vorgeordnet: Was bedeutet es theologisch, das Zeichen „Gott“ *christlich* mit Bezug auf den *jüdischen* Gesprächspartner zu performieren? Was bedeutet seine (aber auch *Seine*, also Gottes) Alterität, die christlich nur im Bezug auf das Judentum – geschichtlich wie theologisch – wahrgenommen werden kann?

2.1. Fundamentaltheologische Herausforderungen im jüdisch-katholischen Dialog

Phil Cunningham hat für die Bearbeitung dieser Frage zehn „Maxims für Mutuality“ vorgeschlagen.[356] Ihre Essenz besteht darin, die christliche Perspektive in einer ständigen Bezugnahme auf jüdische Gesprächspartner:innen zu entwickeln und gegebenenfalls zu korrigieren. Damit verbinden sich aus der Sicht katholischer Fundamentaltheologie spezifische Fragen und Herausforderungen:

- Wer spricht für die jeweilige Religionsgemeinschaft? Wer wird mit einer repräsentativen Autorität als Dialogpartner anerkannt? Die theologische und die repräsentative Dimension müssen nicht identisch sein – nicht einmal in der römisch-katholischen Kirche, in der die Lehr- und Leitungsgewalt im Papst letztverbindlich zusammenfallen.
- Die Frage nach der Identität des *Anderen* stellt sich nur standpunktbezogen. Sie hängt an der *Konstruktion des Anderen.* Ihm kommt zwar im Dialog ein Einspruchsrecht zu, aber es führt an Grenzen der hermeneutischen Wahrnehmung seiner Alterität. Der jeweils andere Standpunkt muss interpretiert werden. Um verstehen zu können, braucht es eine wechselseitige Perspektivenübernahme, die aber niemals die *gelebte Gleichzeitigkeit* beider Perspektiven *im Dialog* gestattet. Diesen Abstand gilt es im Dialog zu bestimmen – und zwar *theologisch.*
- Im theologischen Horizont des jüdisch-christlichen Dialogs werden diese beiden Probleme von ihrer entscheidenden Referenz gerahmt: vom Bezug auf „Gott“. Was Juden und Christen unter „Gott“ verstehen, hängt an den heiligen Schriften, die sie mit dem *Tanach* bzw. dem *Alten Testament* teilen. Zugleich sind sie eingebunden in eine lebendige Tradition des intellektuellen, rituellen, ethischen Bezugs auf „Gott“. Die Wirklichkeit „Gottes“ liegt

---

356 Ph. A. Cunningham, Maxims for Mutuality. Principles for Catholic Theology, Education, and Preaching about Jews and Judaism (Studies in Judaism and Christianity), New York 2022.

nicht einfach vor. Sie wird über Erfahrungen erschlossen, die an einem bestimmten Verständnis und Gebrauch des Zeichens „Gott“ hängen.

- Das Zeichen „Gott“ hat sich, wenn man nicht von einer Verbalinspiration der Offenbarungstexte ausgeht, geschichtlich entwickelt. Im jüdisch-christlichen Dialog ist die evolutionäre Dynamik „Gottes“, also des Zeichengebrauchs für den gemeinsamen und zugleich unterschiedenen Glauben an Gott zu berücksichtigen. Das gilt schon deshalb, weil sich zwischen den beiden Religionsgemeinschaften eine Geschichte des Gottesbezugs vollzogen hat und weiter vollzieht.
- Damit steht der jüdisch-christliche Dialog vor der Frage, auf welcher Ebene er die verbindenden Differenzen im jeweiligen Gottesbezug zur Geltung bringt. Handelt es sich um eine religionswissenschaftliche, kulturgeschichtliche Perspektive, mit der sich die Dialogpartner verständigen? Oder geht es darum, *im Dialog* die Wirklichkeit dessen zu *realisieren*, den Juden wie Christen als „Gott“ ansprechen? Das ist deshalb entscheidend, weil mit dem Gebrauch des Zeichens „Gott“ seine Wirklichkeit *performativ* beansprucht wird – indem man etwa zu Gott betet.[357]
- Mit dem Wirklichkeitsgehalt „Gottes“ steht im Dialog eine weitere Frage im Raum: Was bedeutet er vor Gott? Aus katholischer Sicht hält Papst Franziskus fest: „Gott wirkt weiterhin im Volk des Alten Bundes“.[358] Daraus ergibt sich eine starke offenbarungstheologische Perspektive. Zum einen bedeutet dies, dass Gott in und mit dem jüdischen Volk handelt. Zum anderen schließt das für den christlichen Bezug auf das Judentum ein, dass in ihm nicht nur die Stimme Gottes gehört werden kann, sondern dass dieser Wahrnehmung eine offenbarungstheologische Dignität zukommt. Die Kirche erfährt im jüdischen Anderen etwas von Gott. Das kann wiederum nur im Gespräch mit dem Judentum geschehen. Der Dialog nimmt auf diese Weise eine theologische Qualität an, die in einer „Antwort der Deutschen Bischofskonferenz auf die Erklärungen aus dem Orthodoxen Judentum zum Verhältnis von Judentum und katholischer Kirche“ markiert wurde:

---

357 In diesem Zusammenhang sei nochmals vermerkt, dass „Gott“ das Zeichen, nicht bereits die gegebene Wirklichkeit Gottes markiert. Ohne Anführungszeichen gesetzt, ist die Wirklichkeit Gottes gemeint – die man aber nur mit Zeichen bestimmen und kommunizieren kann. Dieser Zusammenhang lässt sich religionswissenschaftlich differenzieren, theologisch aber nicht auflösen, insofern eine *Theolog:in* nicht davon absehen kann, dass Gott existiert und wirkt, wenn man von ihm spricht.

358 Papst Franziskus, Apostolisches Schreiben Evangelii gaudium über die Verkündigung des Evangeliums in der Welt von heute (24. November 2013), 249, in: Sekretariat der Deutschen Bischofskonferenz (Hrsg.), Verlautbarungen des Apostolischen Stuhls Nr. 194 (Bonn 2013), 168.

> „Für die katholische Kirche besitzt der Dialog mit ihren jüdischen Glaubensgeschwistern unbedingte theologische Dignität. Denn ohne diesen Dialog kann sie ihre Sendung nicht erfüllen.“[359]

Die skizzierten Fragen entstehen *im Dialog*, besitzen also einen Alteritätsvermerk. Er hat die katholische Position performativ verändert: durch *Austausch*. Das wirkt auf die erste Frage zurück: Wer spricht repräsentativ für die katholische Kirche und was bedeutet die Tatsache, dass sich ihre Position mit und seit dem 2. Vatikanischen Konzil signifikant verändert? Mit dieser geschichtlich-hermeneutischen Frage ist die Frage nach den Entwicklungsperspektiven des katholisch-jüdischen Dialogs verbunden. Sie läuft auf eine performanztheoretisch veränderte Grammatik des Dialogs hinaus.

Was also bedeutet es für den jüdisch-christlichen Dialog, wenn man in seinem Rahmen gemeinsam und auf einer gemeinsamen Bezugsbasis (den heiligen Schriften Israels) von „Gott“ spricht?

2.2. Anforderungen für die katholische Theologie 60 Jahre nach Eröffnung des 2. Vatikanischen Konzils

Damit stellt sich die Frage nach dem Ort des jüdisch-christlichen Dialogs, von dem aus *dieser Autor* als katholischer Theologe argumentiert. Für die Lehre der katholischen Kirche mit Blick auf das Judentum stellt das 2. Vatikanische Konzil die maßgebliche Referenz dar. *Nostra aetate* ist aber selbst kein Dokument des Dialogs. Allerdings sind Positionen, die den jüdisch-christlichen Dialog nach dem 2. Weltkrieg neu eröffnet haben, in die Erklärung eingegangen. Ekklesiologisch ist die Tatsache von Bedeutung, dass es Akteure *von außen* waren, die der katholischen Kirche eine Umstellung ihrer Haltung zum Judentum ermöglichten. Das besitzt eine grundsätzliche Bedeutung, die es zu präzisieren gilt.

In fundamentaltheologischer Hinsicht handelt es sich um Positionen, die einen *locus theologicus alienus* repräsentieren. An dieser Stelle ist noch einmal die Methodologie der *loci theologici* einzuspielen. Theologische Aussagen müssen sich, um Autorität beanspruchen zu können, auf Quellen des Glaubens beziehen. Dazu zählen zunächst die *loci theologici proprii*, d. h. Fundorte für theologische Argumente, die aus dem kirchlichen Raum stammen. Das sind grundlegend die Heilige Schrift und die Tradition. Dem sind auslegende Glaubensinstanzen zugeordnet: Konzilien, die Bischöfe, der Papst sowie Expertisen patristischer und

---

359 Vgl. „Gott wirkt weiterhin im Volk des Alten Bundes.“ Eine Antwort der Deutschen Bischofskonferenz auf die Erklärungen aus dem Orthodoxen Judentum zum Verhältnis von Judentum und katholischer Kirche 29. Januar 2019, in: Sekretariat der Deutschen Bischofskonferenz (Hrsg.), „Gott wirkt weiterhin im Volk des Alten Bundes“ (Papst Franziskus). Texte zu den katholisch-jüdischen Beziehungen seit Nostra aetate (Arbeitshilfen Nr. 307), Bonn 2019, 193–202.

scholastischer Theologen. Dem stehen Referenzorte von einer anderen Art gegenüber: die sogenannten *loci theologici alieni.* Es handelt sich um Bezugspunkte, die jede theologische Argumentation berücksichtigen muss, ohne dass sie der Deutungsmacht der Kirche unterliegen: Geschichte und Vernunft sowie die Stimmen der Philosophie, die wie Aristoteles auch die Topologie des Cano anleiten.[360]

In diesem Ensemble findet sich bereits ein grundlegender Alteritätsvermerk aller Theologie: das unabweisbare Einspruchsrecht *anderer Orte* und *befremdender Positionen.* Das 2. Vatikanische Konzil hat ihnen unter mehrfachem Gesichtspunkt Raum gegeben, auch wenn es sich nicht ausdrücklich auf Cano bezog. So hat es sich, wie bereits dargelegt, dem menschrechtsbasierten Diskurs moderner Religionsfreiheit geöffnet (DH) und den relativen Wahrheitswert sowohl anderer christlicher Konfessionen (UR) als auch fremder Religionen (NA) anerkannt.

In diesem Zusammenhang gewinnt ein *locus theologicus* besonderes Profil: das Judentum. Indem das Konzil die bleibende Erwählung Israels bejaht und sich von einer kirchlichen *Lehre der Verachtung* (Jules Isaac) abwendet, kann es zugleich (mit Paulus) Israel als die tragende Wurzel des eigenen Glaubens und der Kirche artikulieren.

Das führt über die Akzeptanz einer rein *geschichtlichen* Tatsache hinaus. Der Glaube Israels repräsentiert mehr als den *locus theologicus historiae.* Denn wenn Israels „Berufung unwiderruflich" ist, wie die Erklärung der *päpstlichen Kommission für die religiösen Beziehungen zum Judentum* zum 50-jährigen Jubiläum von *Nostra aetate* festhielt, dann stellt das Judentum in jeder Gegenwart eine Realität dar, auf die sich die Kirche beziehen muss, wenn sie von Gott spricht.[361] Dass NA 4 die Referenz auf Röm 9–11 mit einem Verweis auf die eschatologische Spannung verbindet, in der die Kirche *mit den Propheten und mit demselben Apostel* den „Tag erwartet, der nur Gott bekannt ist, an dem alle Völker mit einer Stimme den Herrn anrufen", gibt einer geteilten Hoffnung Raum. Die jüdische Stimme wird dabei nicht nur von Paulus und den Propheten vertreten, sondern auch mit einem Zitat aus Zef 3,9 artikuliert. Die theologische Komposition des Textes ist dabei *performativ* zu lesen: Das Judentum nimmt in der Darstellung der kirchlichen Lehre einen Raum ein. Es handelt sich erkenntnistheoretisch um einen *locus theologicus proprius et alienus.* Er gehört zur Kirche und kommt in ihr *konstitutiv* (nämlich über Schriftverweise) zum Klingen. Er steht der Kirche aber auch

---

360 Zur fundamentaltheologischen Bedeutung dieser Topologie vgl. G. M. Hoff, Glaubensräume. Topologische Fundamentaltheologie Bd. II/1: Der theologische Raum der Gründe, Ostfildern 2021, besonders 127–143.

361 Kommission für die religiösen Beziehungen zum Judentum, „Denn unwiderruflich sind Gnade und Berufung, die Gott gewährt" (Röm 11,29). Reflexionen zu theologischen Fragestellungen in den katholisch-jüdischen Beziehungen aus Anlass des 50-jährigen Jubiläums von Nostra aetate (Nr. 4), Rom/Vatikanstadt 10.12.2015, hrsg. vom Sekretariat der Deutschen Bischofskonferenz (Verlautbarungen Nr. 203), Bonn 2016.

gegenüber: als eigener religionsgemeinschaftlicher Standpunkt, nämlich als heilsgeschichtliche Größe *Israel* sowie in seiner Tradition *als lebendiges Judentum*.

Diese performative Umstellung der kirchlichen Lehre vollzieht das Konzil nicht mehr *metakritisch*, also in einem methodologischen Sinn. Aber er ist in *Nostra aetate* an- und grundgelegt. Beide Aspekte gilt es 60 Jahre nach der Eröffnung des Konzils einzuholen und konsequent umzusetzen: diese neue Disposition der kirchlichen Lehre im Zuschnitt der Topologie der *loci theologici* sowie ihrer Ausformulierung *im Dialog*. Dabei kommt der *performativen theologischen Qualität* des Dialogs eigene Bedeutung zu. Denn der Dialog besitzt eine transformative Dynamik, die die katholische Kirche und ihre Theologie, aber auch das Judentum verändert (wie die jüngsten Erklärungen aus der jüdischen Orthodoxie belegen).[362] Im Zuge dieser *Transformationsprozesse* stellt sich dann die Frage, wie sich das gemeinsam-unterschiedene Verständnis „Gottes" verändert. Mit Phil Cunningham formuliert: Wie sich das „co-covenanting" der christlich-jüdischen „companions" erstens vollzieht und zweitens wie es *theologisch* zu qualifizieren ist.[363]

2.3. Ein Alteritätsvermerk im jüdisch-christlichen Dialog: Religionssoziologische Transformationsprozesse

Dabei ist eine Besonderheit im Dialog zu berücksichtigen: jene komplexen religionssoziologischen Transformationsprozesse, die sich (1.) *in* und *zwischen* den Religionsgemeinschaften sowie (2.) über sie hinaus *im Kontakt mit anderen religionskulturellen* Prozessen vollziehen. Es gibt keine „reine" Identität einer Religion oder Religionsgemeinschaft. Sowohl in historischer als auch in soziologischer Hinsicht handelt es sich um Hybride. Das betrifft zunächst den **religionsgeschichtlichen** Horizont:

1. Für die christlichen Partner im Dialog mit dem Judentum gilt dies in religionsgeschichtlich grundlegender Weise. Aspekte unterschiedlicher religiöser Traditionen fließen in das sich formierende Christentum ein.

---

362 Vgl. Erklärung orthodoxer Rabbiner, Den Willen unseres Vaters im Himmel tun: Hin zu einer Partnerschaft zwischen Juden und Christen (3. Dezember 2015); Konferenz Europäischer Rabbiner/Oberrabbinat des Staates Israel/Amerikanischer Rabbinerverband, Zwischen Jerusalem und Rom. Gedanken zu 50 Jahre Nostra aetate (31. August 2017); beide Texte in: Sekretariat der Deutschen Bischofskonferenz (Hrsg.), „Gott wirkt weiterhin im Volk des Alten Bundes" (Papst Franziskus). Texte zu den katholisch-jüdischen Beziehungen seit Nostra aetate (Arbeitshilfen Nr. 307), Bonn 2019.

363 Ph. A. Cunningham, Maxims for Mutuality, 3 et passim.

2. Vor allem der Bezug auf den „jüdischen" Ausgangspunkt weist unterschiedliche Formen von Aneignung und Abgrenzung auf, die sich in verschiedenen Räumen lokal wie zeitlich differenziert vollziehen.
3. Die christologische Interpretation der Schriften des „Alten" Testaments zeigt beides: einen grundlegenden Bezug (gegen Markion) wie die Markierung einer theologischen Deutungsdifferenz.
4. Sie verfestigt sich mit der Ausbildung eines christlichen Antijudaismus – exemplarisch bei Justin dem Märtyrer.[364] Sie lässt aber auch wechselseitige Übergänge zu, die sich literarisch z. B. in Märtyrer-Biographien abbilden und mit Daniel Boyarin von einer „twin birth of Christianity and rabbinic Judaism as two forms of Judaism"[365] sprechen lassen.

Diese Differenz in einem *theologischen Bezugsrahmen* bedarf ihrerseits einer theologischen Bestimmung, gerade weil sich das Christentum mit seinen liturgischen Schriftlesungen des Alten Testaments dieses Ursprungs permanent versichert. Indem diese Differenz mit heilsgeschichtlichen Narrativen von Vollendung, Überbietung, Ersetzung bearbeitet wird, ergibt sich ein religionskultureller *double bind* von ausschließender Einschließung.[366] Damit verbindet sich ein eigener Alteritätsvermerk *in der Konstruktion christlicher Identität*: eine Selbstentfremdung im Modus eines *beanspruchten* Ursprungs.

Das kirchlich konstruierte jüdische Andere bleibt als der verworfene Teil über die längste Zeit der Christentumsgeschichte sowohl ein unerreichbarer Fokus (mit der verlorenen jüdischen Identität seiner „apostolischen" Ursprünge) als auch der Fixpunkt einer paradoxen Selbstentfremdung des Christentums. Israel wird deshalb nicht von der Kirche *vergessen* – vielmehr ist mit Rainer Kampling von einer christlichen „Israel-Versessenheit" zu sprechen.[367]

Im Blick auf die performanztheologische Argumentation bedeutet das: Dieser *religionsgenealogische* Zwischenraum ist für die katholische Theologie als ein *locus theologicus* aufzunehmen. Das entspricht dem topologischen Ansatz, mit

---

364 Vgl. H. Leppin, Die frühen Christen. Von den Anfängen bis Konstantin, München 2018, 61.

365 D. Boyarin, Dying for God. Martyrdom and the Making of Christianity and Judaism, Stanford 1999, 2.

366 Es handelt sich um eine Interpretationsform, deren eskalative Konsequenzen Giorgio Agamben mit seinem Homo sacer-Projekt von der Antike bis in die Gegenwart rekonstruiert hat. Vgl. ders., Homo sacer. Die souveräne Macht und das nackte Leben, Frankfurt a. M. 2002.

367 R. Kampling, … die *Jüdin*, aus deren Fleisch er geboren wurde … Zu einem antijudaistischen und antimarianischen Modell der patristischen Auslegung, in: J. Heil / R. Kampling (Hrsg.), Maria – Tochter Sion? Mariologie, Marienfrömmigkeit und Judenfeindschaft, Paderborn u. a. 2001, 13–37; 37. – Vgl. zum systematischen Ort dieser diskursiven Konstellation christlicher, näherhin katholischer Theologie: G. M. Hoff, Eine systematische Politik des Verschweigens? Eine fundamentaltheologische Ortsbestimmung des Jüdischen im Christlichen, in: G. Langer / G. M. Hoff (Hrsg.), Der Ort des Jüdischen in der katholischen Theologie, Göttingen 2009, 83–107.

dem Israel und das Judentum als *locus theologicus proprius et alienus* qualifiziert wird.

Dabei stellen sich Fragen:

- *Wer* qualifiziert hier?
- Wem kommt das Recht einer solchen Zuschreibung zu?
- Kann der jüdische Gesprächspartner noch *vor dem konkreten Dialog* als ein solcher *locus theologicus* qualifiziert werden?
- Darf das Christentum umgekehrt darauf verzichten?

Erneut zeichnet sich auf diese Weise eine Komplexitätssteigerung im jüdisch-christlichen Dialog ab, die es wiederum doppelt zu bestimmen gilt:

- im Blick auf die Innenseite kirchlicher Autorisierung in einem repräsentativen Sprechakt (mit der Definition von Zugehörigkeit, die jeder Religionsgemeinschaft zusteht)
- wie im Blick auf die religionskulturellen Transformationen, die sich *in der katholischen Kirche* vollziehen und in ihr Übergänge zwischen Eigenem und Fremden sichtbar machen.

Alteritätsvermerke bestimmen in dieser Hinsicht bereits den Zugang, den Christ:innen zum Dialog mit dem Judentum haben. Auch hier zeigt sich Hybridität als eine Art religionskultureller Bedingung der Möglichkeit eines *katholischen* Dialogs mit dem Judentum. Das betrifft den **religionssoziologischen** Horizont:

1. Religionssoziologisch zeigt sich für das Christentum, dass man auch in synchroner Hinsicht nur von einer Vielzahl von Christentümern sprechen kann. In der globalisierten Welt des 21. Jh. erweisen sich dabei Übergänge z. B. zwischen evangelikalen und pentekostalen Kirchen zur katholischen Kirche hin, die in charismatischen Jugendkirchen Transfers erlauben.[368]
2. Kirchenbindungs-Studien belegen, das sich Katholik:innen zunehmend bezogen auf Lebensphasen, in spezifischen Milieus sowie anlassgebunden als Mitglieder ihrer Kirche verstehen.[369] Das schließt grundlegende Abweichungen von basalen Glaubenssätzen der katholischen Kirche ein, sodass sie aus dogmatischer Sicht kaum noch als Christ:innen zu bezeichnen wären, während sie sich zugleich *als Getaufte* und oftmals *gefirmte* Mitglieder der Kirche in einer praktizierten *communio in sacris* mit „ihrer" Kirche befinden.
3. Die Säkularisierungswellen der Gegenwart vollziehen sich global unterschiedlich und etablieren Horizonte, an denen sich die kirchliche Kommunikation wiederum so unterschiedlich orientieren muss, dass z. B. anhand von katholischen Reform-Agenden wie dem Synodalen Weg in Deutschland

368 Im deutschsprachigen Raum weisen die *Night Fever-Bewegung*, das *Augsburger Gebetshaus* oder die *Loretto-Gemeinschaft* solche Hybridisierungen katholischer Kirchenidentität auf.

369 Vgl. dazu nochmals die mehrfach erwähnte Kirchenbindungsstudie der Erzdiözese München-Freising.

der Zusammenhalt der Kirche *aus der Kirche selbst heraus* in Frage gestellt wird.[370]

4. In diesem Zusammenhang behauptet die römische Kirchenleitung mit dem Papst an der Spitze einerseits eine Leitungsvollmacht, die mit dem Lehr- und Jurisdiktionsprimat dogmatisch festgeschrieben ist, während sich auch Bischöfe etwa in der Frage der Frauenordination *gegenüber* dieser Entscheidungsmacht positionieren, sie aber zugleich respektieren. Dieser innere Widerspruch verstärkt sich mit Handlungen und Äußerungen des Papstes, die kirchliche und theologische Ambiguitäten verstärken.

Diese Prozesse sind Teil eines Vorgangs, der

1. in mehrfacher Hinsicht auf eine Auflösung des römischen Paradigmas von Katholizität zuhält und
2. für den jüdisch-christlichen Dialog eine interne Pluralisierung des katholischen Gesprächspartners mit sich bringt.

Auch diese Übergängigkeit ist für den jüdisch-christlichen Dialog in Anschlag zu bringen und theologisch zu bestimmen. Es geht um den *Ort des Dialogs.*

2.4. Der theologische Ort des Dialogs zwischen Juden und Christen

Drei Perspektiven leiten die vorliegende Rekonstruktion des jüdisch christlichen Dialogs an:

1. eine dialoghermeneutische mit Blick auf die Alteritäts-Einträge im Gespräch zwischen Judentum und Christentum;
2. eine topologische mit Blick auf die Bedeutung des Judentums als ein *locus theologicus proprius et alienus* für die die katholische Theologie;
3. eine transformationstheoretische mit Blick auf die geschichtliche und kulturelle Disposition der jeweiligen religionsgemeinschaftlichen Identität.

Sie laufen in einem spezifischen Anforderungsprofil zusammen, das aus katholisch-fundamentaltheologischer Sicht zu beachten ist:

1. die geschichtliche Evolution des Gottesglaubens Israels ist erkenntnistheoretisch zur Geltung zu bringen;
2. der Bedeutungsgehalt des Zeichens „Gott" ist mit Blick auf seinen Wirklichkeitsbezug zu bestimmen;

370 Vgl. die Ausführungen in Kapitel 5.2 zum Synodalen Weg.

3. die differenzierte religiöse „Gottes"-Praxis in und zwischen den jüdischen wie christlichen Religionsgemeinschaften erlaubt es nicht, von *einem feststehenden Standpunkt* der Gottesbestimmung auszugehen, sondern er steht mit Rückbezug auf die Überlieferungen des geschichtlich gewachsenen Gottesglaubens Israels (mit seiner Geschichte des Monotheismus)[371] in einer fortlaufenden Geschichte des Gottesbezugs in und zwischen jüdischen und christlichen Religionsgemeinschaften zur Diskussion.

Diese Anforderungen laufen in einer *performanztheoretischen* Perspektivierung zusammen, denn

1. Dialoge ereignen sich jeweils akut: das Verständnis der Dialogpartner wird operativ hergestellt und ist insofern grundlegend zeitlich, also auch übergängig im Verständnis und in der Rezeption von Dialogprozessen sowie -ergebnissen veranlagt.
2. Ein theologischer Dialog zwischen Juden und Christen muss den Alteritätseinträgen *in* den eigenen Traditionen sowie *zwischen* ihnen Rechnung tragen. Sie verstärken sich dadurch, dass jeder Bezug auf „Gott" auch im Zeichen Seiner Offenbarung an der bleibenden Geheimnishaftigkeit Gottes, also an der radikalen Transzendenz Gottes hängt.
3. Das entsprechende *theologische* Wissen um die Interpretativität des Gottesbezugs setzt Semiosen[372] „Gottes" frei – neue Zeichensetzungen, Entdeckungen mit Gott, die man in der Verwendung des Zeichens „Gott" angesichts von neuen Herausforderungen geschichtlich machen kann (und muss).
4. Wer von „Gott" theologisch spricht, muss mit Seiner Gegenwart rechnen, d. h. mit der Eigenwirksamkeit Gottes als Handelndem. Das Handeln Gottes, das die Schriften des Alten und Neuen Testaments bezeugen, lässt sich aber nicht unabhängig von seiner *Bezeichnung als Handeln* erreichen. Das bedeutet: noch in der Bestimmung eines geschichtlichen Handelns Gottes (zum Beispiel als Schöpfer) muss sich ein Bezug zu Gott annehmen lassen.[373]
5. Damit erweist sich die Einführung, Bestimmung und Verwendung des Zeichens „Gott" in der Weise als performativ, als damit ein Glaubensraum geschaffen wird, in dem sich die Wirklichkeit „Gottes" vermittelt.

Diese semiotische Perspektive hängt an jenem Material der Religionsgeschichte Israels, das Juden und Christen aufgreifen und mit dem sie leben. In einer gemeinsam-unterschiedenen Geschichte setzt sich dieser Glaube fort. Noch wo diese Geschichte im Christentum die längste Zeit als eine polemische Trennungs- und Ersetzungsgeschichte verlief, erweist sich der gemeinsame Bezug als

---

371 Vgl. Th. Römer, Die Erfindung Gottes. Eine Reise zu den Quellen des Monotheismus, Darmstadt 2018.

372 Den Begriff verwende ich im Sinne von Ch. S. Peirce's Semiotik.

373 Vgl. M. Breul, Gottes Geschichte. Eine theologische Hermeneutik der Rede vom Handeln Gottes (ratio fidei 79), Regensburg 2022.

konstitutiv. Diese Tatsache markiert den *theologischen Ort* des Dialogs zwischen Judentum und Christentum, der sich als ein permanenter Übergang im Gebrauch und in der Deutung des Zeichens „Gott" theologisch darstellt.[374]

2.5. Der jüdisch-christliche Dialog als Ort der Gottesbestimmung: performanztheologische Thesen

Diese Überlegungen lassen sich in performanztheologischen Thesen fokussieren:

1. Das Zeichen „Gott" wird geschichtlich entwickelt. Für das Christentum haftet es am Gebrauch, den Jesus von Nazareth auf der Basis der Traditionen Israels von ihm macht und wie sich die „Kirche" als Traditio Christi daran anschließt.
2. Wenn Gott weiterhin im Volk des Alten Bundes wirkt (Evangelii Gaudium 249), dann bedarf es für das christliche Verständnis des Zeichens „Gott" eines permanenten theologischen Gesprächs mit dem Judentum.
3. Wenn Gott als eine Wirklichkeit verstanden wird, die in der Geschichte handelt und erfahren wird, muss sie wiederum geschichtlich aufgefasst werden – angesichts von Herausforderungen, in denen sich Gott als unbegrenzte schöpferische Lebensmacht am Anfang zugleich als Anfang in allem erweist.
4. Das bedarf der Interpretation – wie die Schriften des Alten und Neuen Testaments auszulegen sind.
5. Wenn der Dialog der Ort ist, an dem sich zwischen Judentum und Christentum die Bedeutung „Gottes" erschließt, kommt dem Dialog selbst eine theologische Qualität zu. Es geht im Dialog darum, das je eigene Verständnis „Gottes" zu prüfen (den Sinngehalt des Zeichens „Gott") und seine Bedeutung für unsere jeweilige Gegenwart zu ermitteln. Das heißt: Im jüdisch-christlichen Dialog ereignet sich Wort Gottes in der Form von Lesung, Verkündigung, Auslegung, Aneignung.
6. Was das Zeichen „Gott" bedeutet, lässt sich nicht jenseits der Wirklichkeit erfassen, die es bezeichnet. Wenn „Gott" als Anfang von (und in) allem mit Gen 1 bestimmt wird, erschließt sich mit dem Gebrauch des Zeichens „Gott" seine Wirklichkeit – nämlich in Situationen, in denen die Macht des Todes und der Vernichtung von Leben gebrochen wird; wenn sich die schöpferische Lebensmacht Gottes als unbegrenzt erweist.
7. Dafür bieten die Erfahrungen Israels mit dem Gott, der sie aus der ägyptischen Knechtschaft befreit und in das gelobte Land führt, ein grundlegendes

374 Hier wäre zu überlegen, ob damit dem Motiv des Auszugs und der Verwandlung theologisch Raum gegeben werden kann – ob also der Dialog in dieser besonderen Positionierung als ein (nur christlicher?) *locus theologicus* gelten und funktionieren kann.

Narrativ an: Gott schafft einen Lebensraum, wenn man auf seine Lebensmacht setzt und mit ihm lebt.

8. Im Leben mit Gott, also im Glauben an seine schöpferische Lebensmacht, erweist sich dieser Glauben zumindest in der Form einer Hoffnung auf einen letzten Sinngrund dieser Wirklichkeit bereits als befreiend. In diesem Sinn verfügt das Zeichen „Gott“ über eine performative Qualität: Es erweist seine Macht im und als Glauben.
9. Das aber lässt sich nur im Modus von gedeuteten Erfahrungen erreichen. Sie hängen an Zeichen, in denen diese Erfahrungen kommuniziert, überliefert und kritisch geprüft werden. Ob sich die grundlegenden Narrative Israels in jeder Gegenwart als überzeugend erweisen, steht angesichts von rezenten Säkularisierungsprozessen und atheistisch-agnostischem Einspruch (oft im Zeichen der Theodizee- und der Hiobsfrage, zumal angesichts der Shoa) zur Diskussion. Eine Antwort auf diese Fragen verlangt, den Bedeutungsgehalt des Zeichens „Gott“ in jeder Zeit neu zu bestimmen.
10. Diese Verantwortung kann das Christentum nur im gemeinsamen Zeugnis mit dem Judentum einlösen, weil das eigene Verständnis von „Gott“ als einer unbegrenzten schöpferischen Lebensmacht, die in Jesus von Nazareth christologisch interpretiert wird, an der jüdischen Bestimmungsgeschichte „Gottes“ hängt. Abraham hat Gott hervorgedacht, wie Thomas Mann es in seiner Grußerzählung „Joseph und seine Brüder“ formuliert.[375] Das Hervordenken Gottes geschieht aber nicht nur als ein Ausgangspunkt, sondern muss sich schon deshalb weiter vollziehen, weil „Gott“ als ein kreativer Anfang, als geschichtliche Energie, als schöpferische Dynamik erfahren und begriffen wird.
11. Damit gewinnt aus christlicher Sicht der jüdisch-christliche Dialog eine einzigartige Bedeutung: als ein eigener locus theologicus mit einer performativen theologischen Qualität. Das unterscheidet ihn aus christlicher Sicht von jedem anderen Religionsdialog, weil sich dieser Dialog als Performance jener Offenbarung vollzieht, die von Juden und Christen in den Schriften Israels grundgelegt ist.
12. Ob sich die katholische Kirche, ob sich das Judentum auf diese Perspektive festlegen kann, ob sie also im Dialog ein Wirken Gottes anerkennt, ist eine Frage, die sich wiederum nicht jenseits des Dialogs wird abschließend beantworten lassen.
13. Die Dynamik, die der jüdisch-katholische Dialog seit der Eröffnung des 2. Vatikanischen Konzils vor 60 Jahren angenommen hat, welche Schritte möglich wurden und welche Belastungsproben gemeistert wurden – das lässt sich vielleicht selbst wiederum theologisch als ein Zeichen deuten.

375 Vgl. dazu die Ausführungen in Kapitel 4 zu Jan Assmanns Thomas Mann-Interpretation (2.4.)

3. *Transformation: Zur performativen Dynamik ökumenischer Dialoge*

Welche Bedeutung haben ökumenische Dialoge? Handelt es sich knapp 60 Jahre nach Einberufung des 2. Vatikanischen Konzils um mehr als eine *Dokumenten-Ökumene*? Die Frage nach der performativen Macht theologischer Dialoge, die das abschließende Kapitel untersucht, findet hier einen besonderen Prüfstein – in historischer wie aktueller Hinsicht.

3.1. Katholische Ökumene – ein Standortproblem

Im Zuge des 3. Ökumenische Kirchentag in Frankfurt nahmen der amtierende Präsident des Zentralkomitees der deutschen Katholiken, Thomas Sternberg, am evangelischen Abendmahl und die evangelische Präsidentin des Ökumenischen Kirchentages, Bettina Limperg, an einer katholischen Eucharistiefeier teil.[376] Der ehemalige Präfekt der römischen Glaubenskongregation, Kardinal Gerhard L. Müller, kommentierte dies in Form eines Häresievorwurfs: „Wer sich im Widerspruch zur katholischen Lehre und ihrer verbindlichen Auslegung durch das römische Lehramt verhält, ist nicht mehr katholisch."[377] Umso schärfer stellen sich die Fragen nach den konkreten Konsequenzen gemeinsamer Veranstaltungen und Absichtserklärungen, nach der Belastbarkeit angedeuteter Perspektiven, nach dem Wirkungssinn ökumenischer Zeichen und nicht zuletzt nach ihrer performativen Bedeutung.

Diese Fragen nehmen nicht zuletzt Konturen mit den ökumenischen Veranstaltungen des Jahres 2017 an, mit denen die Bedeutung der Reformation 500 Jahre nach dem – ob historischen oder erinnerungspolitisch symbolisch konstruierten – Wittenberger Thesenanschlag Luthers gemeinsam gewürdigt wurde. Im historischen Rückspiegel früherer Reformationsjubiläen zeigt sich, dass die ökumenische Bewegung die beteiligten Kirchen grundlegend verändert hat. Das gilt zumal für die katholische Kirche: für ihre theologische Regie, die seit dem 2. Vatikanischen Konzil eine Hermeneutik der Anerkennung der evangelischen Kirchen ermöglicht hat – wenn auch gestuft, wenn auch noch nicht mit jenen Folgen, die eine Einheit der Kirchen im gemeinsamen sakramentalen Leben vollzogen hätte.

---

376 Vgl. https://www.katholisch.de/artikel/29855-mit-bitte-um-entschuldigung-kirchentag-setzt-zeichen-fuer-oekumene

377 Zitiert nach: https://www.hessenschau.de/gesellschaft/nicht-mehr-katholisch---kardinal-kritisiert-abendmahlfeiern-scharf,kirchentag-kritik-an-abendmahl-100.html

Niemand wird diesbezüglich 2017 ernsthaft mit einem zeitnahen Durchbruch gerechnet haben – zu erheblich bleiben die ekklesiologischen Hintergrundprobleme, die sich vor allem mit der kirchenrechtlichen, aber auch erkenntnistheologischen Disposition des katholischen Amtsverständnisses abzeichnen. Das betrifft den Lehr- und Jurisdiktionsprimat des Papstes in besonderer Weise. Es ist kein Zufall, dass sich im Horizont unterschiedlicher Reformagenden in der katholischen Kirche der amtierende Präfekt der römischen Glaubenskongregation Ladaria dazu im Sommer 2018 noch einmal eigens geäußert hat.[378] Anlass war die Frage nach der Frauenordination, also zunächst eine innerkatholische Agenda, die freilich den ökumenischen Dialog unmittelbar betrifft. Wie soll auf der Basis des sakramentalen Kirchenverständnisses der katholischen Kirche die Einheit der Kirchen modelliert werden, wenn sich im Zugang zum Amt ein infallibilitätsbewehrter Graben auftut?

An diesem Punkt ließe sich das typentheoretische Problem diskutieren, das sich mit der Frage nach der Entscheidungskompetenz eines nicht-infalliblen Sprechakts ergibt, der die Reichweite infalliblen Sprechens bestimmen will. In diesem Zusammenhang müssten auch die sprachpragmatischen Voraussetzungen diskutiert werden, die gelten müssen, um widersprüchliche, also sich selbst aufhebende Definitionen mit infalliblem Anspruch zu vermeiden. Kann ein Papst mit unfehlbarem Anspruch das Infallibilitätsdogma kassieren? Wenn das nicht geht, wer kontrolliert das? Der Glaubenssinn des Volkes Gottes? In welchem Rechtsverfahren? Welchen erkenntnistheoretischen Rang besitzt dann die dem *sensus fidelium* zugrundeliegende Glaubenspraxis?

Diese Frage wird im gegebenen Zusammenhang nur angedeutet, um zum einen den bleibenden ekklesiologischen Konflikt im ökumenischen Zusammenhang so scharf zu machen, wie es erforderlich ist, sprich: um die fundamentaltheologischen Hintergrundannahmen und die ökumenische Erkenntnistheorie als ein entscheidendes Problem zu bestimmen. Diese Frage hält zum anderen auf die Transformationsprozesse zu, die sich in der katholischen Kirche derzeit vollziehen. Das betrifft religionssoziologische Phänomene wie Mitgliederschwund und Überalterung, aber auch zunehmend übergängige Formen von Kirchenmitgliedschaft. In einer „Gesellschaft der Gegenwarten"[379] erweisen sich Zuschreibungen von Kirchenzugehörigkeit oft als phasiert, gelegentlich akut – was sich in pastoraler Hinsicht als ein Institutionsproblem und in fundamentaltheologischer Hinsicht als ein kirchliches Konstitutionsproblem ersten Ranges darstellt.[380] Denn die römisch-katholische Kirche kann damit gerade in ihrer ökumenischen Ausrichtung nicht mehr mit derselben Sicherheit wie noch auf dem

---

378 https://www.vaticannews.va/de/vatikan/news/2018-05/ladaria-frauenordination-osservatore-romano-klarstellung.html

379 A. Nassehi, Gesellschaft der Gegenwarten. Studien zur Theorie der modernen Gesellschaft II, Frankfurt a. M. 2011.

380 Vgl. dazu erneut das empirische Material der Kirchenbindungsstudie der Erzdiözese München und Freising.

2. Vatikanischen Konzil ihre eigene Identität lebensweltlich und glaubenspraktisch als gegeben voraussetzen. Welchen Ort kann dann aber der sensus fidelium beanspruchen? Dass ihm eine wirkliche Bedeutung zukommt, zeigt sich ökumenisch darin, dass die katholische Kirche in Deutschland die Praxis in den Gemeinden beim Kommunionempfang für wiederverheiratete Geschiedene und für nichtkatholische Partner in konfessionsverbindenden Ehen Ernst nimmt und bislang ungeahnte Handlungsoptionen frei setzt.[381]

Die Übergängigkeit von kirchlich gekoppelten Überzeugungen, persönlichen Glaubenseinstellungen und (auch spirituell) individualisierten Lebensstilen schafft *katholische Zwischenräume* der Kirchenzuschreibung. Diese Übergängikeit fordert dezidiert katholische Überlegungen zur Zukunft der Ökumene insofern heraus, als sich damit die Auflösung von kirchlich Selbstverständlichem *in der Kirche* vollzieht.

3.2. Die lehramtliche Praxis des Bergoglio-Pontifikates – ein fundamentaltheologischer Übergang in ökumenischer Absicht

Dafür gibt es wiederum einen kirchlichen Anhaltspunkt: die dogmatische Regie des laufenden Pontifikates. Die Klarstellung von Kardinal Ladaria zur Reichweite infallibler Aussagen des katholischen Lehramts fiel zeitlich mit den Auseinandersetzungen um die *Pastorale Handreichung* der DBK zum Kommunionempfang nicht-katholischer Partner in konfessionsverbindenden Ehen zusammen. In diesem Zusammenhang gab es ein bischöfliches Einschreiben, das sieben Diözesanbischöfe an den Präsidenten des Rates für die Einheit der Christen und (mit dem Weg nach Rom) letztlich an den Papst adressierten. Gefragt war eine verbindliche Regelung, die angesichts einer pastoral bedrängenden und zugleich dogmatisch relevanten Frage die Forderung nach einer universalkirchlichen Regelung auslöste. Kann, was in einigen deutschen Bistümern ermöglicht wird, in anderen Diözesen verboten sein? Die Frage nach der Zuständigkeit von Orts- und Universalkirche, letztere perspektivisch vertreten durch die römischen Dikasterien, überschneidet sich mit der fundamentaltheologischen Frage nach der Koordination von Dogmatik und Pastoral. Entsprechend fragte der Bischofsbrief:

---

381 Dazu wird im Folgenden die Orientierungshilfe „Mit Christus gehen – der Einheit auf der Spur" der DBK diskutiert. Die ökumenischen Spielräume werden darüber hinausgehend vom *Votum des Ökumenischen Arbeitskreises evangelischer und katholischer Theologen* vermessen ("Gemeinsam am Tisch des Herrn", 2019, das inzwischen seinerseits eine breite Diskussion ausgelöst hat; vgl. https://www.ekhn.de/fileadmin/content/ekhn.de/download/oekumene/Gemeinsam_am_Tisch_des_Herrn.pdf).

> „Handelt es sich ... lediglich um eine ‚pastorale Fragestellung', oder ist nicht durch die hier getroffenen Festlegungen vielmehr grundsätzlich der Glaube der Kirche und ihre Einheit angefragt?"[382]

Die Form, in der Papst Franziskus dogmatische Dispositionen zur Geltung bringt, orientiert sich an ihren glaubenspragmatischen Referenzen. Wenn er von Barmherzigkeit spricht und Freiräume im Glauben jenseits vorgesehener rechtlicher Grenzen schafft, bestimmt er die Wahrheit von Glaubenssätzen entlang der Bedeutung, die sie im Leben gerade der Menschen annehmen, die er als erste Adressaten des Evangeliums begreift: Menschen, die auf die Erfahrung der unbegrenzten schöpferischen Lebensmacht Gottes in den Zonen gesellschaftlichen, ökonomischen, persönlichen Todes radikal angewiesen sind. In dieser Radikalität entsteht nämlich ein Raum für die Auffassung Gottes. Wenn diese Perspektive – in *Evangelii gaudium*[383] programmatisch formuliert und in den Zeichenhandlungen des Papstes dokumentiert – die erkenntnistheologische Regie dieses Pontifikates bestimmt, lassen sich auch die Transformationsprozesse *theologisch* auffassen, die sich aktuell vollziehen und wiederum die Bedingungen katholischer Ökumenearbeit betreffen.

Das wird gerade im Zuge des Profils päpstlicher Lehrautorität deutlich. Bereits am Ende der außerordentlichen Bischofssynode hatte Papst Franziskus sowohl seine Perspektive auf die ein Jahr später folgende paradigmatische Entscheidung zum Kommunionempfang wiederverheirateter Geschiedener angedeutet als auch die Macht seines Amtes markiert. Sie war im akuten Fall der pastoralen Handreichung der DBK nach einer Intervention des Präfekten der Glaubenskongregation gefragt. Nachdem der Papst zunächst die beiden deutschen Delegationen mit dem Auftrag nach Hause geschickt hatte, vor Ort eine Lösung zu finden, zog Franziskus das Verfahren wieder mit dem Verweis auf die universalkirchliche Relevanz der Materie an sich. Das entsprach dem theologischen Ductus, mit dem Kardinal Ladaria argumentierte – mit Blick auf die Frauenordination, im Kern aber grundsätzlicher.

Um eine grundsätzliche Frage ging es im theologischen Streit zwischen der Minderheitsfraktion der sieben Bischöfe und der Mehrheit in der Deutschen Bischofskonferenz. Insofern trug die Entscheidung des Papstes zunächst zur Klärung eines Zuständigkeitsproblems zwischen Orts- und Universalkirche mit dogmatischem Regelbedarf bei. Gleichzeitig ordnete er sie der pastoralen Agenda zu, die sein Pontifikat bestimmt, als er Kardinal Marx mit einer eigenhändigen Paraphe zubilligte, denselben Text, der als pastorale Handreichung der gesamten DBK vorgesehen war, nun als eine *Orientierungshilfe* zu veröffentlichen. Was

---

382 Der Brief ist dokumentiert auf: https://www.dbk.de/fileadmin/redaktion/diverse_downloads/dossiers_2018/01-Dokument-Brief-_Erz-_Bischoefe-nach-Rom-vom-22.03.2018.pdf; hier S. 2.

383 http://www.vatican.va/content/francesco/de/apost_exhortations/documents/papa-francesco_esortazione-ap_20131124_evangelii-gaudium.html.

ist damit geschehen? Zum einen hat der Papst seine lehramtliche Macht eingesetzt, indem er sie in einer dogmatisch signifikanten Frage an die Bestimmungen der Ortskirchen delegiert hat, zum anderen hat er den normativen erkenntnistheologischen Rang des pastoralen Bedeutungskriteriums gestärkt. Es besagt nicht einfach: Barmherzigkeit vor Glaubenslehre. Es löst sich nicht in einen Relativismus ortskirchlicher oder gar individueller Glaubensanwendungen auf. Es setzt vielmehr eine Grammatik der Wechselwirkungen von Dogma und Pastoral, von Glaubensbestimmungen und ihrer bedeutungspragmatischen Voraussetzungen und Implikationen in Kraft. Das aber betrifft wiederum die Ekklesiologie und die Erkenntnistheorie der katholischen Kirche *grundsätzlich.*

3.3. Ein Schritt nach vorne: Die Orientierungshilfe „Mit Christus gehen – der Einheit auf der Spur"

Dieser Zusammenhang hat ökumenisch weitreichende Konsequenzen, wenn man die fundamentaltheologische Volte im Verfahren, sprich: die Umstellung des erkenntnistheoretisch-ekklesiologischen Paradigmas in Rechnung stellt. Das wird mit der Architektur des DBK-Papiers sowie mit der theologischen Debatte um seine Katholizität sichtbar.

Ausgangspunkt des Dokuments ist ein pastorales Anliegen: eine Hilfestellung für konfessionsverbindende Ehen. Sie ist handlungstheoretisch justiert, nämlich dem gemeinsamen Auftrag aller Christen zugeordnet, Christus zu *bezeugen.*[384] Dieses Zeugnis verlangt einen gemeinsamen Lebensraum, der zu einem geteilten Glaubensraum werden kann. Er ist bestimmt durch die *eine Taufe, den einen Herrn, den einen Glauben.* Papst Franziskus, der damit die Grundlage gemeinsamen Glaubenslebens benannt hat, formulierte bei einem Besuch in der evangelisch-lutherischen Kirche in Rom mit Blick auf mögliche weitere Perspektiven eine dem zugeordnete Glaubensregel: „Sprecht mit dem Herrn und geht weiter. Mehr wage ich nicht zu sagen."[385] Der Einzelfall, auf den sich der Papst konkret bezieht, erlaubt die Regel einer Ausnahme, die möglich wird, wo der gemeinsame Glaube in seiner konfessionellen Differenz von der gelebten Christus-Beziehung her bestimmt ist. Das Gespräch mit dem Herrn erinnert an die Nr. 53 und Nr. 54 der ignatianischen Exerzitien. Es führt in eine Unterscheidung der Geister, die es erlaubt, eine persönliche Entscheidung für die eigene Glaubensexistenz zu treffen. Sie ist Aspekt kirchlicher Glaubensüberlieferung und ver-

384 Vgl. Erinnerung heilen – Jesus Christus bezeugen. Ein gemeinsames Wort zum Jahr 2017. Evangelische Kirche in Deutschland und Sekretariat der Deutschen Bischofskonferenz (Hg.): Gemeinsame Texte Nr. 24 (Hannover – Bonn 2016).

385 „Sprecht mit dem Herrn und geht weiter". Papst Franziskus zum Abendmahl in evangelisch-katholischen Ehen, in: *KNA-ÖKI* 47 [17.11.2015].

langt doch, den eigenen Glaubensweg *in ihr* von einer virtuellen Christusunmittelbarkeit her zu gehen. In der Vorstellungskraft liegt das Risiko der Täuschung, in den methodisch komplexen Schleifen des Christusbezugs wird es kriteriell abgefedert. Man kann sich täuschen, aber man täuscht sich nicht im zentralen Bezug der getroffenen Entscheidung, die ständig Christus im Blick hält. Dieser Bezug als solcher ist *unfehlbar* – nicht seine Deutung, nicht seine Anwendung.[386] Damit wird also eine Möglichkeit freigesetzt, vom persönlichen Christuskontakt her auch in der Kirche über sie hinaus einen Glaubensweg zu finden. Nicht anders als auf diesem Weg, im Risiko der christopraktischen Entscheidung, lässt sich Glauben aber leben.

Damit verschiebt sich eine entscheidende Koordinate. Die Ausnahme zeigt nicht nur eine neue, mögliche Regel an. Sie ist vielmehr die Grundsituation des Glaubens. Dem ist dann die Feststellung einer ökumenischen Ausnahme beim Kommunionempfang von nichtkatholischen Partnern in konfessionsverbindenden Ehen zugeordnet. Die katholische Kirche

> „kennt keine generelle Lösung, solange die Kirchengemeinschaft nicht so festgestellt ist, dass die Eucharistie gemeinsam gefeiert werden kann; sie kennt aber um des Heiles der Seelen willen Ausnahmen von der Regel und besondere Wege für einzelne Gläubige. Nur Gott weiß um den gemeinsamen Glauben der Eheleute; die Kirche hofft, dass er in ihrer Ehe wächst, und will dieses Wachstum fördern." (Nr. 5)

Genau dieses Wachstum findet in einem Bereich statt, der sich kirchlicher Feststellung entzieht. Die Kirche muss dem Wachstum Raum geben – und genau das sucht die Orientierungshilfe mit der Ermöglichung des Kommunionempfangs im begleiteten Einzelfall zu tun.

Damit stellt sich die Kirche dem Risiko spirituell-existenzieller und dogmatisch-epistemischer Ambiguität.[387] Mehrdeutigkeiten können im Spannungsfeld kirchlicher Zugehörigkeiten und konfessioneller Partizipation bewusst eingegangen werden, um eine gemeinsame Kirchenidentität konfessionsübergreifend *in* einer sakramentalen Ehe zu erhandeln. Die damit verbundene *kirchliche Ambiguität* erscheint auch aus der Sicht der Kirche unumgänglich, wenn sie sich – wie die Kirchenbindungsstudie der Erzdiözese München-Freising belegt – auf eine transversale Form von Katholizität einstellt und einlassen muss. Gemeint ist damit eine *operative Kirchenzugehörigkeit*, die sich sphärisch (mit der Auswahl von Kirchenangeboten), phasal (in Lebensabschnitten) und zum Teil auch ereignishaft (als akute Kommunikation wie bei digitalen Netzusern) vollzieht. Bereits die kirchliche Zuschreibung erscheint oft ambig, weil konstitutive Glaubensartikel nicht übernommen, nicht verstanden oder auch explizit abgelehnt werden.

---

386 Die Teilhabe des Volkes Gottes an der Unfehlbarkeit *der Kirche* lässt sich auf diesem Weg – im *sensus fidelium* – modellieren (vgl. LG 12).

387 Vgl. zur ambiguitätstheoretischen Herausforderung Th. Bauer, Die Vereindeutigung der Welt. Über den Verlust an Mehrdeutigkeit und Vielfalt, Stuttgart 2018.

Kirchliche Ambiguität muss in die ekklesiologische Reflexion insofern einbezogen werden, als sich das Aushandeln katholischer (und selbstverständlich auch evangelischer etc.) Identität nicht *deduktiv* vollzieht.

Exakt dieses ekklesiologische Modell liegt aber der dogmatischen Kritik der sieben Bischöfe zugrunde, die an die römische Kirchenleitung appellierten. Bereits in der intensiven Erarbeitungsphase der „Handreichung" und ihrer Diskussion in den zuständigen Kommissionen der DBK wurde bischöfliche Kritik laut, wesentliche Aspekte des katholisch-sakramentalen Kirchenverständnisses stünden zur Disposition. Die überwältigende Mehrheit der deutschen Bischöfe sah sich mit einem Zweifel konfrontiert, der sich semantisch nahe an einem Häresievorwurf bewegte. Das Identitätsproblem nimmt an dieser Stelle die Gestalt eines Ambiguitätsproblems an.[388]

Es stellt sich aus der ekklesiologischen Perspektive einer Dogmatik, die kirchliches Normwissen nicht zuletzt über ihr Kirchenrecht geltend macht. Sie muss dabei etwas unterstellen, von dem jeder Bischof und Priester weiß, dass es in der Regel faktisch unterlaufen wird. Die katholische Kirchenidentität setzt einen konstanten Regelverstoß gegen wesentliche Anforderungen kirchlichen Lebens mit den Initiationssakramenten nicht nur voraus, sondern in Kraft. Wenn diese Tatsache nicht wiederum ekklesiologisch aufgefasst werden kann, bleibt nur die Zuschreibung einer Sünde bzw. die Aussicht auf die vorgesehenen Kirchenstrafen. Ihre Referenz aber läuft letztlich leer, wenn die katholische Kirche gerade bei der Sakramentenspendung eine pastorale Offenheit praktiziert, die sie von ihrer Dogmatik her nur als Ausnahmefall zu denken vermag – der aber eben zum pastoralen Normalfall wird.

Dafür ist letztlich ein ekklesiologisches Modell verantwortlich, das vorkonziliare Züge trägt. Im Schema der *societas perfecta* verfügt die katholische Kirche über alle erforderlichen Mittel, ihren Zweck zu erfüllen und auch sich selbst zu bestimmen. Die entsprechende Wahrheitstheorie funktioniert deduktiv, im Modus der Ableitung aus *erstens* der Kirche gegebenen und *zweitens* von der Kirche bewahrten Offenbarungswahrheiten. Ihnen entspricht wiederum die Verwaltung aller zum Heil erforderlichen Mittel. Dem Außen der Kirche, und zwar dezidiert dem *christlichen, kirchlichen* Außen der Catholica, kommt nur die Bedeutung zu, die die katholische Kirche ihm einräumt. In dieser Fassung liest sich das

388 Zur Ambiguitätsproblematik im religiösen Kontext vgl. neben dem zuvor angeführten Titel von Th. Bauer vor allem seine grundlegende Studie: Die Kultur der Ambiguität. Eine andere Geschichte des Islams, Berlin 2011, besonders 26–53. Bauer definiert Ambiguität kulturtheoretisch: „*Ein Phänomen kultureller Ambiguität liegt vor, wenn über einen längeren Zeitraum hinweg einem Begriff, einer Handlungsweise oder einem Objekt gleichzeitig zwei gegensätzliche oder mindestens konkurrierende, deutlich voneinander abweichende Bedeutungen zugeordnet sind, wenn eine soziale Gruppe Normen und Sinnzuweisungen für einzelne Lebensbereiche gleichzeitig aus gegensätzlichen oder stark voneinander abweichenden Diskursen bezieht oder wenn gleichzeitig innerhalb einer Gruppe unterschiedliche Deutungen eines Phänomens akzeptiert werden, wobei keine dieser Deutungen ausschließliche Geltung beanspruchen kann.*" (Ebd., 27)

subsistit in aus LG 8 nicht im Sinne einer theologisch gehaltvollen Differenz, sondern läuft auf eine Verlustgeschichte voller Kirchenidentität hinaus. Entsprechende Züge weisen auch konziliare Texte aus. Wenn man sie aber in das Wechselwirkungsverhältnis von LG und GS einträgt, wenn man die differenztheologische Bedeutung von NA und UR mitliest, gewinnen gerade auch die nicht-katholischen Positionen einen Wahrheitswert. Dann lässt sich das wahrheitstheoretisch relevante Gefälle von Dogma und Pastoral jedoch nicht länger in der Weise sortieren, wie es der Brief der sieben Bischöfe voraussetzt: dann handelt es sich beim Kommunionzugang für nichtkatholische Partner um eine Herausforderung, die sich nicht länger mit der Unterscheidung *dogmatisch hier – „bloß" pastoral dort* erfassen lässt.

Das zeigt sich bereits darin, dass sich die dogmatische Kritik auf der Basis einer societas perfecta-Ekklesiologie in pastorale Widersprüche verwickelt, die sie dogmatisch nicht aufzulösen vermag, aber theologisch einzugehen bereit ist, um Menschen nicht abzuweisen. Darüber hinaus ergibt sich gerade für diese Kritik ein lehramtliches Ambiguitätsproblem ersten Ranges. Denn es ist gerade der Papst, an den sich die Bischöfe um eine Lösung wenden, der dieser Ambiguität wiederum Raum gibt – und sie damit theologisch qualifiziert.

Auf diese Weise zeichnet sich ein Weg zu einem anderen fundamentaltheologischen Paradigma ab, das eine katholische Zukunft der Ökumene denkbar macht.

3.4. Fundamentaltheologischer Ansatz: Zur Umstellung der erkenntnistheologischen Grammatik

Dieser Paradigmenwechsel hängt mit einem entscheidenden Problem der katholischen Ökumenik zusammen: der Utopie ihrer Zielvorstellungen. Sie macht sich an der Perspektive auf eine Eucharistiegemeinschaft fest, die mit dem sakramentalen Kirchenverständnis eine voraussetzungsreiche Theologie des Amtes beansprucht. Das 2. Vatikanische Konzil hat die primatialen Vorgaben des 1. Vatikanischen Konzils aufgenommen, die hierarchologische Zuspitzung seiner Communio-Ekklesiologie aber durch die Aufwertung des Bischofsamtes abgefedert.[389] Auch wenn das allgemeine Priestertum aller Gläubigen hier einen Raum erhält, wird es vom Amt her vermessen. Eine Zustimmung der Kirchen der Reformation zu diesem Modell erscheint ebenso aussichtslos wie die Anerkennung

389 Auch das ist nicht ohne Ambiguitätseinträge geschehen, wie die Nota explicativa praevia zu LG bei der Koordination von Bischofskollegium und päpstlichem Primat zeigt. Vgl. M. Seckler, M. Seckler, Über den Kompromiss in Sachen der Lehre, in: ders. / O. H. Pesch / K. Brosseder / W. Pannenberg (Hrsg.), Begegnung. Beiträge zu einer Hermeneutik des theologischen Gesprächs (FS H. Fries), Graz u.a. 1972, 45-57; 55.

des Jurisdiktions- und des Lehrprimates des Papstes durch alle anderen Konfessionsfamilien. Auf dieser Basis bleibt katholisch nur eine zeitlich wie material *unbestimmte* Hoffnung auf Einheit.

Wenn die Einheit der Kirchen aber eine Verpflichtung darstellt, muss die katholische Kirche mit einem konstitutiven ekklesiologischen Mangel leben – ja einem inneren Widerspruch. Den könnte sie beheben, wenn sie die anderen Kirchen lediglich als schismatisch-häretische Abfallprodukte der einen Kirchenwahrheit betrachtete. Das aber lässt sich mit der Lehre des 2. Vatikanischen Konzils selbst wiederum nur noch schismatisch vertreten – etwa durch die Pius-Brüderschaft. Bislang war die katholische Kirche nur, aber immerhin imstande, dieses Widerspruchsproblem in aller Deutlichkeit zu benennen – etwa durch Johannes Paul II. in seiner Ökumene-Enzyklika *Ut unum sint* (1995), in der er den Primat des Papstes als ein entscheidendes Hindernis darstellte, zugleich aber dazu aufforderte, über seine Bedeutung einen ökumenischen Diskurs zu führen.[390] Worüber man sprechen, was man in seiner Bedeutung diskutieren, was man klären kann, setzt aber einen Möglichkeitsraum der Verständigung voraus. Er zeichnet sich in der Enzyklika über den martyrologischen Ansatz ab. Es sind die gemeinsamen Zeugen für Christus, die alle Kirchen verbinden. Ihre Christopraxis überschreitet die jeweilige konfessionelle Identität in ihrer Bedeutung für alle Christ:innen. Sie legt ein eigenes Fundament bereits gegebener, sichtbarer Kircheneinheit.

Damit zeichnet sich ein handlungstheoretisch erweitertes Verständnis kirchlicher Sakramentalität ab. Sie ist in der Taufe begründet und verbindet alle Christ:innen damit sakramental. Sakramental ist auch eine Ehe zwischen Getauften, auch wenn sie nicht katholisch sind (CIC can. 1055 § 2). Verbindet man dies mit der martyriologischen Perspektive, so macht dieser Zusammenhang den Blick auf eine ekklesiologische Erkenntnistheorie geteilter Glaubenspraxis frei. Das authentische Zeugnis für Jesus Christus schafft einen transversalen kirchlichen Raum der Anerkennung Christi, der in seiner *kirchlichen* Bekenntnisform nicht dieselbe Bestimmung hat, aber in seiner Zielperspektive christologisch bestimmt ist.

Der Ansatz bei der geteilten Zeugnispraxis schlägt in der letzten Enzyklika von Johannes Paul II. erneut im Horizont einer ökumenischen Aporie durch. *Ecclesia de Eucharistia* (2003) geht davon aus, dass die Kirche von der Eucharistie lebt.[391] Wenn aber kirchliche Einheit erst auf der Grundlage einer dogmatisch

---

390 Vgl. http://www.vatican.va/content/john-paul-ii/de/encyclicals/documents/hf_jp-ii_enc_25051995_ut-unum-sint.html. Zur Einordnung vgl. G. M. Hoff, Ökumenische Passagen – zwischen Identität und Differenz. Fundamentaltheologische Überlegungen zum Stand des Gesprächs zwischen römisch-katholischer und evangelisch-lutherischer Kirche (STS 25), Innsbruck –Wien 2005, 125–139.

391 Vgl. http://www.vatican.va/content/john-paul-ii/de/encyclicals/documents/hf_jpii_en enc_20030417_eccl-de-euch.html. vgl. G. M. Hoff, Ökumenische Passagen – zwischen Identität und Differenz, 242–263.

belastbaren Anerkennung der katholisch unverzichtbaren Kirchenelemente möglich wird, bleibt der Zugang zur Eucharistie jedenfalls in voller Partizipation für Nichtkatholik:innen versperrt. Wenn wiederum Kirche ohne Eucharistie nicht sein kann – wie soll ohne einen zumindest im Ausnahmefall erlaubten Zugang zur Eucharistie jemals eine Einheit entstehen?

Dieses Problem steht auch im Hintergrund der Orientierungshilfe der DBK. Sie wählt den Weg einer Ausnahme, um über eine handlungstheoretische Umstellung einen anderen Zugang zur Frage nach einer nicht-utopischen Kircheneinheit vorzuschlagen. Der Ansatz bei der Ausnahme, der auf Möglichkeiten des ökumenischen Direktoriums zurückgreift, nimmt die dogmatischen Vorgaben der katholischen Ekklesiologie ernst, geht sie aber der Sache nach von ihrem inneren Widerspruchsproblem an:

- Es tritt in der Koordination von dogmatischer Theorie und einer pastoralen Praxis auf, die auf den Ausschluss vom Kommunionempfang verzichtet.
- Es besteht in der performativen Paradoxie, dass das Sakrament der einschließenden Liebe Gottes zu einer Ausschließung von Christusgläubigen führt.
- Es wirkt in der Unbestimmbarkeit eines vorauszusetzenden kirchlichen Glaubens nach, der nicht überprüft wird, aber kirchlich abweichende Glaubensformen *im Eucharistieempfang* vorab akzeptiert.
- Es besteht nicht zuletzt in der ökumenischen Unbedingtheitsforderung kirchlicher Einheit und ihrer utopischen Entfristung.

Dabei kann sich der Vorschlag der DBK auf die Praxis von Päpsten beziehen, die als *best practice*-Beispiele dienen können. So hat Johannes Paul II. nachweislich mehrfach in besonderen Situation Nichtkatholiken die Kommunion gereicht.[392]

Die handlungstheoretische Umstellung der ökumenischen Erkenntnistheorie kann auf diese Weise die Tatsache einer unaufhebbaren kirchlichen Unbestimmtheit in der katholischen Kirche ernst nehmen, die den Glauben der Gläubigen betrifft. Die vorausgesetzte Zustimmung zum kirchlichen Glauben erweist sich soziologisch als eine Schimäre, während sie theologisch als handlungsleitende Unterstellung fungiert. Auf dieser Basis wäre das Wachsen im Glauben in den Glauben hinein die Perspektive, die von der katechumenalen Glaubensbildung her auch Raum für das gemeinsame Wachsen in konfessionsverbindenden Ehen lässt.

Damit verbinden sich aus katholischer Sicht ökumenische Anforderungen:

- Erste Anforderung: die Ausbildung einer kirchlichen Ambiguitätskompetenz, die den kirchensoziologischen Tatsachen Rechnung trägt, dabei aber

392 Damit wäre dann auch ein anderes juridisches Modell in Anschlag gebracht, das – analog zur Rechtsprechung in England – der über lange Praxis erworbenen Urteilskompetenz der Richter:innen sowie Rechtsbeispielen Raum gibt.

gerade in der unabschaffbaren Ambiguität gelebten Glaubens auch eine christopraktische Ausdrucksqualität entdeckt.

- Zweite Anforderung: der Einsatz einer differenzhermeneutischen Perspektive, die sich katholisch an den ekklesiologischen Bestimmungsformen des 2. Vatikanischen Konzils orientiert und den ekklesiologischen Wahrheitswert des *kirchlichen Außen* anzuerkennen vermag. Was in theologischen Akzentsetzungen und in religiösen Glaubensstilen kirchlich je anders gelebt wird, kann als Ausdruck von Katholizität auch dann geschätzt werden, wenn es *im Widerspruch* zur katholischen Bestimmung eine christopraktische Bedeutung hat. Das Unverrechenbare im jeweiligen Christusbezug besitzt ekklesiologischen Rang.
- Dritte Anforderung: eine handlungstheoretische Unterfassung der kirchlichen Erkenntnistheorie. Sie setzt den Akzent auf den Zeugnisakt, auf geteilte Glaubenspraxis, also auf die Dimension performativen Glaubens, der Gemeinsamkeit lebt, bevor sie als dogmatisch formulierter Glaube gefasst werden kann. Eine performanztheologische Perspektivierung der ökumenischen Theoriebildung nimmt die Tatsache ernst, dass hier gemeinsamer Glaube gelebt wird; dass sich Kirchenglaube in komplexen Handlungsmustern entwickelt und konstituiert, die jeweils veränderungsoffen bleiben – herausforderungsbezogen, kontextuell adaptiert. Fundamentaltheologisch ist der Weg des Evangeliums, also konkrete Reich Gottes-Praxis, die Voraussetzung, zum Glauben zu kommen (vgl. Mk 1,15).
- Vierte Anforderung: Mut zu ökumenischen Semiosen, die – im Sinne eschatologischer Zeichenhandlungen – etwas vorwegnehmen können, was sich theologisch noch nicht voll einholen oder bestimmen lässt. Auf diese Weise funktioniert die Kommunionpraxis in den Gemeinden, auf dieser Linie bewegt sich die Empfehlung von Papst Franziskus: „Sprecht mit dem Herrn und geht weiter."

Damit zeichnet sich als katholisches Paradigma der Ökumene eine Ekklesiologie offener Glaubensräume ab, die performativ – nicht zuletzt in konfessionsverbindenden Ehen – entstehen[393]; die entdeckt werden müssen; die nicht einfach am Normwissen einer Kirchenidentität zu bemessen sind, zumal sie ihre eigenen Widerspruchsprobleme jedenfalls nicht im gegebenen katholischen Modell zu lösen vermag.[394] Hier erweist sich die performative Macht ökumenischer Dialoge wie der Praxis, die sich mit ihnen verbindet.

---

393 Vgl. J. Knop, Beziehungsweise. Theologie der Ehe, Partnerschaft und Familie, Regensburg 2019, 221–229.

394 Der Missbrauchsskandal stellt in diesem Zusammenhang kein bloßes Verfehlungssymptom einzelner, sondern ein systemisches Problem in der katholischen Kirche dar, das eng mit der Theologie des Amtes und seiner Sakralisierung zusammenhängt. Vgl. G. M. Hoff, Kirche zu, Problem tot! Theologische Reflexionen zum Missbrauchsproblem in der katholischen Kirche, in: Religion, zum Teufel! (Kursbuch 196), Hamburg 2018, 26–41.

Nachweis der Erstveröffentlichungen

Folgende Texte wurden in überarbeiteter Form in den Band aufgenommen:

Kapitel 3 / 2.2.: Hilft beten? Das Gebet stellt eine Form der Begeisterung dar, in: Christ und Welt / Die ZEIT 30, 16. Juli 2020, 4.

Kapitel 3 / 3.: Wir müssen reden! Oder: Wie nicht sprechen? Erinnerung an ein ausgelassenes Gespräch in fundamentaltheologischer Absicht, in: H.-J. Höhn / S. Wendel / G. Reimann / J. Tappen (Hrsg.), Analytische und kontinentale Theologie im Dialog (QD 314), Freiburg u. a. 2021, 45–62.

Kapitel 5 / 2.: Performative Macht. Zur ekklesiologischen Bedeutung des Synodalen Wegs, in: Theologie und Glaube 111 (2/2021), 125–136.

Kapitel 5 / 3.: Die Sakralisierungsfalle. Zur Ästhetik der Macht in der katholischen Kirche, in: ders., / B. Kranemann / J. Knop (Hrsg.), Amt – Macht – Liturgie. Theologische Zwischenrufe für eine Kirche auf dem Synodalen Weg (QD 308), Freiburg u. a. 2020, 267–284.

Kapitel 6 / 3.: Wahrheit der Praxis – Praxis der Wahrheit? Fundamentaltheologische Überlegungen zur katholischen Zukunft der Ökumene, in: E. Brünenberg-Bußwolder / Chr. Münch / M. Sigismund / R. Vorholt / A. Weihs (Hrsg.), Neues Testament im Dialog. FS Th. Söding zum 65. Geburtstag, Freiburg u. a. 2021, 276–289.